STATISTICAL YEARBOOK OF CHINA COMMODITY EXCHANGE MARKET

中国商品交易市场统计年鉴

2014

中华人民共和国国家统计局贸易外经统计司
中 国 商 业 联 合 会 信 息 部 编

Compiled by
Department of Trade and External Economic Relations Statistics,
National Bureau of Statistics of China
China General Chamber of Commerce Information Department

中国统计出版社
China Statistics Press

图书在版编目（CIP）数据

中国商品交易市场统计年鉴 . 2014 / 中华人民共和国国家统计局贸易外经统计司，中国商业联合会信息部编 . -- 北京 : 中国统计出版社 , 2014.8
ISBN 978-7-5037-7152-1

Ⅰ . ①中… Ⅱ . ①中… ②中… Ⅲ . ①国内市场 - 统计资料 - 中国 - 2014 - 年鉴 Ⅳ . ① F723-66

中国版本图书馆 CIP 数据核字 (2014) 第 171908 号

中国商品交易市场统计年鉴—2014

作　　者 / 中华人民共和国国家统计局贸易外经统计司
　　　　　中国商业联合会信息部
责任编辑 / 马 平
装帧设计 / 李雪燕
出版发行 / 中国统计出版社
通信地址 / 北京市丰台区西三环南路甲 6 号　邮政编码 /100073
网　　址 / http://csp.stats.gov.cn/
电　　话 / 邮购（010）63376907　书店 (010)68783172
印　　刷 / 河北天普润印刷厂
经　　销 / 新华书店
开　　本 /880 × 1230mm 1/16
字　　数 /870 千字
印　　张 /27.75
版　　别 /2014 年 8 月第 1 版
版　　次 /2014 年 8 月第 1 次印刷
定　　价 /360.00 元

《中国商品交易市场统计年鉴—2014》
编辑委员会

编辑说明

一、《中国商品交易市场统计年鉴 -2014》是反映我国大型商品交易市场全貌的资料性工具书。至今已连续出版了十五年，旨在通过大量、丰富、详实、具体和权威的统计数据，全面系统和多角度地反映中国大型商品交易市场发展情况。本年鉴是各级经济和市场管理部门、科研机构与大专院校分析研究市场、进行宏观调控和科学决策、理论研究和教学的重要资料；也是生产经营单位了解市场、获取商业信息的必备参考用书。

二、年鉴分为三部分：第一部分综合篇，第二部分地区篇，第三部分市场篇。并附有主要统计指标解释。

三、年鉴中的亿元商品交易市场统计范围为 2013 年成交额亿元及以上的商品交易市场。全国性数据未包括台湾省、香港特别行政区和澳门特别行政区。

四、年鉴中的时期数据为 2013 年度，时点数据为 2013 年末，数据来自于 2013 年亿元以上商品交易市场统计年报。

五、年鉴数据表格中的空白，表示该项统计指标数据为 0 或无该项数据。

目 录

第一部分　综合篇

简要说明：

本篇资料主要内容为亿元以上商品交易市场的基本情况，包括市场个数、摊位个数、营业面积、成交额，以及按照市场类别、摊位类别、经营方式、经营状态和经营环境的分组数据等。

1-1 历年商品交易市场情况

年份	市场数（个）	年末出租摊位数（个）	营业面积（平方米）	成交额（万元）
2000	3087	2115115	82615615	156723889
2001	3273	2200662	93973140	177190514
2002	3258	2190814	103131711	198400373
2003	3265	2148866	109840363	215144785
2004	3365	2229818	124774690	261027342
2005	3323	2248803	131408239	300209160
2006	3876	2527987	180723148	371374661
2007	4121	2681630	198146314	440850978
2008	4567	2839070	212252204	524579577
2009	4687	2994781	232303299	579637907
2010	4940	3193365	248323113	727035303
2011	5075	3334787	262345039	820172688
2012	5194	3494122	278993712	930237663
2013	5089	3488170	288683344	983651254

1-2 历年商品交易市场变动

（比上年增长 %）

年份	市场数	年末出租摊位数	营业面积	成交额
2001	6.03	4.04	13.75	13.06
2002	-0.46	-0.45	9.75	11.97
2003	0.21	-1.91	6.50	8.44
2004	3.06	3.77	13.60	21.33
2005	-1.25	0.85	5.32	15.01
2006	16.64	12.41	37.53	23.71
2007	6.32	6.08	9.64	18.71
2008	10.82	5.87	7.12	18.99
2009	2.63	5.48	9.45	10.50
2010	5.40	6.63	6.90	25.43
2011	5.40	6.63	6.90	25.43
2012	2.34	4.78	6.35	13.42
2013	-2.02	-0.17	3.47	5.74

1-3 商品交易市场总体情况

项　目	市场数量（个）	总摊位数（个）	年末出租摊位数（个）	营业面积（平方米）	成交额（万元）
总　计	**5089**	**3879613**	**3488170**	**288683344**	**983651254**
一、按市场类别分组					
1.综合市场	1381	1329857	1218441	69157362	202778596
生产资料综合市场	46	60604	58074	7266117	15936243
工业消费品综合市场	315	527081	483884	25862004	71102430
农产品综合市场	689	464378	422586	21408721	80771284
其他综合市场	331	277794	253897	14620520	34968639
2.专业市场	3708	2549756	2269729	219525982	780872658
生产资料市场	699	341763	281283	67954238	322594349
农业生产用具市场	20	7247	6173	1389942	1848570
农用生产资料市场	33	6982	6554	1106423	1782656
煤炭市场	14	2396	2322	6860218	5665082
木材市场	56	20805	19551	5512922	7270326
建材市场	192	121044	86695	20671200	16845813
化工材料及制品市场	37	23806	18863	2160562	27255339
金属材料市场	264	112732	98431	25223485	235603573
机械设备市场	47	27834	25644	2661586	6668276
其他生产资料市场	36	18917	17050	2367900	19654714
农产品市场	1019	649088	576657	43163197	145840812
粮油市场	103	37805	33762	3616525	15651110
肉禽蛋市场	134	49913	44177	3031370	12242077
水产品市场	150	110283	100190	4696914	28088149
蔬菜市场	312	252215	223435	15962433	38382460
干鲜果品市场	137	77603	69192	5818729	23378841
棉麻土畜、烟叶市场	22	19872	14505	3969224	7075122
其他农产品市场	161	101397	91396	6068002	21023053
食品、饮料及烟酒市场	142	110821	78505	4617778	16749438
食品饮料市场	52	52471	35877	1714499	7527914
茶叶市场	28	22378	12384	1017844	2443307
烟酒市场	15	6411	4938	346817	736557
其他食品饮料及烟酒市场	47	29561	25306	1538618	6041660
纺织、服装、鞋帽市场	576	763647	713873	32420372	130345559
布料及纺织品市场	73	123111	109793	9571120	55287700
服装市场	359	440673	415212	16637684	50772652
鞋帽市场	39	30164	26670	1507759	3888823
其他纺织服装鞋帽市场	105	169699	162198	4703809	20396384
日用品及文化用品市场	91	72991	68318	2772983	10557979
小商品市场	36	43248	39811	1026882	3389790
箱包市场	4	5880	5567	515400	2228496
玩具市场	3	1138	1124	119410	237377
文具市场	3	1439	1093	81200	206160
图书、报刊杂志市场	11	1714	1652	103413	380735
音像制品及电子出版物市场	2	496	495	18800	79673
体育用品市场	1	80	80	6700	14572
其他日用品及文化用品市场	31	18996	18496	901178	4021176

1-3 续表

项 目	市场数量(个)	总摊位数(个)	年末出租摊位数(个)	营业面积(平方米)	成交额(万元)
黄金、珠宝、玉器等首饰市场	27	16933	16427	923948	4675878
电器、通讯器材、电子设备市场	161	73489	67267	3573417	11105215
家电市场	41	14657	13369	1572878	3215183
通讯器材市场	31	17114	15772	420110	1212050
照相、摄像器材市场	2	562	485	20866	71266
计算机及辅助设备市场	79	36469	33219	1423090	6063206
其他电器、通讯器材、电子设备市场	8	4687	4422	136473	543510
医药、医疗用品及器材市场	25	64194	46854	2278907	13687730
中药材市场	25	64194	46854	2278907	13687730
其他医药、医疗用品及器材市场					
家具、五金及装饰材料市场	577	294085	275246	39945237	48713400
家具市场	159	70055	65917	13577131	13239593
装饰材料市场	252	118189	110641	15831436	17616960
灯具市场	17	7337	7143	1081379	1929081
厨具、盥洗设备市场	4	1417	1399	122168	197523
五金材料市场	78	54751	49967	4625328	9383480
其他装修市场	67	42336	40179	4707795	6346763
汽车、摩托车及零配件市场	283	92448	82883	15022118	63223907
汽车市场	190	45617	38404	11494575	50955379
摩托车市场	10	3869	3786	261366	762932
机动车零配件市场	83	42962	40693	3266177	11505596
花、鸟、鱼、虫市场	29	20871	20206	3400971	4132376
花卉市场	25	19901	19240	3341416	3962413
鸟市场					
观赏鱼市场					
其他花鸟鱼虫市场	4	970	966	59555	169963
旧货市场	20	8591	7823	384740	790799
古玩、古董、字画市场	3	955	848	31882	30473
邮票、硬币市场					
其他旧货市场	17	7636	6975	352858	760326
其他专业市场	59	40835	34387	3068076	8455216
二、按营业状态分组					
1.常年营业	5009	3842183	3455139	284267365	976744408
2.季节性营业	70	32738	29039	4053803	5088755
3.其他	10	4692	3992	362176	1818091
三、按经营方式分组					
1.以批发为主	2947	2683060	2384961	226468297	846282990
2.以零售为主	2142	1196553	1103209	62215047	137368264
四、按经营环境分组					
1.露天式	848	553234	495871	62672045	153503218
2.封闭式	3608	2869058	2584306	181510376	674317847
3.其他	633	457321	407993	44500923	155830189

1-4 商品交易市场情况(按营业状态分)

(常年营业)

项　　目	市场数量(个)	总摊位数(个)	年末出租摊位数(个)	营业面积(平方米)	成交额(万元)
总　　计	**5009**	**3842183**	**3455139**	**284267365**	**976744408**
1.综合市场	**1376**	**1326143**	**1215227**	**69089742**	**202670194**
生产资料综合市场	46	60604	58074	7266117	15936243
工业消费品综合市场	315	527081	483884	25862004	71102430
农产品综合市场	686	462026	420419	21365956	80715701
其他综合市场	329	276432	252850	14595665	34915820
2.专业市场	**3633**	**2516040**	**2239912**	**215177623**	**774074214**
生产资料市场	691	340260	280241	67639156	322355933
农业生产用具市场	19	7047	5995	1359942	1821564
农用生产资料市场	29	6226	5841	994357	1700948
煤炭市场	13	2336	2288	6857668	5648345
木材市场	55	20714	19460	5476856	7170617
建材市场	192	121044	86695	20671200	16845813
化工材料及制品市场	37	23806	18863	2160562	27255339
金属材料市场	263	112336	98405	25089085	235590317
机械设备市场	47	27834	25644	2661586	6668276
其他生产资料市场	36	18917	17050	2367900	19654714
农产品市场	962	621116	551933	39445638	140162690
粮油市场	102	37775	33732	3609325	15604995
肉禽蛋市场	134	49913	44177	3031370	12242077
水产品市场	145	109024	99057	4591942	26578685
蔬菜市场	284	237768	210291	13740828	35699760
干鲜果品市场	120	66961	60285	4749587	22363768
棉麻土畜、烟叶市场	18	19299	13971	3828444	6880492
其他农产品市场	159	100376	90420	5894142	20792913
食品、饮料及烟酒市场	140	110336	78020	4601278	16674342
食品饮料市场	51	52111	35517	1703999	7502307
茶叶市场	27	22253	12259	1011844	2393818
烟酒市场	15	6411	4938	346817	736557
其他食品饮料及烟酒市场	47	29561	25306	1538618	6041660
纺织、服装、鞋帽市场	573	762519	712765	32249427	129813665
布料及纺织品市场	73	123111	109793	9571120	55287700
服装市场	357	439913	414472	16480239	50556952
鞋帽市场	39	30164	26670	1507759	3888823
其他纺织服装鞋帽市场	104	169331	161830	4690309	20080190
日用品及文化用品市场	91	72991	68318	2772983	10557979
小商品市场	36	43248	39811	1026882	3389790
箱包市场	4	5880	5567	515400	2228496

1-4 续表 1

（常年营业）

项 目	市场数量（个）	总摊位数（个）	年末出租摊位数（个）	营业面积（平方米）	成交额（万元）
玩具市场	3	1138	1124	119410	237377
文具市场	3	1439	1093	81200	206160
图书、报刊杂志市场	11	1714	1652	103413	380735
音像制品及电子出版物市场	2	496	495	18800	79673
体育用品市场	1	80	80	6700	14572
其他日用品及文化用品市场	31	18996	18496	901178	4021176
黄金、珠宝、玉器等首饰市场	27	16933	16427	923948	4675878
电器、通讯器材、电子设备市场	161	73489	67267	3573417	11105215
家电市场	41	14657	13369	1572878	3215183
通讯器材市场	31	17114	15772	420110	1212050
照相、摄像器材市场	2	562	485	20866	71266
计算机及辅助设备市场	79	36469	33219	1423090	6063206
其他电器、通讯器材、电子设备市场	8	4687	4422	136473	543510
医药、医疗用品及器材市场	24	64158	46818	2277407	13653854
中药材市场	24	64158	46818	2277407	13653854
其他医药、医疗用品及器材市场					
家具、五金及装饰材料市场	576	293435	274766	39935237	48675800
家具市场	159	70055	65917	13577131	13239593
装饰材料市场	252	118189	110641	15831436	17616960
灯具市场	17	7337	7143	1081379	1929081
厨具、盥洗设备市场	4	1417	1399	122168	197523
五金材料市场	77	54101	49487	4615328	9345880
其他装修市场	67	42336	40179	4707795	6346763
汽车、摩托车及零配件市场	282	92406	82841	15009118	63068907
汽车市场	189	45575	38362	11481575	50800379
摩托车市场	10	3869	3786	261366	762932
机动车零配件市场	83	42962	40693	3266177	11505596
花、鸟、鱼、虫市场	29	20871	20206	3400971	4132376
花卉市场	25	19901	19240	3341416	3962413
鸟市场					
观赏鱼市场					
其他花鸟鱼虫市场	4	970	966	59555	169963
旧货市场	20	8591	7823	384740	790799
古玩、古董、字画市场	3	955	848	31882	30473
邮票、硬币市场					
其他旧货市场	17	7636	6975	352858	760326
其他专业市场	57	38935	32487	2964303	8406776

1-4 续表 2

(季节性营业)

项　目	市场数量(个)	总摊位数(个)	年末出租摊位数(个)	营业面积(平方米)	成交额(万元)
总　计	**70**	**32738**	**29039**	**4053803**	**5088755**
1.综合市场	**2**	**1950**	**1780**	**20965**	**43916**
生产资料综合市场					
工业消费品综合市场					
农产品综合市场	2	1950	1780	20965	43916
其他综合市场					
2.专业市场	**68**	**30788**	**27259**	**4032838**	**5044839**
生产资料市场	6	1016	925	144616	125451
农业生产用具市场	1	200	178	30000	27006
农用生产资料市场	4	756	713	112066	81708
煤炭市场	1	60	34	2550	16737
木材市场					
建材市场					
化工材料及制品市场					
金属材料市场					
机械设备市场					
其他生产资料市场					
农产品市场	55	27159	23911	3666927	4389383
粮油市场	1	30	30	7200	46115
肉禽蛋市场					
水产品市场	3	446	320	54340	220725
蔬菜市场	28	14447	13144	2221605	2682700
干鲜果品市场	17	10642	8907	1069142	1015073
棉麻土畜、烟叶市场	4	573	534	140780	194630
其他农产品市场	2	1021	976	173860	230140
食品、饮料及烟酒市场	1	125	125	6000	49489
食品饮料市场					
茶叶市场	1	125	125	6000	49489
烟酒市场					
其他食品饮料及烟酒市场					
纺织、服装、鞋帽市场	2	760	740	157445	215700
布料及纺织品市场					
服装市场	2	760	740	157445	215700
鞋帽市场					
其他纺织服装鞋帽市场					
日用品及文化用品市场					
小商品市场					
箱包市场					

1-4 续表 3

(季节性营业)

项目	市场数量(个)	总摊位数(个)	年末出租摊位数(个)	营业面积(平方米)	成交额(万元)
玩具市场					
文具市场					
图书、报刊杂志市场					
音像制品及电子出版物市场					
体育用品市场					
其他日用品及文化用品市场					
黄金、珠宝、玉器等首饰市场					
电器、通讯器材、电子设备市场					
家电市场					
通讯器材市场					
照相、摄像器材市场					
计算机及辅助设备市场					
其他电器、通讯器材、电子设备市场					
医药、医疗用品及器材市场	1	36	36	1500	33876
中药材市场	1	36	36	1500	33876
其他医药、医疗用品及器材市场					
家具、五金及装饰材料市场	1	650	480	10000	37600
家具市场					
装饰材料市场					
灯具市场					
厨具、盥洗设备市场					
五金材料市场	1	650	480	10000	37600
其他装修市场					
汽车、摩托车及零配件市场	1	42	42	13000	155000
汽车市场	1	42	42	13000	155000
摩托车市场					
机动车零配件市场					
花、鸟、鱼、虫市场					
花卉市场					
鸟市场					
观赏鱼市场					
其他花鸟鱼虫市场					
旧货市场					
古玩、古董、字画市场					
邮票、硬币市场					
其他旧货市场					
其他专业市场	1	1000	1000	33350	38340

1-4 续表 4

(其他)

项 目	市场数量(个)	总摊位数(个)	年末出租摊位数(个)	营业面积(平方米)	成交额(万元)
总 计	**10**	**4692**	**3992**	**362176**	**1818091**
1.综合市场	**3**	**1764**	**1434**	**46655**	**64486**
生产资料综合市场					
工业消费品综合市场					
农产品综合市场	1	402	387	21800	11667
其他综合市场	2	1362	1047	24855	52819
2.专业市场	**7**	**2928**	**2558**	**315521**	**1753605**
生产资料市场	2	487	117	170466	112965
农业生产用具市场					
农用生产资料市场					
煤炭市场					
木材市场	1	91	91	36066	99709
建材市场					
化工材料及制品市场					
金属材料市场	1	396	26	134400	13256
机械设备市场					
其他生产资料市场					
农产品市场	2	813	813	50632	1288739
粮油市场					
肉禽蛋市场					
水产品市场	2	813	813	50632	1288739
蔬菜市场					
干鲜果品市场					
棉麻土畜、烟叶市场					
其他农产品市场					
食品、饮料及烟酒市场	1	360	360	10500	25607
食品饮料市场	1	360	360	10500	25607
茶叶市场					
烟酒市场					
其他食品饮料及烟酒市场					
纺织、服装、鞋帽市场	1	368	368	13500	316194
布料及纺织品市场					
服装市场					
鞋帽市场					
其他纺织服装鞋帽市场	1	368	368	13500	316194
日用品及文化用品市场					
小商品市场					
箱包市场					

1-4 续表 5

(其他)

项 目	市场数量（个）	总摊位数（个）	年末出租摊位数（个）	营业面积（平方米）	成交额（万元）
玩具市场					
文具市场					
图书、报刊杂志市场					
音像制品及电子出版物市场					
体育用品市场					
其他日用品及文化用品市场					
黄金、珠宝、玉器等首饰市场					
电器、通讯器材、电子设备市场					
家电市场					
通讯器材市场					
照相、摄像器材市场					
计算机及辅助设备市场					
其他电器、通讯器材、电子设备市场					
医药、医疗用品及器材市场					
中药材市场					
其他医药、医疗用品及器材市场					
家具、五金及装饰材料市场					
家具市场					
装饰材料市场					
灯具市场					
厨具、盥洗设备市场					
五金材料市场					
其他装修市场					
汽车、摩托车及零配件市场					
汽车市场					
摩托车市场					
机动车零配件市场					
花、鸟、鱼、虫市场					
花卉市场					
鸟市场					
观赏鱼市场					
其他花鸟鱼虫市场					
旧货市场					
古玩、古董、字画市场					
邮票、硬币市场					
其他旧货市场					
其他专业市场	1	900	900	70423	10100

1-5 商品交易市场情况(按经营方式分)

(批发为主)

项目	市场数量(个)	总摊位数(个)	年末出租摊位数(个)	营业面积(平方米)	成交额(万元)
总计	**2947**	**2683060**	**2384961**	**226468297**	**846282990**
1.综合市场	**504**	**762630**	**700618**	**51706226**	**162039865**
生产资料综合市场	46	60604	58074	7266117	15936243
工业消费品综合市场	140	343514	311962	19162893	56792992
农产品综合市场	200	233051	213934	16391426	62051579
其他综合市场	118	125461	116648	8885790	27259051
2.专业市场	**2443**	**1920430**	**1684343**	**174762071**	**684243125**
生产资料市场	691	339437	279012	67750588	322231348
农业生产用具市场	20	7247	6173	1389942	1848570
农用生产资料市场	33	6982	6554	1106423	1782656
煤炭市场	14	2396	2322	6860218	5665082
木材市场	56	20805	19551	5512922	7270326
建材市场	184	118718	84424	20467550	16482812
化工材料及制品市场	37	23806	18863	2160562	27255339
金属材料市场	264	112732	98431	25223485	235603573
机械设备市场	47	27834	25644	2661586	6668276
其他生产资料市场	36	18917	17050	2367900	19654714
农产品市场	779	538151	476761	40270477	137607567
粮油市场	96	28632	24603	3406733	15070347
肉禽蛋市场	73	22788	21417	2437345	10281988
水产品市场	114	95276	86386	4332500	26489458
蔬菜市场	272	237601	209494	15468459	37036274
干鲜果品市场	133	76204	67807	5790569	23164854
棉麻土畜、烟叶市场	22	19872	14505	3969224	7075122
其他农产品市场	69	57778	52549	4865647	18489524
食品、饮料及烟酒市场	96	84384	54882	3931908	14474343
食品饮料市场	29	38441	23603	1389088	5957169
茶叶市场	23	19799	9853	894202	2214522
烟酒市场	12	4206	2748	279387	571866
其他食品饮料及烟酒市场	32	21938	18678	1369231	5730786
纺织、服装、鞋帽市场	318	546220	506552	26103868	117123968
布料及纺织品市场	67	120873	107668	9500184	55132005
服装市场	177	295907	277071	12026364	41605024
鞋帽市场	37	27264	24570	1501259	3797361
其他纺织服装鞋帽市场	37	102176	97243	3076061	16589578
日用品及文化用品市场	72	64020	59619	2469516	9707265
小商品市场	32	39023	35586	875662	3195040
箱包市场	4	5880	5567	515400	2228496

1-5　续表 1

(批发为主)

项　　目	市场数量(个)	总摊位数(个)	年末出租摊位数(个)	营业面积(平方米)	成交额(万元)
玩具市场	3	1138	1124	119410	237377
文具市场	3	1439	1093	81200	206160
图书、报刊杂志市场	8	1142	1084	77313	254052
音像制品及电子出版物市场					
体育用品市场					
其他日用品及文化用品市场	22	15398	15165	800531	3586140
黄金、珠宝、玉器等首饰市场	14	10659	10337	757321	4190623
电器、通讯器材、电子设备市场	50	28204	25650	1824955	4045370
家电市场	26	10771	9823	1416031	2321228
通讯器材市场	10	7775	6838	143100	424375
照相、摄像器材市场	1	315	315	13066	39009
计算机及辅助设备市场	9	6073	5596	148758	837789
其他电器、通讯器材、电子设备市场	4	3270	3078	104000	422969
医药、医疗用品及器材市场	23	63776	46436	2251225	13480480
中药材市场	23	63776	46436	2251225	13480480
其他医药、医疗用品及器材市场					
家具、五金及装饰材料市场	234	151035	141427	18721037	29231480
家具市场	28	23944	23392	4971641	6707398
装饰材料市场	95	52031	48782	6979073	9206560
灯具市场	14	6982	6823	1024387	1741948
厨具、盥洗设备市场	3	1006	988	58608	169427
五金材料市场	68	48161	43491	3927440	8509079
其他装修市场	26	18911	17951	1759888	2897068
汽车、摩托车及零配件市场	96	46984	43079	4862735	21349890
汽车市场	27	10187	8275	2040939	10223495
摩托车市场	6	2272	2234	138340	647846
机动车零配件市场	63	34525	32570	2683456	10478549
花、鸟、鱼、虫市场	21	17309	16644	3191714	3847385
花卉市场	19	16629	15968	3150534	3800135
鸟市场					
观赏鱼市场					
其他花鸟鱼虫市场	2	680	676	41180	47250
旧货市场	5	560	491	102661	367787
古玩、古董、字画市场					
邮票、硬币市场					
其他旧货市场	5	560	491	102661	367787
其他专业市场	44	29691	23453	2524066	6585619

1-5 续表 2

(零售为主)

项 目	市场数量(个)	总摊位数(个)	年末出租摊位数(个)	营业面积(平方米)	成交额(万元)
总 计	**2142**	**1196553**	**1103209**	**62215047**	**137368264**
1.综合市场	**877**	**567227**	**517823**	**17451136**	**40738731**
生产资料综合市场					
工业消费品综合市场	175	183567	171922	6699111	14309438
农产品综合市场	489	231327	208652	5017295	18719705
其他综合市场	213	152333	137249	5734730	7709588
2.专业市场	**1265**	**629326**	**585386**	**44763911**	**96629533**
生产资料市场	8	2326	2271	203650	363001
农业生产用具市场					
农用生产资料市场					
煤炭市场					
木材市场					
建材市场	8	2326	2271	203650	363001
化工材料及制品市场					
金属材料市场					
机械设备市场					
其他生产资料市场					
农产品市场	240	110937	99896	2892720	8233245
粮油市场	7	9173	9159	209792	580763
肉禽蛋市场	61	27125	22760	594025	1960089
水产品市场	36	15007	13804	364414	1598691
蔬菜市场	40	14614	13941	493974	1346186
干鲜果品市场	4	1399	1385	28160	213987
棉麻土畜、烟叶市场					
其他农产品市场	92	43619	38847	1202355	2533529
食品、饮料及烟酒市场	46	26437	23623	685870	2275095
食品饮料市场	23	14030	12274	325411	1570745
茶叶市场	5	2579	2531	123642	228785
烟酒市场	3	2205	2190	67430	164691
其他食品饮料及烟酒市场	15	7623	6628	169387	310874
纺织、服装、鞋帽市场	258	217427	207321	6316504	13221591
布料及纺织品市场	6	2238	2125	70936	155695
服装市场	182	144766	138141	4611320	9167628
鞋帽市场	2	2900	2100	6500	91462
其他纺织服装鞋帽市场	68	67523	64955	1627748	3806806
日用品及文化用品市场	19	8971	8699	303467	850714
小商品市场	4	4225	4225	151220	194750
箱包市场					

1-5　续表 3

(零售为主)

项　目	市场数量 (个)	总摊位数 (个)	年末出租摊位数 (个)	营业面积 (平方米)	成交额 (万元)
玩具市场					
文具市场					
图书、报刊杂志市场	3	572	568	26100	126683
音像制品及电子出版物市场	2	496	495	18800	79673
体育用品市场	1	80	80	6700	14572
其他日用品及文化用品市场	9	3598	3331	100647	435036
黄金、珠宝、玉器等首饰市场	13	6274	6090	166627	485255
电器、通讯器材、电子设备市场	111	45285	41617	1748462	7059845
家电市场	15	3886	3546	156847	893955
通讯器材市场	21	9339	8934	277010	787675
照相、摄像器材市场	1	247	170	7800	32257
计算机及辅助设备市场	70	30396	27623	1274332	5225417
其他电器、通讯器材、电子设备市场	4	1417	1344	32473	120541
医药、医疗用品及器材市场	2	418	418	27682	207250
中药材市场	2	418	418	27682	207250
其他医药、医疗用品及器材市场					
家具、五金及装饰材料市场	343	143050	133819	21224200	19481920
家具市场	131	46111	42525	8605490	6532195
装饰材料市场	157	66158	61859	8852363	8410400
灯具市场	3	355	320	56992	187133
厨具、盥洗设备市场	1	411	411	63560	28096
五金材料市场	10	6590	6476	697888	874401
其他装修市场	41	23425	22228	2947907	3449695
汽车、摩托车及零配件市场	187	45464	39804	10159383	41874017
汽车市场	163	35430	30129	9453636	40731884
摩托车市场	4	1597	1552	123026	115086
机动车零配件市场	20	8437	8123	582721	1027047
花、鸟、鱼、虫市场	8	3562	3562	209257	284991
花卉市场	6	3272	3272	190882	162278
鸟市场					
观赏鱼市场					
其他花鸟鱼虫市场	2	290	290	18375	122713
旧货市场	15	8031	7332	282079	423012
古玩、古董、字画市场	3	955	848	31882	30473
邮票、硬币市场					
其他旧货市场	12	7076	6484	250197	392539
其他专业市场	15	11144	10934	544010	1869597

1-6 商品交易市场情况(按经营环境分)

(露天式)

项　目	市场数量(个)	总摊位数(个)	年末出租摊位数(个)	营业面积(平方米)	成交额(万元)
总　计	**848**	**553234**	**495871**	**62672045**	**153503218**
1.综合市场	**132**	**125907**	**113528**	**8466577**	**21575075**
生产资料综合市场	3	3856	3855	155540	153184
工业消费品综合市场	22	16996	16569	490624	938823
农产品综合市场	71	72780	66814	5958079	18051117
其他综合市场	36	32275	26290	1862334	2431951
2.专业市场	**716**	**427327**	**382343**	**54205468**	**131928143**
生产资料市场	228	88205	78741	28917444	70912901
农业生产用具市场	9	3161	3014	664341	1246472
农用生产资料市场	6	2317	2311	366456	220449
煤炭市场	8	413	341	5500138	3105870
木材市场	29	7343	6348	3948460	3737651
建材市场	30	13280	12834	2326872	3677033
化工材料及制品市场	4	2454	2408	321626	968630
金属材料市场	132	51994	45714	15302512	57058652
机械设备市场	4	3395	2570	163000	357162
其他生产资料市场	6	3848	3201	324039	540982
农产品市场	281	227046	203968	14539693	30543043
粮油市场	25	11644	11550	1161054	1931707
肉禽蛋市场	23	6222	5809	1021489	938711
水产品市场	26	25010	24640	708153	3109026
蔬菜市场	125	124301	106778	6904901	14049528
干鲜果品市场	48	36175	32828	2411839	6446095
棉麻土畜、烟叶市场	8	5943	5908	573090	277715
其他农产品市场	26	17751	16455	1759167	3790261
食品、饮料及烟酒市场	19	14026	12546	614129	1335233
食品饮料市场	5	1505	1492	28468	126521
茶叶市场	5	4333	4156	293060	626220
烟酒市场	4	3006	1791	109151	87143
其他食品饮料及烟酒市场	5	5182	5107	183450	495349
纺织、服装、鞋帽市场	28	28873	26474	1263671	5070778
布料及纺织品市场	4	4126	3817	322026	3134637
服装市场	15	20041	18413	518200	502715
鞋帽市场	6	2511	2085	160945	1208062
其他纺织服装鞋帽市场	3	2195	2159	262500	225364
日用品及文化用品市场	3	1425	1271	64850	244056
小商品市场	1	390	239	13000	31220
箱包市场					

1-6 续表 1

(露天式)

项　　目	市场数量(个)	总摊位数(个)	年末出租摊位数(个)	营业面积(平方米)	成交额(万元)
玩具市场					
文具市场					
图书、报刊杂志市场					
音像制品及电子出版物市场					
体育用品市场					
其他日用品及文化用品市场	2	1035	1032	51850	212836
黄金、珠宝、玉器等首饰市场	1	712	712	57420	34207
电器、通讯器材、电子设备市场					
家电市场					
通讯器材市场					
照相、摄像器材市场					
计算机及辅助设备市场					
其他电器、通讯器材、电子设备市场					
医药、医疗用品及器材市场	2	2028	1931	27250	81497
中药材市场	2	2028	1931	27250	81497
其他医药、医疗用品及器材市场					
家具、五金及装饰材料市场	35	13556	12725	1512824	2506472
家具市场	1	420	420	20000	124200
装饰材料市场	19	6383	6039	683579	1274829
灯具市场	1	332	332	6930	14220
厨具、盥洗设备市场	1	140	140	24000	12000
五金材料市场	10	5381	4894	616697	865292
其他装修市场	3	900	900	161618	215931
汽车、摩托车及零配件市场	82	21260	20029	4331790	14890828
汽车市场	66	13489	12471	3832173	12539339
摩托车市场					
机动车零配件市场	16	7771	7558	499617	2351489
花、鸟、鱼、虫市场	4	2842	2342	577000	1522891
花卉市场	3	2682	2182	565000	1483020
鸟市场					
观赏鱼市场					
其他花鸟鱼虫市场	1	160	160	12000	39871
旧货市场	4	642	399	85248	189406
古玩、古董、字画市场					
邮票、硬币市场					
其他旧货市场	4	642	399	85248	189406
其他专业市场	29	26712	21205	2214149	4596831

1-6 续表 2

(封闭式)

项　目	市场数量(个)	总摊位数(个)	年末出租摊位数(个)	营业面积(平方米)	成交额(万元)
总　计	**3608**	**2869058**	**2584306**	**181510376**	**674317847**
1.综合市场	**1060**	**1025247**	**941130**	**49875995**	**147425827**
生产资料综合市场	37	40513	38072	4397747	7115523
工业消费品综合市场	264	468552	429737	23033398	65490355
农产品综合市场	529	321335	292542	11557059	48164468
其他综合市场	230	194847	180779	10887791	26655481
2.专业市场	**2548**	**1843811**	**1643176**	**131634381**	**526892020**
生产资料市场	375	195603	154230	26718866	183626522
农业生产用具市场	10	3626	2759	707350	547098
农用生产资料市场	24	4285	3903	715087	1477832
煤炭市场	4	1972	1972	1357300	2428034
木材市场	17	5148	4946	890854	1713758
建材市场	135	90543	60734	9893460	11045027
化工材料及制品市场	24	11897	10278	1398010	12779459
金属材料市场	100	44268	38240	7576243	133426474
机械设备市场	37	21718	20472	2293098	5640157
其他生产资料市场	24	12146	10926	1887464	14568683
农产品市场	562	306632	272815	18594156	86414992
粮油市场	65	21044	18831	1992724	10644273
肉禽蛋市场	88	35018	30174	1279296	8362335
水产品市场	92	58630	53331	3045077	19270745
蔬菜市场	136	84388	78329	6259517	18409060
干鲜果品市场	62	27251	24062	2129597	10330353
棉麻土畜、烟叶市场	11	13248	7919	903634	5049332
其他农产品市场	108	67053	60169	2984311	14348894
食品、饮料及烟酒市场	106	89444	60439	3597265	14106900
食品饮料市场	40	47128	31633	1498528	6804904
茶叶市场	21	17524	7772	680624	1762287
烟酒市场	11	3405	3147	237666	649414
其他食品饮料及烟酒市场	34	21387	17887	1180447	4890295
纺织、服装、鞋帽市场	522	707662	661679	29871962	120501939
布料及纺织品市场	63	109410	96668	8623455	48915035
服装市场	332	409425	386438	15580344	49362398
鞋帽市场	30	24862	22069	1288114	2368446
其他纺织服装鞋帽市场	97	163965	156504	4380049	19856060
日用品及文化用品市场	83	64006	61607	2525133	9584880
小商品市场	32	35809	34626	858882	2735270
箱包市场	4	5880	5567	515400	2228496

1-6 续表 3

(封闭式)

项目	市场数量(个)	总摊位数(个)	年末出租摊位数(个)	营业面积(平方米)	成交额(万元)
玩具市场	3	1138	1124	119410	237377
文具市场	3	1439	1093	81200	206160
图书、报刊杂志市场	10	1653	1593	95413	370677
音像制品及电子出版物市场	2	496	495	18800	79673
体育用品市场	1	80	80	6700	14572
其他日用品及文化用品市场	28	17511	17029	829328	3712655
黄金、珠宝、玉器等首饰市场	21	11079	10580	600984	4377993
电器、通讯器材、电子设备市场	154	61840	56335	2197264	8845773
家电市场	38	9670	8867	538625	1522380
通讯器材市场	30	16854	15512	402110	1192031
照相、摄像器材市场	2	562	485	20866	71266
计算机及辅助设备市场	76	30067	27049	1099190	5516586
其他电器、通讯器材、电子设备市场	8	4687	4422	136473	543510
医药、医疗用品及器材市场	21	61098	44194	2212975	13257983
中药材市场	21	61098	44194	2212975	13257983
其他医药、医疗用品及器材市场					
家具、五金及装饰材料市场	489	252641	236812	35202804	42359430
家具市场	153	68093	64003	13332451	12953660
装饰材料市场	207	97518	91241	13493725	14262613
灯具市场	14	5901	5707	894915	1387861
厨具、盥洗设备市场	3	1277	1259	98168	185523
五金材料市场	58	43452	39353	3567517	7912304
其他装修市场	54	36400	35249	3816028	5657469
汽车、摩托车及零配件市场	163	64875	56665	8828382	38594715
汽车市场	93	29137	23036	6023334	29504496
摩托车市场	9	3055	2972	211366	720369
机动车零配件市场	61	32683	30657	2593682	8369850
花、鸟、鱼、虫市场	18	13841	13740	532323	1588989
花卉市场	15	13031	12934	484768	1458897
鸟市场					
观赏鱼市场					
其他花鸟鱼虫市场	3	810	806	47555	130092
旧货市场	10	3464	2998	170492	223989
古玩、古董、字画市场	3	955	848	31882	30473
邮票、硬币市场					
其他旧货市场	7	2509	2150	138610	193516
其他专业市场	24	11626	11082	581775	3407915

1-6 续表 4

(其他)

项　　目	市场数量(个)	总摊位数(个)	年末出租摊位数(个)	营业面积(平方米)	成交额(万元)
总　　计	**633**	**457321**	**407993**	**44500923**	**155830189**
1.综合市场	**189**	**178703**	**163783**	**10814790**	**33777694**
生产资料综合市场	6	16235	16147	2712830	8667536
工业消费品综合市场	29	41533	37578	2337982	4673252
农产品综合市场	89	70263	63230	3893583	14555699
其他综合市场	65	50672	46828	1870395	5881207
2.专业市场	**444**	**278618**	**244210**	**33686133**	**122052495**
生产资料市场	96	57955	48312	12317928	68054926
农业生产用具市场	1	460	400	18251	55000
农用生产资料市场	3	380	340	24880	84375
煤炭市场	2	11	9	2780	131178
木材市场	10	8314	8257	673608	1818917
建材市场	27	17221	13127	8450868	2123753
化工材料及制品市场	9	9455	6177	440926	13507250
金属材料市场	32	16470	14477	2344730	45118447
机械设备市场	6	2721	2602	205488	670957
其他生产资料市场	6	2923	2923	156397	4545049
农产品市场	176	115410	99874	10029348	28882777
粮油市场	13	5117	3381	462747	3075130
肉禽蛋市场	23	8673	8194	730585	2941031
水产品市场	32	26643	22219	943684	5708378
蔬菜市场	51	43526	38328	2798015	5923872
干鲜果品市场	27	14177	12302	1277293	6602393
棉麻土畜、烟叶市场	3	681	678	2492500	1748075
其他农产品市场	27	16593	14772	1324524	2883898
食品、饮料及烟酒市场	17	7351	5520	406384	1307305
食品饮料市场	7	3838	2752	187503	596489
茶叶市场	2	521	456	44160	54800
烟酒市场					
其他食品饮料及烟酒市场	8	2992	2312	174721	656016
纺织、服装、鞋帽市场	26	27112	25720	1284739	4772842
布料及纺织品市场	6	9575	9308	625639	3238028
服装市场	12	11207	10361	539140	907539
鞋帽市场	3	2791	2516	58700	312315
其他纺织服装鞋帽市场	5	3539	3535	61260	314960
日用品及文化用品市场	5	7560	5440	183000	729043
小商品市场	3	7049	4946	155000	623300
箱包市场					

1-6 续表 5

(其他)

项 目	市场数量（个）	总摊位数（个）	年末出租摊位数（个）	营业面积（平方米）	成交额（万元）
玩具市场					
文具市场					
图书、报刊杂志市场	1	61	59	8000	10058
音像制品及电子出版物市场					
体育用品市场					
其他日用品及文化用品市场	1	450	435	20000	95685
黄金、珠宝、玉器等首饰市场	5	5142	5135	265544	263678
电器、通讯器材、电子设备市场	7	11649	10932	1376153	2259442
家电市场	3	4987	4502	1034253	1692803
通讯器材市场	1	260	260	18000	20019
照相、摄像器材市场					
计算机及辅助设备市场	3	6402	6170	323900	546620
其他电器、通讯器材、电子设备市场					
医药、医疗用品及器材市场	2	1068	729	38682	348250
中药材市场	2	1068	729	38682	348250
其他医药、医疗用品及器材市场					
家具、五金及装饰材料市场	53	27888	25709	3229609	3847498
家具市场	5	1542	1494	224680	161733
装饰材料市场	26	14288	13361	1654132	2079518
灯具市场	2	1104	1104	179534	527000
厨具、盥洗设备市场					
五金材料市场	10	5918	5720	441114	605884
其他装修市场	10	5036	4030	730149	473363
汽车、摩托车及零配件市场	38	6313	6189	1861946	9738364
汽车市场	31	2991	2897	1639068	8911544
摩托车市场	1	814	814	50000	42563
机动车零配件市场	6	2508	2478	172878	784257
花、鸟、鱼、虫市场	7	4188	4124	2291648	1020496
花卉市场	7	4188	4124	2291648	1020496
鸟市场					
观赏鱼市场					
其他花鸟鱼虫市场					
旧货市场	6	4485	4426	129000	377404
古玩、古董、字画市场					
邮票、硬币市场					
其他旧货市场	6	4485	4426	129000	377404
其他专业市场	6	2497	2100	272152	450470

1-7 商品交易市场成交情况(按摊位分)

摊　　位	摊位数(个)	成交额(万元)
总　　计	**3488170**	**983651254**
1.粮油、食品、饮料、烟酒类	1110849	249173235
(1)粮油、食品类	1014343	230089999
其中:粮油类	86757	29085845
肉禽蛋类	139096	31909763
水产品类	159869	47084222
蔬菜类	421243	63374512
干鲜果品类	169002	50221257
(2)饮料类	50231	9589796
(3)烟酒类	46275	9493440
2.服装、鞋帽、针纺织品类	984199	153194117
(1)服装类	604156	68706312
(2)鞋帽类	146618	15192200
(3)针纺织品类	233425	69295605
3.化妆品类	31853	3223491
4.金银珠宝类	20461	5617969
5.日用品类	184642	28787907
其中：洗涤用品类	43036	5044088
儿童玩具类	33017	4152723
6.五金、电料类	113639	22157706
7.体育、娱乐用品类	12946	1743871
8.书报杂志类	5210	751016
9.电子出版物及音像制品类	9193	2060196
10.家用电器和音像器材类	38724	7570468
11.中西药品类	27934	12192630
其中：西药类	1226	317033
中草药及中成药类	26230	11706733
12.文化办公用品类	67202	11624767
13.家具类	95553	19088397
14.通讯器材类	26133	3138455
15.煤炭及制品类	2739	6429554
16.木材及制品类	33038	10019208
17.石油及制品类	3874	16498751
18.化工材料及制品类	39880	32663024
其中：化肥类	3747	1079480
19.金属材料类	102371	234802035
20.建筑及装潢材料类	247377	47356525
21.机电产品及设备类	51568	13837316
其中：农机类	5793	1905345
22.汽车类	80286	64383985
23.种子饲料类	8428	1438250
24.棉麻类	5333	5222294
25.其他类	184738	30676087

1-8 商品交易市场成交情况(按摊位与营业状态分)

(常年营业)

摊　　位	年末出租摊位数 (个)	成交额 (万元)
总　　计	**3455139**	**976744408**
1.粮油、食品、饮料、烟酒类	1084891	243763199
(1)粮油、食品类	988625	224740797
其中:粮油类	86574	29035186
肉禽蛋类	138826	31890895
水产品类	158997	45581966
蔬菜类	406866	60715049
干鲜果品类	159504	49155852
(2)饮料类	50062	9534097
(3)烟酒类	46204	9488305
2.服装、鞋帽、针纺织品类	982718	152765092
(1)服装类	603050	68450455
(2)鞋帽类	146422	15088236
(3)针纺织品类	233246	69226401
3.化妆品类	31840	3222789
4.金银珠宝类	20461	5617969
5.日用品类	184573	28785740
其中：洗涤用品类	43021	5043966
儿童玩具类	33014	4152707
6.五金、电料类	113024	22058659
7.体育、娱乐用品类	12943	1743841
8.书报杂志类	5205	750996
9.电子出版物及音像制品类	9155	2060007
10.家用电器和音像器材类	37781	7537938
11.中西药品类	27883	12158073
其中：西药类	1214	316598
中草药及中成药类	26191	11672611
12.文化办公用品类	67169	11623831
13.家具类	95544	19088277
14.通讯器材类	26121	3138325
15.煤炭及制品类	2682	6412348
16.木材及制品类	32925	9918338
17.石油及制品类	3867	16498130
18.化工材料及制品类	39330	32595834
其中：化肥类	3213	1015856
19.金属材料类	102331	234788220
20.建筑及装潢材料类	247365	47356323
21.机电产品及设备类	51306	13776912
其中：农机类	5569	1876118
22.汽车类	80244	64228985
23.种子饲料类	8246	1420517
24.棉麻类	4826	5083043
25.其他类	182709	30351022

1-8 续表 1

(季节性营业)

摊　　位	年末出租摊位数 (个)	成交额 (万元)
总　　计	**29039**	**5088755**
1.粮油、食品、饮料、烟酒类	24149	4057584
(1)粮油、食品类	23996	4004155
其中:粮油类	56	48572
肉禽蛋类	10	80
水产品类	324	220709
蔬菜类	13979	2646066
干鲜果品类	9347	1058066
(2)饮料类	133	49819
(3)烟酒类	20	3610
2.服装、鞋帽、针纺织品类	864	215915
(1)服装类	810	215781
(2)鞋帽类	23	63
(3)针纺织品类	31	71
3.化妆品类		
4.金银珠宝类		
5.日用品类	16	152
其中：洗涤用品类		
儿童玩具类		
6.五金、电料类	480	37600
7.体育、娱乐用品类		
8.书报杂志类		
9.电子出版物及音像制品类		
10.家用电器和音像器材类		
11.中西药品类	36	33876
其中：西药类		
中草药及中成药类	36	33876
12.文化办公用品类		
13.家具类	1	10
14.通讯器材类		
15.煤炭及制品类	35	16739
16.木材及制品类		
17.石油及制品类		
18.化工材料及制品类	528	65248
其中：化肥类	512	61682
19.金属材料类		
20.建筑及装潢材料类		
21.机电产品及设备类	221	29127
其中：农机类	221	29127
22.汽车类	42	155000
23.种子饲料类	149	14361
24.棉麻类	497	138663
25.其他类	2021	324480

1-8 续表 2

(其他)

摊 位	年末出租摊位数 (个)	成交额 (万元)
总 计	**3992**	**1818091**
1.粮油、食品、饮料、烟酒类	1809	1352452
(1)粮油、食品类	1722	1345047
其中:粮油类	127	2087
肉禽蛋类	260	18788
水产品类	548	1281547
蔬菜类	398	13397
干鲜果品类	151	7339
(2)饮料类	36	5880
(3)烟酒类	51	1525
2.服装、鞋帽、针纺织品类	617	213110
(1)服装类	296	40076
(2)鞋帽类	173	103901
(3)针纺织品类	148	69133
3.化妆品类	13	702
4.金银珠宝类		
5.日用品类	53	2015
其中: 洗涤用品类	15	122
儿童玩具类	3	16
6.五金、电料类	135	61447
7.体育、娱乐用品类	3	30
8.书报杂志类	5	20
9.电子出版物及音像制品类	38	189
10.家用电器和音像器材类	943	32530
11.中西药品类	15	681
其中: 西药类	12	435
中草药及中成药类	3	246
12.文化办公用品类	33	936
13.家具类	8	110
14.通讯器材类	12	130
15.煤炭及制品类	22	467
16.木材及制品类	113	100870
17.石油及制品类	7	621
18.化工材料及制品类	22	1942
其中: 化肥类	22	1942
19.金属材料类	40	13815
20.建筑及装潢材料类	12	202
21.机电产品及设备类	41	31277
其中: 农机类	3	100
22.汽车类		
23.种子饲料类	33	3372
24.棉麻类	10	588
25.其他类	8	585

1-9 商品交易市场成交情况(按摊位与经营方式分)

(批发为主)

摊　　位	年末出租摊位数(个)	成交额(万元)
总　　计	**2384961**	**846282990**
1、粮油、食品、饮料、烟酒类	741830	216779472
(1)粮油、食品类	677848	200405164
其中:粮油类	54045	26245235
肉禽蛋类	61931	23072233
水产品类	102164	39976957
蔬菜类	298239	56941330
干鲜果品类	137546	47361440
(2)饮料类	34623	8322796
(3)烟酒类	29359	8051512
2、服装、鞋帽、针纺织品类	650247	133768483
(1)服装类	377849	54958335
(2)鞋帽类	87989	12182309
(3)针纺织品类	184409	66627839
3、化妆品类	21003	2567514
4、金银珠宝类	12900	4727459
5、日用品类	130670	24562444
其中：洗涤用品类	26472	4345754
儿童玩具类	24465	3500188
6、五金、电料类	91705	19430163
7、体育、娱乐用品类	9399	1462512
8、书报杂志类	3432	573732
9、电子出版物及音像制品类	5127	1712186
10、家用电器和音像器材类	25482	5536547
11、中西药品类	25984	11850039
其中：西药类	500	244134
中草药及中成药类	25237	11475724
12、文化办公用品类	31715	5846721
13、家具类	40242	10301607
14、通讯器材类	13157	1571164
15、煤炭及制品类	2469	6404132
16、木材及制品类	29858	9697524
17、石油及制品类	3730	16469806
18、化工材料及制品类	38783	32440105
其中：化肥类	3324	934763
19、金属材料类	100355	234521256
20、建筑及装潢材料类	171686	37014163
21、机电产品及设备类	47833	13412202
其中：农机类	5374	1815727
22、汽车类	43065	22704354
23、种子饲料类	7468	1379636
24、棉麻类	4149	5120677
25、其他类	132672	26429092

1-9 续表

(零售为主)

摊 位	年末出租摊位数(个)	成交额(万元)
总 计	**1103209**	**137368264**
1、粮油、食品、饮料、烟酒类	369019	32393763
(1)粮油、食品类	336495	29684835
其中:粮油类	32712	2840610
肉禽蛋类	77165	8837530
水产品类	57705	7107265
蔬菜类	123004	6433182
干鲜果品类	31456	2859817
(2)饮料类	15608	1267000
(3)烟酒类	16916	1441928
2、服装、鞋帽、针纺织品类	333952	19425634
(1)服装类	226307	13747977
(2)鞋帽类	58629	3009891
(3)针纺织品类	49016	2667766
3、化妆品类	10850	655977
4、金银珠宝类	7561	890510
5、日用品类	53972	4225463
其中：洗涤用品类	16564	698334
儿童玩具类	8552	652535
6、五金、电料类	21934	2727543
7、体育、娱乐用品类	3547	281359
8、书报杂志类	1778	177284
9、电子出版物及音像制品类	4066	348010
10、家用电器和音像器材类	13242	2033921
11、中西药品类	1950	342591
其中：西药类	726	72899
中草药及中成药类	993	231009
12、文化办公用品类	35487	5778046
13、家具类	55311	8786790
14、通讯器材类	12976	1567291
15、煤炭及制品类	270	25422
16、木材及制品类	3180	321684
17、石油及制品类	144	28945
18、化工材料及制品类	1097	222919
其中：化肥类	423	144717
19、金属材料类	2016	280779
20、建筑及装潢材料类	75691	10342362
21、机电产品及设备类	3735	425114
其中：农机类	419	89618
22、汽车类	37221	41679631
23、种子饲料类	960	58614
24、棉麻类	1184	101617
25、其他类	52066	4246995

1-10 商品交易市场成交情况(按摊位与经营环境分)

(露天式)

摊　　位	年末出租摊位数(个)	成交额(万元)
总　　计	**495871**	**153503218**
1.粮油、食品、饮料、烟酒类	273138	49694968
(1)粮油、食品类	257210	47897022
其中:粮油类	18042	4679381
肉禽蛋类	18575	4359765
水产品类	33399	7272531
蔬菜类	135621	19033521
干鲜果品类	48261	12143969
(2)饮料类	8768	996888
(3)烟酒类	7160	801058
2.服装、鞋帽、针纺织品类	43568	5663277
(1)服装类	25411	859740
(2)鞋帽类	8199	1403092
(3)针纺织品类	9958	3400445
3.化妆品类	1958	102874
4.金银珠宝类	354	44438
5.日用品类	9371	629242
其中:洗涤用品类	4373	214436
儿童玩具类	1730	53883
6.五金、电料类	8675	1254077
7.体育、娱乐用品类	955	38110
8.书报杂志类	527	16231
9.电子出版物及音像制品类	766	24818
10.家用电器和音像器材类	1270	231185
11.中西药品类	1408	105728
其中:西药类	345	40442
中草药及中成药类	952	52526
12.文化办公用品类	1408	147834
13.家具类	1077	290736
14.通讯器材类	564	81565
15.煤炭及制品类	704	3130100
16.木材及制品类	8426	4152633
17.石油及制品类	44	10937
18.化工材料及制品类	3939	1552272
其中:化肥类	1409	358417
19.金属材料类	43150	54479221
20.建筑及装潢材料类	22384	7148700
21.机电产品及设备类	4729	1373305
其中:农机类	2217	901787
22.汽车类	20975	15298899
23.种子饲料类	3082	137511
24.棉麻类	640	106664
25.其他类	42759	7787893

1-10 续表 1

(封闭式)

摊 位	年末出租摊位数(个)	成交额(万元)
总 计	**2584306**	**674317847**
1.粮油、食品、饮料、烟酒类	658982	154827862
(1)粮油、食品类	590028	139225766
其中:粮油类	55446	18798998
肉禽蛋类	98726	20454720
水产品类	96618	31556981
蔬菜类	216649	33925575
干鲜果品类	92603	27558380
(2)饮料类	35775	7796038
(3)烟酒类	33179	7806058
2.服装、鞋帽、针纺织品类	884522	140047372
(1)服装类	549387	65418584
(2)鞋帽类	128429	12865601
(3)针纺织品类	206706	61763187
3.化妆品类	25180	2829331
4.金银珠宝类	13203	4796867
5.日用品类	161591	257744085
其中：洗涤用品类	35170	4582088
儿童玩具类	29403	3985383
6.五金、电料类	89916	17954717
7.体育、娱乐用品类	10652	1544616
8.书报杂志类	4002	610829
9.电子出版物及音像制品类	7899	2010298
10.家用电器和音像器材类	31981	5329705
11.中西药品类	25225	11587453
其中：西药类	562	143199
中草药及中成药类	24345	11298008
12.文化办公用品类	57308	10525851
13.家具类	88048	16841620
14.通讯器材类	24440	2991524
15.煤炭及制品类	1842	2467899
16.木材及制品类	15672	3806140
17.石油及制品类	3498	13170663
18.化工材料及制品类	28820	16485437
其中：化肥类	2046	703362
19.金属材料类	44412	135295293
20.建筑及装潢材料类	196074	34806327
21.机电产品及设备类	38144	10312013
其中：农机类	2860	802883
22.汽车类	53501	38971699
23.种子饲料类	4569	1175311
24.棉麻类	3701	3287835
25.其他类	111124	16897100

1-10 续表 2

(其他)

摊　　位	年末出租摊位数 (个)	成交额 (万元)
总　　计	**407993**	**155830189**
1.粮油、食品、饮料、烟酒类	178729	44650405
(1)粮油、食品类	167105	42967211
其中:粮油类	13269	5607466
肉禽蛋类	21795	7095278
水产品类	29852	8254710
蔬菜类	68973	10415416
干鲜果品类	28138	10518908
(2)饮料类	5688	796870
(3)烟酒类	5936	886324
2.服装、鞋帽、针纺织品类	56109	7483468
(1)服装类	29358	2427988
(2)鞋帽类	9990	923507
(3)针纺织品类	16761	4131973
3.化妆品类	4715	291286
4.金银珠宝类	6904	776664
5.日用品类	13680	2414580
其中：洗涤用品类	3493	247564
儿童玩具类	1884	113457
6.五金、电料类	15048	2948912
7.体育、娱乐用品类	1339	161145
8.书报杂志类	681	123956
9.电子出版物及音像制品类	528	25080
10.家用电器和音像器材类	5473	2009578
11.中西药品类	1301	499449
其中：西药类	319	133392
中草药及中成药类	933	356199
12.文化办公用品类	8486	951082
13.家具类	6428	1956041
14.通讯器材类	1129	65366
15.煤炭及制品类	193	831555
16.木材及制品类	8940	2060435
17.石油及制品类	332	3317151
18.化工材料及制品类	7121	14625315
其中：化肥类	292	17701
19.金属材料类	14809	45027521
20.建筑及装潢材料类	28919	5401498
21.机电产品及设备类	8695	2151998
其中：农机类	716	200675
22.汽车类	5810	10113387
23.种子饲料类	777	125428
24.棉麻类	992	1827795
25.其他类	30855	5991094

第二部分　地区篇

简要说明：

本篇资料的主要内容为亿元以上商品交易市场分地区的情况，包括按照省（区、市）、东中西部及东北地区、36 城市、三大地带等，以及按照市场类别、摊位类别、经营方式、经营状态和经营环境的分组数据。

（一）省、自治区、直辖市

2-1　商品交易市场总体情况

地　区	市场数量（个）	总摊位数（个）	年末出租摊位数（个）	营业面积（平方米）	成交额（万元）
全　国	**5089**	**3879613**	**3488170**	**288683344**	**983651254**
北　京	140	129132	113914	7249819	33527247
天　津	75	48609	43403	5212689	27488030
河　北	253	336525	303689	28724442	48745310
山　西	40	35398	34182	2652647	5895944
内蒙古	70	39143	35143	7207147	6933325
辽　宁	217	193134	178167	9284492	44430046
吉　林	62	54748	50464	3022813	6599552
黑龙江	93	67484	63343	3569816	11061061
上　海	164	77710	73196	7287730	94719572
江　苏	547	393826	351917	32946936	165958217
浙　江	767	510608	463648	29804686	148403313
安　徽	138	125209	111894	10932741	29033322
福　建	162	64225	57459	3764244	17135577
江　西	95	74606	68855	3660873	16834517
山　东	558	414120	390642	38902961	90390067
河　南	170	137987	126507	11666268	27262625
湖　北	169	89980	83467	5936397	18601267
湖　南	327	197044	185758	10587290	31691542
广　东	364	262547	214964	19620970	54181528
广　西	91	76942	70123	4487532	12005889
海　南	7	4006	4000	98300	196544
重　庆	144	97100	91490	7429990	33072063
四　川	118	176831	129962	9344475	21504978
贵　州	47	26847	25621	1969237	4691304
云　南	50	69408	61991	3792883	7499277
西　藏					
陕　西	47	31490	28913	1713866	3863466
甘　肃	44	37797	32556	1894297	4919408
青　海	8	5298	5062	283968	244573
宁　夏	33	26566	22472	3849797	2836500
新　疆	89	75293	65368	11784038	13925190

2-2 按市场类别分各地区商品交易市场情况

(综合市场)

地区	市场数量(个)	总摊位数(个)	年末出租摊位数(个)	营业面积(平方米)	成交额(万元)
全国	**1381**	**1329857**	**1218441**	**69157362**	**202778596**
北京	38	54533	51336	3123952	16701341
天津	25	25002	22601	1677194	5134496
河北	64	120844	115209	7931313	17425036
山西	11	15000	14328	1423048	4134459
内蒙古	10	10580	8865	809187	1493270
辽宁	63	61256	55977	2040008	7163522
吉林	14	15212	15212	490072	570513
黑龙江	27	22148	21336	965122	3371381
上海	48	23587	22681	1314345	4635479
江苏	138	114812	105246	6925411	23728929
浙江	237	180137	165676	8839253	32337777
安徽	46	64076	58139	4645234	9831959
福建	61	30037	25520	1050888	3099020
江西	35	37708	34346	1021822	7901630
山东	90	89650	83597	5471597	9889677
河南	30	41470	38072	2347307	5919871
湖北	46	31697	29283	1715712	3677433
湖南	126	90469	86815	3617433	13258951
广东	82	85419	62534	3101804	10267948
广西	25	28134	26335	745688	1868696
海南	3	2345	2345	13000	113389
重庆	43	51082	47768	2451099	9857661
四川	38	55184	54586	1532671	4152441
贵州	10	6034	5585	168931	333506
云南	11	10380	9803	211442	939124
西藏					
陕西	6	5910	5546	225500	135240
甘肃	14	16558	13073	530247	853696
青海					
宁夏	6	3928	3704	168970	307104
新疆	34	36665	32923	4599112	3675047

2-2 续表 1

(生产资料综合市场)

地 区	市场数量(个)	总摊位数(个)	年末出租摊位数(个)	营业面积(平方米)	成交额(万元)
全 国	**46**	**60604**	**58074**	**7266117**	**15936243**
北 京					
天 津					
河 北	3	1891	1891	475540	787994
山 西	1	72	72	15000	16000
内蒙古	1	25	25	20000	32773
辽 宁	3	3185	2459	191990	320208
吉 林	1	3145	3145	100000	78634
黑龙江					
上 海	2	6959	6959	608000	1016707
江 苏	5	11051	10503	1407130	2039068
浙 江	12	8381	7955	871506	6418156
安 徽	2	10311	10165	1727145	2677838
福 建					
江 西					
山 东	5	1343	1318	221000	235574
河 南					
湖 北	3	6227	5751	770230	1140293
湖 南	1	144	144	6200	19283
广 东					
广 西					
海 南					
重 庆	2	2115	2056	280000	592010
四 川	1	1800	1800	97700	237795
贵 州					
云 南	1	173	167	10920	12848
西 藏					
陕 西					
甘 肃					
青 海					
宁 夏					
新 疆	3	3782	3664	463756	311062

2-2 续表 2

(工业消费品综合市场)

地　区	市场数量（个）	总摊位数（个）	年末出租摊位数（个）	营业面积（平方米）	成交额（万元）
全　国	**315**	**527081**	**483884**	**25862004**	**71102430**
北　京	12	13477	13083	215339	916726
天　津	5	9519	8938	200371	675756
河　北	17	56263	54932	3677960	11384152
山　西	2	1933	1628	79500	34261
内蒙古	2	3402	3369	171000	74031
辽　宁	25	29425	27417	592429	1775494
吉　林	6	7482	7482	261889	352688
黑龙江	10	8545	7888	255515	479000
上　海	2	1846	1846	42478	66477
江　苏	19	30851	30040	2020743	7069488
浙　江	31	84861	81587	5507318	12331134
安　徽	10	27792	25868	1694846	2571124
福　建	6	6493	4504	349849	871089
江　西	8	15248	13972	306480	3402347
山　东	35	45718	42322	2696338	6660960
河　南	15	24660	22321	812272	3404598
湖　北	9	7356	7159	450495	984143
湖　南	29	31798	31373	1233080	6605050
广　东	25	47808	28073	1376832	3401537
广　西	2	6646	6354	213000	164059
海　南					
重　庆	9	24581	23769	1262202	5005343
四　川	9	16671	16532	786732	1174635
贵　州					
云　南					
西　藏					
陕　西	2	2780	2571	123000	61739
甘　肃	11	9608	9218	466707	743954
青　海					
宁　夏	2	815	815	76800	136042
新　疆	12	11503	10823	988829	756603

2-2　续表 3

(农产品综合市场)

地　区	市场数量 (个)	总摊位数 (个)	年末出租摊位数 (个)	营业面积 (平方米)	成交额 (万元)
全　国	**689**	**464378**	**422586**	**21408721**	**80771284**
北　京	21	32193	30069	2598349	13531765
天　津	7	5875	4949	578739	2467366
河　北	27	46177	43144	2642877	3434019
山　西	4	3590	3344	370925	454231
内蒙古	4	2622	1442	314052	901807
辽　宁	16	7955	7595	388140	918385
吉　林	2	762	762	11795	27453
黑龙江	11	9021	8866	637347	2767440
上　海	36	11651	10876	527324	3340126
江　苏	89	49784	43945	1816065	11139938
浙　江	173	75296	65355	1573429	9318302
安　徽	20	15143	12525	426078	3174264
福　建	43	18048	15578	318088	1247495
江　西	13	8723	8409	284452	2711259
山　东	24	21524	19921	1136023	2209974
河　南	7	7278	6970	1198583	2337543
湖　北	19	9469	8143	158740	693466
湖　南	44	26561	25126	1387048	4600473
广　东	43	31361	28842	1461986	6520611
广　西	16	12311	11404	369513	1341525
海　南	1	683	683	1200	15536
重　庆	21	15929	13973	471006	3443267
四　川	21	31830	31371	372686	2453504
贵　州	6	3202	2990	48064	236541
云　南	5	4787	4547	56750	199856
西　藏					
陕　西	2	2183	2038	53300	27146
甘　肃	2	2400	2391	63000	64820
青　海					
宁　夏	2	1611	1517	31020	37311
新　疆	10	6409	5811	2112142	1155861

2-2 续表 4

(其他综合市场)

地 区	市场数量 (个)	总摊位数 (个)	年末出租摊位数 (个)	营业面积 (平方米)	成交额 (万元)
全 国	**331**	**277794**	**253897**	**14620520**	**34968639**
北 京	5	8863	8184	310264	2252850
天 津	13	9608	8714	898084	1991374
河 北	17	16513	15242	1134936	1818871
山 西	4	9405	9284	957623	3629967
内蒙古	3	4531	4029	304135	484659
辽 宁	19	20691	18506	867449	4149435
吉 林	5	3823	3823	116388	111738
黑龙江	6	4582	4582	72260	124941
上 海	8	3131	3000	136543	212169
江 苏	25	23126	20758	1681473	3480435
浙 江	21	11599	10779	887000	4270185
安 徽	14	10830	9581	797165	1408733
福 建	12	5496	5438	382951	980436
江 西	14	13737	11965	430890	1788024
山 东	26	21065	20036	1418236	783169
河 南	8	9532	8781	336452	177730
湖 北	15	8645	8230	336247	859531
湖 南	52	31966	30172	991105	2034145
广 东	14	6250	5619	262986	345800
广 西	7	9177	8577	163175	363112
海 南	2	1662	1662	11800	97853
重 庆	11	8457	7970	437891	817041
四 川	7	4883	4883	275553	286507
贵 州	4	2832	2595	120867	96965
云 南	5	5420	5089	143772	726420
西 藏					
陕 西	2	947	937	49200	46355
甘 肃	1	4550	1464	540	44922
青 海					
宁 夏	2	1502	1372	61150	133751
新 疆	9	14971	12625	1034385	1451521

2-2 续表 5

（专业市场）

地 区	市场数量（个）	总摊位数（个）	年末出租摊位数（个）	营业面积（平方米）	成交额（万元）
全 国	**3708**	**2549756**	**2269729**	**219525982**	**780872658**
北 京	102	74599	62578	4125867	16825906
天 津	50	23607	20802	3535495	22353534
河 北	189	215681	188480	20793129	31320274
山 西	29	20398	19854	1229599	1761485
内蒙古	60	28563	26278	6397960	5440055
辽 宁	154	131878	122190	7244484	37266524
吉 林	48	39536	35252	2532741	6029039
黑龙江	66	45336	42007	2604694	7689680
上 海	116	54123	50515	5973385	90084093
江 苏	409	279014	246671	26021525	142229288
浙 江	530	330471	297972	20965433	116065536
安 徽	92	61133	53755	6287507	19201363
福 建	101	34188	31939	2713356	14036557
江 西	60	36898	34509	2639051	8932887
山 东	468	324470	307045	33431364	80500390
河 南	140	96517	88435	9318961	21342754
湖 北	123	58283	54184	4220685	14923834
湖 南	201	106575	98943	6969857	18432591
广 东	282	177128	152430	16519166	43913580
广 西	66	48808	43788	3741844	10137193
海 南	4	1661	1655	85300	83155
重 庆	101	46018	43722	4978891	23214402
四 川	80	121647	75376	7811804	17352537
贵 州	37	20813	20036	1800306	4357798
云 南	39	59028	52188	3581441	6560153
西 藏					
陕 西	41	25580	23367	1488366	3728226
甘 肃	30	21239	19483	1364050	4065712
青 海	8	5298	5062	283968	244573
宁 夏	27	22638	18768	3680827	2529396
新 疆	55	38628	32445	7184926	10250143

2-2 续表 6

(生产资料市场)

地 区	市场数量(个)	总摊位数(个)	年末出租摊位数(个)	营业面积(平方米)	成交额(万元)
全 国	**699**	**341763**	**281283**	**67954238**	**322594349**
北 京	10	3933	3536	329825	633970
天 津	19	6583	5547	1159175	14567021
河 北	35	23521	23051	7058433	5838806
山 西	4	560	344	99181	227981
内蒙古	14	2930	2819	3895851	2844297
辽 宁	25	10294	9301	2018306	12429334
吉 林	11	4919	4642	557200	430816
黑龙江	10	5584	5516	997000	2259870
上 海	30	8445	7557	3497917	77828683
江 苏	96	61682	47090	7029011	64880219
浙 江	102	39630	35941	4813708	37547255
安 徽	17	7785	6881	1840787	9247303
福 建	13	3117	2971	640674	4383954
江 西	8	4847	4648	276335	1557581
山 东	86	33232	30700	10907693	30432854
河 南	18	5170	4505	2555171	6522002
湖 北	18	5901	5384	599900	2862487
湖 南	42	19982	18120	2253697	6253128
广 东	27	12839	11276	2966415	11133916
广 西	19	7950	7379	1075591	6041496
海 南					
重 庆	29	11651	10815	1788793	10232333
四 川	24	35768	13045	4011627	4642593
贵 州	6	1846	1769	214743	787897
云 南	7	1467	1292	311600	267084
西 藏					
陕 西	5	1863	1760	285500	684948
甘 肃	4	1801	1801	229066	1362911
青 海	1	22	22	1000	10248
宁 夏	7	4059	3503	1894610	1122899
新 疆	12	14382	10068	4645429	5560463

2-2 续表 7

(农业生产用具市场)

地　区	市场数量(个)	总摊位数(个)	年末出租摊位数(个)	营业面积(平方米)	成交额(万元)
全　国	**20**	**7247**	**6173**	**1389942**	**1848570**
北　京					
天　津					
河　北	4	2987	2783	687020	1043033
山　西					
内蒙古	2	60	60	180006	71000
辽　宁					
吉　林					
黑龙江					
上　海					
江　苏	1	460	400	18251	55000
浙　江					
安　徽	1	800	487	60000	102295
福　建					
江　西	2	957	786	21000	129539
山　东	5	627	599	169000	207549
河　南	1	360	260	56000	61000
湖　北	1	70	70	18000	50000
湖　南					
广　东	1	180	180	115015	44620
广　西					
海　南					
重　庆					
四　川					
贵　州					
云　南					
西　藏					
陕　西					
甘　肃					
青　海					
宁　夏	1	198	198	16144	66674
新　疆	1	548	350	49506	17860

2-2 续表 8

(农用生产资料市场)

地区	市场数量(个)	总摊位数(个)	年末出租摊位数(个)	营业面积(平方米)	成交额(万元)
全国	**33**	**6982**	**6554**	**1106423**	**1782656**
北京					
天津					
河北	3	2107	2095	308800	112308
山西					
内蒙古	2	173	173	226674	67000
辽宁					
吉林	2	586	543	12500	44278
黑龙江	1	39	39	1000	13220
上海					
江苏	3	430	386	136566	229220
浙江	1	185	145	6880	34469
安徽	2	166	166	8840	24880
福建	2	348	232	23750	302548
江西					
山东	5	745	718	68550	280462
河南	1	560	560	66000	50000
湖北					
湖南	2	62	55	37000	78480
广东	1	1	1	43956	12446
广西	4	885	885	66900	258631
海南					
重庆	1	380	300	35017	180000
四川					
贵州					
云南	1	77	77	7900	59670
西藏					
陕西					
甘肃					
青海					
宁夏					
新疆	2	238	179	56090	35044

2-2 续表 9

(煤炭市场)

地 区	市场数量(个)	总摊位数(个)	年末出租摊位数(个)	营业面积(平方米)	成交额(万元)
全 国	**14**	**2396**	**2322**	**6860218**	**5665082**
北 京					
天 津	4	1132	1131	211900	2416726
河 北	3	234	190	2878488	487033
山 西	2	10	7	4180	79613
内蒙古	1	30	30	2000100	640000
辽 宁					
吉 林					
黑龙江					
上 海					
江 苏					
浙 江	1	69	69	405000	1909445
安 徽					
福 建					
江 西					
山 东					
河 南					
湖 北	1	3	3	2600	90550
湖 南					
广 东					
广 西					
海 南					
重 庆					
四 川					
贵 州					
云 南					
西 藏					
陕 西					
甘 肃					
青 海					
宁 夏	1	858	858	1355400	24978
新 疆	1	60	34	2550	16737

2-2 续表 10

(木材市场)

地区	市场数量(个)	总摊位数(个)	年末出租摊位数(个)	营业面积(平方米)	成交额(万元)
全国	**56**	**20805**	**19551**	**5512922**	**7270326**
北京	1	400	220	20000	10736
天津					
河北					
山西					
内蒙古	1	132	132	666700	250000
辽宁	1	200	200	2800	62350
吉林	1	168	156	225000	11859
黑龙江					
上海	5	331	331	117396	204807
江苏	8	4673	4165	495960	762222
浙江	11	6453	6403	802626	1477066
安徽	1	146	146	280000	10010
福建					
江西					
山东	16	4822	4410	2140940	3087406
河南					
湖北	1	400	371	34000	41500
湖南	2	790	777	75000	78972
广东	4	1499	1466	269500	1023000
广西	2	256	256	163000	72898
海南					
重庆	2	535	518	220000	177500
四川					
贵州					
云南					
西藏					
陕西					
甘肃					
青海					
宁夏					
新疆					

2-2 续表 11

（建材市场）

地 区	市场数量（个）	总摊位数（个）	年末出租摊位数（个）	营业面积（平方米）	成交额（万元）
全 国	**192**	**121044**	**86695**	**20671200**	**16845813**
北 京	6	2587	2505	232250	370791
天 津	3	2282	2011	215803	230009
河 北	5	1230	1133	362420	106584
山 西	1	390	230	15000	24368
内蒙古	3	870	797	149000	206955
辽 宁	6	1805	1624	605171	934024
吉 林	3	687	687	73200	102677
黑龙江	3	3976	3976	506000	280270
上 海	5	1133	1080	2770460	338053
江 苏	31	24514	19170	2451605	2684878
浙 江	16	4663	4310	715795	1315807
安 徽	6	3114	2866	811156	487116
福 建	6	1939	1909	410476	1338699
江 西	4	3059	3031	202414	636851
山 东	20	10810	10633	1483619	2368784
河 南	5	1393	1132	981686	952921
湖 北	6	1927	1787	197000	311528
湖 南	21	9608	9401	447439	799888
广 东	2	1101	953	223510	277606
广 西	7	3900	3652	265200	394047
海 南					
重 庆	7	2421	2114	406664	928656
四 川	14	28194	5995	3019073	1053067
贵 州	3	435	435	48464	131189
云 南	3	640	625	90193	36108
西 藏					
陕 西	3	948	914	100000	47309
甘 肃	1	32	32	11066	30005
青 海					
宁 夏					
新 疆	2	7386	3693	3876536	457623

2-2 续表 12

(化工材料及制品市场)

地 区	市场数量（个）	总摊位数（个）	年末出租摊位数（个）	营业面积（平方米）	成交额（万元）
全 国	**37**	**23806**	**18863**	**2160562**	**27255339**
北 京					
天 津	1	311	311	7250	316267
河 北	3	804	759	84534	403459
山 西					
内蒙古					
辽 宁	1	115	115	6400	13543
吉 林					
黑龙江					
上 海	1	495	495	13000	520200
江 苏	8	7881	4497	347000	12823332
浙 江	8	4334	3760	492392	7873513
安 徽	1	500	494	3800	28675
福 建	1	85	85	12500	36098
江 西					
山 东	4	2649	2523	289626	1241977
河 南	1	300	300	30000	13100
湖 北					
湖 南	3	1356	921	72600	141202
广 东	4	4610	4237	736000	3588973
广 西					
海 南					
重 庆					
四 川	1	366	366	65460	255000
贵 州					
云 南					
西 藏					
陕 西					
甘 肃					
青 海					
宁 夏					
新 疆					

2-2　续表 13

(金属材料市场)

地　区	市场数量(个)	总摊位数(个)	年末出租摊位数(个)	营业面积(平方米)	成交额(万元)
全　国	**264**	**112732**	**98431**	**25223485**	**235603573**
北　京	1	269	269	23600	28656
天　津	11	2858	2094	724222	11604019
河　北	15	15276	15208	2545096	3566406
山　西	1	160	107	80001	124000
内蒙古	4	480	442	536740	1083442
辽　宁	14	7321	6775	1370392	4845932
吉　林	2	2457	2430	140000	190371
黑龙江	5	1419	1381	370000	1890380
上　海	14	4666	3864	505353	67524063
江　苏	40	21514	16532	3484669	47947166
浙　江	47	16522	14792	2077823	22019987
安　徽	5	1859	1842	390022	8353222
福　建	3	323	323	148936	2616286
江　西	2	831	831	52921	791191
山　东	29	8979	7258	5561130	21774141
河　南	10	2557	2253	1421485	5444981
湖　北	8	3161	2821	342300	2341363
湖　南	5	2772	2446	1344904	4407162
广　东	12	3548	2539	935734	5522425
广　西	4	1559	1559	440491	5031605
海　南					
重　庆	11	4563	4150	745342	8290310
四　川	5	2467	2130	669730	2465526
贵　州	3	1411	1334	166279	656708
云　南	2	290	200	150000	156606
西　藏					
陕　西	1	115	66	5500	479639
甘　肃	3	1769	1769	218000	1332906
青　海	1	22	22	1000	10248
宁　夏	3	2322	1822	429071	981166
新　疆	3	1242	1172	342744	4123666

2-2 续表 14

(机械设备市场)

地　区	市场数量(个)	总摊位数(个)	年末出租摊位数(个)	营业面积(平方米)	成交额(万元)
全　国	**47**	**27834**	**25644**	**2661586**	**6668276**
北　京	1	377	262	33000	135000
天　津					
河　北	2	883	883	192075	119983
山　西					
内蒙古					
辽　宁					
吉　林					
黑龙江					
上　海	1	187	155	45000	78087
江　苏	4	1510	1240	76960	300401
浙　江	10	3659	3425	97960	1165114
安　徽	1	1200	880	286969	241105
福　建					
江　西					
山　东	4	3207	3166	341571	1175079
河　南					
湖　北	1	340	332	6000	27546
湖　南	7	4754	3880	244754	710896
广　东	2	1001	1001	482700	374996
广　西	1	500	500	30000	97850
海　南					
重　庆	5	2719	2700	240000	568788
四　川	4	4741	4554	257364	869000
贵　州					
云　南	1	460	390	63507	14700
西　藏					
陕　西	1	800	780	180000	158000
甘　肃					
青　海					
宁　夏	1	296	296	34726	31731
新　疆	1	1200	1200	49000	600000

2-2 续表 15

(其他生产资料市场)

地区	市场数量(个)	总摊位数(个)	年末出租摊位数(个)	营业面积(平方米)	成交额(万元)
全国	**36**	**18917**	**17050**	**2367900**	**19654714**
北京	1	300	280	20975	88787
天津					
河北					
山西					
内蒙古	1	1185	1185	136631	525900
辽宁	3	853	587	33543	6573485
吉林	3	1021	826	106500	81631
黑龙江	1	150	120	120000	76000
上海	4	1633	1632	46708	9163473
江苏	1	700	700	18000	78000
浙江	8	3745	3037	215232	1751854
安徽					
福建	1	422	422	45012	90323
江西					
山东	3	1393	1393	853257	297456
河南					
湖北					
湖南	2	640	640	32000	36528
广东	1	899	899	160000	289850
广西	1	850	527	110000	186465
海南					
重庆	3	1033	1033	141770	87079
四川					
贵州					
云南					
西藏					
陕西					
甘肃					
青海					
宁夏	1	385	329	59269	18350
新疆	2	3708	3440	269003	309533

2-2 续表 16

(农产品市场)

地区	市场数量(个)	总摊位数(个)	年末出租摊位数(个)	营业面积(平方米)	成交额(万元)
全国	**1019**	**649088**	**576657**	**43163197**	**145840812**
北京	21	22338	12439	980910	4474437
天津	11	7717	7343	834432	3464147
河北	80	101410	86069	4337870	7863371
山西	7	3285	3101	279586	1010683
内蒙古	22	10315	9264	1712888	1201795
辽宁	42	15447	13456	1524840	3955480
吉林	11	5871	5717	516354	1118384
黑龙江	17	4111	3501	485538	2371324
上海	26	14449	13298	616740	4500372
江苏	106	48426	43024	3517195	13200364
浙江	133	75456	68107	2874134	19882761
安徽	29	13718	11190	939067	2462800
福建	38	9748	9320	620084	4227286
江西	18	10227	9670	456651	3031298
山东	150	145369	138093	11795699	26004452
河南	38	28424	25435	2573709	8445305
湖北	29	13710	13024	923972	4698356
湖南	47	17828	15883	769895	3213552
广东	72	28865	25590	2063205	11618440
广西	13	10632	10405	756652	1688925
海南	2	955	955	17000	43030
重庆	17	7574	7153	389841	3839582
四川	18	12752	11861	500137	3547882
贵州	13	4430	3959	261896	1451824
云南	8	3759	3670	360083	1532403
西藏					
陕西	12	6560	5539	333529	1467139
甘肃	12	9783	8181	387297	1544546
青海	2	521	521	136203	56515
宁夏	10	9465	6262	955721	1072309
新疆	15	5943	4627	1242069	2852050

2-2 续表 17

(粮油市场)

地 区	市场数量（个）	总摊位数（个）	年末出租摊位数（个）	营业面积（平方米）	成交额（万元）
全 国	**103**	**37805**	**33762**	**3616525**	**15651110**
北 京	3	2143	2089	200000	1715710
天 津	2	853	769	61000	329500
河 北	6	703	646	418293	351307
山 西	1	145	145	17000	66000
内蒙古	4	289	285	146098	125004
辽 宁	3	714	714	200000	265647
吉 林					
黑龙江	2	157	157	22604	531320
上 海	4	429	428	25420	352813
江 苏	9	4207	3956	631505	1883554
浙 江	16	4702	3404	431039	2542121
安 徽	2	685	447	65000	150724
福 建	3	447	391	74024	220664
江 西	2	91	91	4900	187409
山 东	17	11379	11258	730388	3119196
河 南	5	4228	3031	106395	636197
湖 北	1	230	230	24000	12000
湖 南	5	1321	1185	76541	370132
广 东	6	1988	1526	189127	1014228
广 西					
海 南					
重 庆	1	1000	1000	8000	83416
四 川	3	747	710	38000	218720
贵 州	2	355	355	40900	702100
云 南	1	22	22	4931	239650
西 藏					
陕 西	1	232	232	5496	274799
甘 肃	2	465	460	63000	209969
青 海					
宁 夏	1	65	58	7864	13930
新 疆	1	208	173	25000	35000

2-2 续表 18

(肉禽蛋市场)

地 区	市场数量(个)	总摊位数(个)	年末出租摊位数(个)	营业面积(平方米)	成交额(万元)
全 国	**134**	**49913**	**44177**	**3031370**	**12242077**
北 京	2	595	475	30501	51813
天 津					
河 北	5	1710	1540	247812	771510
山 西					
内 蒙 古	3	684	672	30000	62782
辽 宁	4	2404	804	48200	153336
吉 林					
黑 龙 江	2	522	522	12155	242421
上 海	5	693	618	28223	489539
江 苏	29	9494	7698	328004	1928045
浙 江	13	2525	2349	140710	1423163
安 徽	7	1736	1291	100509	331688
福 建	4	1347	1240	24369	295507
江 西	5	1924	1924	66960	726638
山 东	8	3725	3560	120340	207673
河 南	1	643	643	35200	39879
湖 北	2	261	261	11800	38906
湖 南	7	2092	1986	69560	118307
广 东	16	6694	6263	631775	2194222
广 西	6	6442	6304	100859	429687
海 南	1	97	97	12000	16000
重 庆	3	1524	1260	98872	1802958
四 川	2	1683	1672	57080	566218
贵 州	2	698	679	4770	26731
云 南	1	565	565	6000	37530
西 藏					
陕 西	1	1200	1111	32000	19923
甘 肃					
青 海					
宁 夏	2	430	428	85000	101332
新 疆	3	225	215	708671	166269

2-2　续表 19

（水产品市场）

地　区	市场数量（个）	总摊位数（个）	年末出租摊位数（个）	营业面积（平方米）	成交额（万元）
全　国	**150**	**110283**	**100190**	**4696914**	**28088149**
北　京	3	1978	1545	67000	1051827
天　津	1	220	220	8000	450000
河　北	4	2601	2574	67000	121801
山　西					
内蒙古					
辽　宁	7	2036	2036	258200	2102798
吉　林	1	1202	1202	120601	600000
黑龙江	1	40	40	7779	21000
上　海	4	2632	2197	198300	1712692
江　苏	27	10004	8590	806905	2744698
浙　江	31	32626	31103	609455	4923593
安　徽	1	325	325	51000	103735
福　建	10	3063	2949	151397	2486946
江　西	1	910	820	43000	282454
山　东	22	39457	35685	1404532	6054033
河　南	3	1187	1187	130581	201211
湖　北	4	2455	2147	137034	492904
湖　南	5	1017	990	92570	1055951
广　东	18	4772	4152	291331	2355371
广　西	1	486	406	2106	18919
海　南					
重　庆	2	672	592	88066	905694
四　川					
贵　州					
云　南					
西　藏					
陕　西	1	750	402	23000	20530
甘　肃	1	91	91	1200	11251
青　海					
宁　夏	1	1259	437	37857	170741
新　疆	1	500	500	100000	200000

2-2 续表 20

(蔬菜市场)

地 区	市场数量(个)	总摊位数(个)	年末出租摊位数(个)	营业面积(平方米)	成交额(万元)
全 国	**312**	**252215**	**223435**	**15962433**	**38382460**
北 京	6	9818	2424	200400	300769
天 津	5	4500	4210	438206	530428
河 北	45	71329	61460	2624141	4063585
山 西	4	2820	2636	224800	907683
内蒙古	5	6677	5677	364590	400380
辽 宁	14	5612	5567	422640	951956
吉 林	4	1246	1246	182316	261325
黑龙江	5	1510	1147	150200	1003597
上 海	5	2217	2166	122610	853578
江 苏	19	9936	9684	502080	2313230
浙 江	25	11684	9517	642175	3169905
安 徽	9	4011	4006	352600	693533
福 建	8	1302	1291	215210	601055
江 西	3	1036	1016	84500	205596
山 东	60	59672	58071	5359828	8752904
河 南	19	14761	12971	1183107	2756556
湖 北	11	4121	3892	422143	2505328
湖 南	10	5231	5133	289832	1169869
广 东	9	3757	3409	342500	985088
广 西	3	1225	1222	356051	525745
海 南					
重 庆	6	2248	2171	59376	348340
四 川	8	7098	6710	285645	1845026
贵 州	4	1438	1353	40326	153808
云 南	3	1372	1283	186072	541683
西 藏					
陕 西	7	3648	3126	225990	1090284
甘 肃	7	8215	6618	247097	606376
青 海	1	165	165	20000	11315
宁 夏	3	3656	3656	292000	347113
新 疆	4	1910	1608	125998	486405

2-2 续表 21

(干鲜果品市场)

地 区	市场数量（个）	总摊位数（个）	年末出租摊位数（个）	营业面积（平方米）	成交额（万元）
全 国	**137**	**77603**	**69192**	**5818729**	**23378841**
北 京	3	2819	1279	270774	184118
天 津					
河 北	11	10255	10098	447154	1678157
山 西	2	320	320	37786	37000
内蒙古	1	20	20	180000	39470
辽 宁	5	1087	993	279700	283401
吉 林	2	248	148	60000	62931
黑龙江	3	724	633	188300	489726
上 海	3	2627	2627	26487	231569
江 苏	10	6371	5318	360717	1635048
浙 江	18	8124	7804	534356	3421685
安 徽	1	320	320	33350	58000
福 建	5	425	425	80400	267260
江 西	3	1173	1173	83851	929998
山 东	25	19383	19049	1123631	4293362
河 南	6	2665	2665	165626	297762
湖 北	6	5014	4904	238775	1460686
湖 南	7	1860	1350	120737	192004
广 东	7	3321	2749	490285	4091870
广 西	1	100	100	73260	88669
海 南					
重 庆	2	1168	1168	60787	393518
四 川	3	1308	858	54010	107750
贵 州	4	753	693	70900	292007
云 南	1	500	500	90000	400000
西 藏					
陕 西	2	730	668	47043	61603
甘 肃	1	372	372	34800	116950
青 海					
宁 夏	2	3746	1374	521000	426654
新 疆	3	2170	1584	145000	1837643

2-2 续表 22

(棉麻土畜、烟叶市场)

地　区	市场数量(个)	总摊位数(个)	年末出租摊位数(个)	营业面积(平方米)	成交额(万元)
全　国	**22**	**19872**	**14505**	**3969224**	**7075122**
北　京					
天　津	1	650	650	1000	861123
河　北	3	12250	7250	273410	641500
山　西					
内蒙古	3	745	745	460000	196000
辽　宁	1	800	800	120000	12800
吉　林					
黑龙江					
上　海					
江　苏	2	2438	2411	429984	2263183
浙　江	3	733	476	86700	974983
安　徽	1	367	367	16850	43896
福　建					
江　西					
山　东	7	1809	1728	2548280	2023057
河　南	1	80	78	33000	58580
湖　北					
湖　南					
广　东					
广　西					
海　南					
重　庆					
四　川					
贵　州					
云　南					
西　藏					
陕　西					
甘　肃					
青　海					
宁　夏					
新　疆					

2-2 续表 23

(其他农产品市场)

地 区	市场数量(个)	总摊位数(个)	年末出租摊位数(个)	营业面积(平方米)	成交额(万元)
全 国	**161**	**101397**	**91396**	**6068002**	**21023053**
北 京	4	4985	4627	212235	1170200
天 津	2	1494	1494	326226	1293096
河 北	6	2562	2501	260060	235511
山 西					
内蒙古	6	1900	1865	532200	378159
辽 宁	8	2794	2542	196100	185542
吉 林	4	3175	3121	153437	194128
黑龙江	4	1158	1002	104500	83260
上 海	5	5851	5262	215700	860181
江 苏	10	5976	5367	458000	432606
浙 江	27	15062	13454	429699	3427311
安 徽	8	6274	4434	319758	1081224
福 建	8	3164	3024	74684	355854
江 西	4	5093	4646	173440	699203
山 东	11	9944	8742	508700	1554227
河 南	3	4860	4860	919800	4455120
湖 北	5	1629	1590	90220	188532
湖 南	13	6307	5239	120655	307289
广 东	16	8333	7491	118187	977661
广 西	2	2379	2373	224376	625905
海 南	1	858	858	5000	27030
重 庆	3	962	962	74740	305656
四 川	2	1916	1911	65402	810168
贵 州	1	1186	879	105000	277178
云 南	2	1300	1300	73080	313540
西 藏					
陕 西					
甘 肃	1	640	640	41200	600000
青 海	1	356	356	116203	45200
宁 夏	1	309	309	12000	12539
新 疆	3	930	547	137400	126733

2-2 续表 24

(食品、饮料及烟酒市场)

地 区	市场数量(个)	总摊位数(个)	年末出租摊位数(个)	营业面积(平方米)	成交额(万元)
全 国	**142**	**110821**	**78505**	**4617778**	**16749438**
北 京	1	109	109	7000	23800
天 津	3	1946	1339	273300	450131
河 北	3	1649	1619	16400	251690
山 西	1	98	98	3300	11000
内蒙古					
辽 宁	3	4498	4042	83371	765466
吉 林	1	101	101	1300	14657
黑龙江	3	1572	1532	29400	984907
上 海	2	652	648	38000	58733
江 苏	17	9468	8049	911015	4398196
浙 江	17	20529	10386	580449	2725711
安 徽	3	2362	2362	152935	333981
福 建	7	3424	2808	212539	458937
江 西	3	2022	2022	123895	855759
山 东	27	21355	19192	1058030	2291813
河 南	4	869	783	44123	171283
湖 北	6	2944	2884	134220	463346
湖 南	8	4725	2842	95139	372517
广 东	11	4665	4469	208100	333923
广 西	8	5390	4180	84063	294034
海 南	1	406	400	57800	11525
重 庆	3	1632	1572	27066	173682
四 川	2	15625	2417	248750	324405
贵 州	2	1060	995	25456	509095
云 南	2	716	716	61624	65464
西 藏					
陕 西	1	1616	1616	51000	71482
甘 肃	1	950	950	65000	267900
青 海					
宁 夏					
新 疆	2	438	374	24503	66001

2-2　续表 25

(食品饮料市场)

地区	市场数量(个)	总摊位数(个)	年末出租摊位数(个)	营业面积(平方米)	成交额(万元)
全　国	**52**	**52471**	**35877**	**1714499**	**7527914**
北　京					
天　津	1	212	212	500	23794
河　北	2	1547	1517	11400	161890
山　西					
内蒙古					
辽　宁	2	3889	3719	75500	753358
吉　林					
黑龙江	1	550	510	7000	12660
上　海					
江　苏	8	6554	5695	659180	3480236
浙　江	5	2484	2443	64393	737183
安　徽					
福　建	1	681	490	15000	42390
江　西	1	732	732	7600	152064
山　东	8	8766	8647	301570	979033
河　南	2	602	576	35307	147470
湖　北	3	815	755	43500	123757
湖　南	3	2267	1410	43000	121568
广　东	7	3315	3119	125700	151082
广　西	2	2600	1917	42020	117797
海　南					
重　庆	3	1632	1572	27066	173682
四　川	2	15625	2417	248750	324405
贵　州					
云　南					
西　藏					
陕　西					
甘　肃					
青　海					
宁　夏					
新　疆	1	200	146	7013	25545

2-2 续表 26

(茶叶市场)

地 区	市场数量（个）	总摊位数（个）	年末出租摊位数（个）	营业面积（平方米）	成交额（万元）
全 国	**28**	**22378**	**12384**	**1017844**	**2443307**
北 京	1	109	109	7000	23800
天 津					
河 北					
山 西					
内蒙古					
辽 宁					
吉 林					
黑龙江					
上 海	2	652	648	38000	58733
江 苏	1	401	401	39960	23000
浙 江	6	12451	2630	236560	940672
安 徽	1	786	786	135000	162500
福 建	2	1708	1664	61000	289166
江 西					
山 东	3	1160	1160	220000	340836
河 南	1	180	120	3000	10000
湖 北	2	1335	1335	73000	161930
湖 南					
广 东	3	899	899	75000	163170
广 西	2	245	245	12500	100754
海 南					
重 庆					
四 川					
贵 州	1	120	55	4200	31800
云 南	2	716	716	61624	65464
西 藏					
陕 西	1	1616	1616	51000	71482
甘 肃					
青 海					
宁 夏					
新 疆					

2-2 续表 27

(烟酒市场)

地区	市场数量(个)	总摊位数(个)	年末出租摊位数(个)	营业面积(平方米)	成交额(万元)
全国	**15**	**6411**	**4938**	**346817**	**736557**
北京					
天津					
河北	1	102	102	5000	89800
山西					
内蒙古					
辽宁					
吉林					
黑龙江					
上海					
江苏	1	200	185	3200	25013
浙江	1	400	332	120000	59600
安徽					
福建					
江西	1	300	300	14000	15000
山东	8	3912	3423	178050	491211
河南	1	87	87	5816	13813
湖北					
湖南	2	1410	509	20751	42120
广东					
广西					
海南					
重庆					
四川					
贵州					
云南					
西藏					
陕西					
甘肃					
青海					
宁夏					
新疆					

2-2 续表 28

(其他食品饮料及烟酒市场)

地　区	市场数量(个)	总摊位数(个)	年末出租摊位数(个)	营业面积(平方米)	成交额(万元)
全　国	**47**	**29561**	**25306**	**1538618**	**6041660**
北　京					
天　津	2	1734	1127	272800	426337
河　北					
山　西	1	98	98	3300	11000
内蒙古					
辽　宁	1	609	323	7871	12108
吉　林	1	101	101	1300	14657
黑龙江	2	1022	1022	22400	972247
上　海					
江　苏	7	2313	1768	208675	869947
浙　江	5	5194	4981	159496	988256
安　徽	2	1576	1576	17935	171481
福　建	4	1035	654	136539	127381
江　西	1	990	990	102295	688695
山　东	8	7517	5962	358410	480733
河　南					
湖　北	1	794	794	17720	177659
湖　南	3	1048	923	31388	208829
广　东	1	451	451	7400	19671
广　西	4	2545	2018	29543	75483
海　南	1	406	400	57800	11525
重　庆					
四　川					
贵　州	1	940	940	21256	477295
云　南					
西　藏					
陕　西					
甘　肃	1	950	950	65000	267900
青　海					
宁　夏					
新　疆	1	238	228	17490	40456

2-2　续表 29

(纺织、服装、鞋帽市场)

地　区	市场数量（个）	总摊位数（个）	年末出租摊位数（个）	营业面积（平方米）	成交额（万元）
全　国	**576**	**763647**	**713873**	**32420372**	**130345559**
北　京	14	16753	16500	459954	420726
天　津	2	1225	1225	58000	117609
河　北	24	39632	36031	2142101	7802682
山　西	9	13644	13604	448200	320521
内蒙古	12	10163	9090	301252	375716
辽　宁	32	68038	64492	1542301	11723432
吉　林	10	14808	14536	259906	555959
黑龙江	24	27984	25517	603197	1337815
上　海	10	9643	9358	160384	893937
江　苏	37	84885	79820	4844996	39742404
浙　江	74	108323	105142	5519525	32266133
安　徽	10	10072	9043	531526	887064
福　建	12	10696	9727	272749	2163837
江　西	6	3523	3086	130066	438823
山　东	66	59251	57634	2459007	7424346
河　南	28	28169	26481	1239673	1562680
湖　北	23	19324	18012	685273	1263593
湖　南	43	37396	37017	1026854	2002416
广　东	70	77205	62028	4584157	10006853
广　西	13	18454	15914	749610	691971
海　南					
重　庆	6	3740	3513	241177	1280256
四　川	14	13957	12669	696211	981317
贵　州	4	10696	10603	433411	1081103
云　南	3	39592	37489	1603897	2910000
西　藏					
陕　西	9	9515	9014	372382	488685
甘　肃	2	5159	5019	425000	443000
青　海	3	4093	3857	126600	104132
宁　夏	3	5250	5250	108000	168124
新　疆	13	12457	12202	394963	890425

2-2 续表 30

(布料及纺织品市场)

地 区	市场数量(个)	总摊位数(个)	年末出租摊位数(个)	营业面积(平方米)	成交额(万元)
全 国	**73**	**123111**	**109793**	**9571120**	**55287700**
北 京					
天 津					
河 北	4	6050	5850	423000	1539040
山 西					
内蒙古					
辽 宁					
吉 林					
黑龙江	4	3820	3730	102137	103415
上 海					
江 苏	8	21260	20942	2249620	23779047
浙 江	20	47081	46209	3146059	22216575
安 徽	2	2810	2800	65000	98350
福 建	2	578	510	28980	350701
江 西					
山 东	11	5765	5532	405001	1681408
河 南	4	2351	1953	103700	88836
湖 北	2	196	196	7163	31841
湖 南	2	652	652	17400	66682
广 东	13	31548	20719	3003060	5296105
广 西					
海 南					
重 庆					
四 川					
贵 州					
云 南					
西 藏					
陕 西	1	1000	700	20000	35700
甘 肃					
青 海					
宁 夏					
新 疆					

2-2 续表 31

(服装市场)

地区	市场数量（个）	总摊位数（个）	年末出租摊位数（个）	营业面积（平方米）	成交额（万元）
全国	**359**	**440673**	**415212**	**16637684**	**50772652**
北京	13	16003	15750	439954	392208
天津	1	909	909	19000	78209
河北	15	30568	27674	1630371	5845477
山西	6	11703	11663	397800	245461
内蒙古	6	5912	4966	133600	180132
辽宁	19	24002	23380	972817	2885956
吉林	8	13331	13331	215906	532780
黑龙江	15	15487	13200	359480	726485
上海	8	7460	7175	143224	719332
江苏	11	33996	30559	1360074	12450016
浙江	42	50780	48669	1976089	8288742
安徽	4	2791	2761	130398	471765
福建	9	7718	7717	243759	1773136
江西	4	2655	2232	94066	101629
山东	39	41591	40566	1375836	4129934
河南	17	20318	19668	653273	1050973
湖北	14	16139	15099	576990	1086558
湖南	33	25600	25421	708515	1130792
广东	49	39227	35697	1334509	3703857
广西	9	14966	13034	662419	588768
海南					
重庆	2	1178	1123	101391	143085
四川	12	12826	11585	658061	950459
贵州	2	9085	8992	386411	880036
云南	2	16592	14803	1175000	1090000
西藏					
陕西	6	5959	5758	192200	178780
甘肃	2	5159	5019	425000	443000
青海	1	483	479	21600	10608
宁夏	1	433	433	8000	10794
新疆	9	7802	7549	241941	683680

2-2 续表 32

(鞋帽市场)

地　　区	市场数量（个）	总摊位数（个）	年末出租摊位数（个）	营业面积（平方米）	成交额（万元）
全　　国	**39**	**30164**	**26670**	**1507759**	**3888823**
北　　京					
天　　津	1	316	316	39000	39400
河　　北	2	615	615	34127	78750
山　　西	1	591	591	11000	15060
内 蒙 古					
辽　　宁	2	2750	1900	16500	88844
吉　　林					
黑 龙 江	2	3300	3210	24000	48950
上　　海					
江　　苏	3	3024	2744	532200	333095
浙　　江	2	1349	1280	87115	308000
安　　徽					
福　　建	1	2400	1500	10	40000
江　　西	1	500	486	22500	21000
山　　东	6	2952	2924	123237	571199
河　　南	2	1080	790	23200	231900
湖　　北	3	970	835	56000	63980
湖　　南	3	1224	1204	62000	68198
广　　东	8	6430	5612	246588	1006891
广　　西					
海　　南					
重　　庆	1	536	536	80100	709356
四　　川					
贵　　州					
云　　南					
西　　藏					
陕　　西	1	2127	2127	150182	264200
甘　　肃					
青　　海					
宁　　夏					
新　　疆					

2-2 续表 33

（其他纺织服装鞋帽市场）

地区	市场数量（个）	总摊位数（个）	年末出租摊位数（个）	营业面积（平方米）	成交额（万元）
全国	**105**	**169699**	**162198**	**4703809**	**20396384**
北京	1	750	750	20000	28518
天津					
河北	3	2399	1892	54603	339415
山西	2	1350	1350	39400	60000
内蒙古	6	4251	4124	167652	195584
辽宁	11	41286	39212	552984	8748632
吉林	2	1477	1205	44000	23179
黑龙江	3	5377	5377	117580	458965
上海	2	2183	2183	17160	174605
江苏	15	26605	25575	703102	3180246
浙江	10	9113	8984	310262	1452816
安徽	4	4471	3482	336128	316949
福建					
江西	1	368	368	13500	316194
山东	10	8943	8612	554933	1041805
河南	5	4420	4070	459500	190971
湖北	4	2019	1882	45120	81214
湖南	5	9920	9740	238939	736744
广东					
广西	4	3488	2880	87191	103203
海南					
重庆	3	2026	1854	59686	427815
四川	2	1131	1084	38150	30858
贵州	2	1611	1611	47000	201067
云南	1	23000	22686	428897	1820000
西藏					
陕西	1	429	429	10000	10005
甘肃					
青海	2	3610	3378	105000	93524
宁夏	2	4817	4817	100000	157330
新疆	4	4655	4653	153022	206745

2-2 续表 34

(日用品及文化用品市场)

地 区	市场数量(个)	总摊位数(个)	年末出租摊位数(个)	营业面积(平方米)	成交额(万元)
全 国	**91**	**72991**	**68318**	**2772983**	**10557979**
北 京	5	8340	8046	163962	478133
天 津					
河 北	1	7200	7200	40000	328520
山 西					
内蒙古					
辽 宁	3	2887	2864	53900	533148
吉 林					
黑龙江					
上 海	1	48	48	5000	1788981
江 苏	9	5812	5724	124868	570983
浙 江	13	9018	8745	309153	885322
安 徽					
福 建	2	614	614	199260	131513
江 西					
山 东	15	13374	12799	604936	2075542
河 南	5	5360	3316	130000	175654
湖 北	6	1958	1770	168776	514702
湖 南	5	866	862	53750	199780
广 东	21	15701	14605	873517	2511890
广 西					
海 南					
重 庆	3	1053	1053	27861	232681
四 川					
贵 州					
云 南					
西 藏					
陕 西					
甘 肃	1	400	400	12000	120000
青 海					
宁 夏					
新 疆	1	360	272	6000	11130

2-2 续表 35

(小商品市场)

地 区	市场数量(个)	总摊位数(个)	年末出租摊位数(个)	营业面积(平方米)	成交额(万元)
全 国	**36**	**43248**	**39811**	**1026882**	**3389790**
北 京	3	7090	7052	96562	299653
天 津					
河 北	1	7200	7200	40000	328520
山 西					
内蒙古					
辽 宁					
吉 林					
黑龙江					
上 海					
江 苏	4	4555	4535	84368	468717
浙 江	1	632	632	21600	158865
安 徽					
福 建	1	41	41	5000	38013
江 西					
山 东	7	9841	9295	364552	1508318
河 南	2	4915	2892	103000	29654
湖 北	2	826	640	54000	103206
湖 南	1	110	110	18000	19030
广 东	13	7678	7142	233800	424684
广 西					
海 南					
重 庆					
四 川					
贵 州					
云 南					
西 藏					
陕 西					
甘 肃					
青 海					
宁 夏					
新 疆	1	360	272	6000	11130

2-2 续表 36

(箱包市场)

地　区	市场数量(个)	总摊位数(个)	年末出租摊位数(个)	营业面积(平方米)	成交额(万元)
全　国	**4**	**5880**	**5567**	**515400**	**2228496**
北　京					
天　津					
河　北					
山　西					
内蒙古					
辽　宁	1	1330	1330	2000	502249
吉　林					
黑龙江					
上　海					
江　苏					
浙　江					
安　徽					
福　建					
江　西					
山　东	1	150	150	8400	20000
河　南	1	170	150	5000	14000
湖　北					
湖　南					
广　东	1	4230	3937	500000	1692247
广　西					
海　南					
重　庆					
四　川					
贵　州					
云　南					
西　藏					
陕　西					
甘　肃					
青　海					
宁　夏					
新　疆					

2-2　续表 37

(玩具市场)

地　区	市场数量 (个)	总摊位数 (个)	年末出租摊位数 (个)	营业面积 (平方米)	成交额 (万元)
全　国	**3**	**1138**	**1124**	**119410**	**237377**
北　京					
天　津					
河　北					
山　西					
内蒙古					
辽　宁					
吉　林					
黑龙江					
上　海					
江　苏					
浙　江					
安　徽					
福　建					
江　西					
山　东	2	1023	1009	106660	156085
河　南					
湖　北					
湖　南					
广　东	1	115	115	12750	81292
广　西					
海　南					
重　庆					
四　川					
贵　州					
云　南					
西　藏					
陕　西					
甘　肃					
青　海					
宁　夏					
新　疆					

2-2　续表 38

(文具市场)

地　区	市场数量（个）	总摊位数（个）	年末出租摊位数（个）	营业面积（平方米）	成交额（万元）
全　国	**3**	**1439**	**1093**	**81200**	**206160**
北　京	1	1050	798	55400	159660
天　津					
河　北					
山　西					
内蒙古					
辽　宁					
吉　林					
黑龙江					
上　海					
江　苏					
浙　江					
安　徽					
福　建					
江　西					
山　东					
河　南					
湖　北					
湖　南	1	65	65	13000	28000
广　东	1	324	230	12800	18500
广　西					
海　南					
重　庆					
四　川					
贵　州					
云　南					
西　藏					
陕　西					
甘　肃					
青　海					
宁　夏					
新　疆					

2-2 续表 39

(图书、报刊杂志市场)

地　区	市场数量(个)	总摊位数(个)	年末出租摊位数(个)	营业面积(平方米)	成交额(万元)
全　国	**11**	**1714**	**1652**	**103413**	**380735**
北　京	1	200	196	12000	18820
天　津					
河　北					
山　西					
内蒙古					
辽　宁	1	62	39	6900	13000
吉　林					
黑龙江					
上　海					
江　苏	2	149	145	13000	41058
浙　江	1	91	68	10000	18150
安　徽					
福　建					
江　西					
山　东	2	260	260	15324	35454
河　南	1	155	154	16000	120000
湖　北	1	277	277	4100	18828
湖　南	1	423	423	13100	85625
广　东	1	97	90	12989	29800
广　西					
海　南					
重　庆					
四　川					
贵　州					
云　南					
西　藏					
陕　西					
甘　肃					
青　海					
宁　夏					
新　疆					

2-2 续表 40

(音像制品及电子出版物市场)

地　区	市场数量(个)	总摊位数(个)	年末出租摊位数(个)	营业面积(平方米)	成交额(万元)
全　国	**2**	**496**	**495**	**18800**	**79673**
北　京					
天　津					
河　北					
山　西					
内蒙古					
辽　宁					
吉　林					
黑龙江					
上　海					
江　苏	1	313	313	11000	25384
浙　江					
安　徽					
福　建					
江　西					
山　东					
河　南					
湖　北					
湖　南	1	183	182	7800	54289
广　东					
广　西					
海　南					
重　庆					
四　川					
贵　州					
云　南					
西　藏					
陕　西					
甘　肃					
青　海					
宁　夏					
新　疆					

2-2 续表 41

(体育用品市场)

地 区	市场数量（个）	总摊位数（个）	年末出租摊位数（个）	营业面积（平方米）	成交额（万元）
全 国	**1**	**80**	**80**	**6700**	**14572**
北 京					
天 津					
河 北					
山 西					
内蒙古					
辽 宁					
吉 林					
黑龙江					
上 海					
江 苏					
浙 江					
安 徽					
福 建					
江 西					
山 东					
河 南					
湖 北					
湖 南					
广 东	1	80	80	6700	14572
广 西					
海 南					
重 庆					
四 川					
贵 州					
云 南					
西 藏					
陕 西					
甘 肃					
青 海					
宁 夏					
新 疆					

2-2 续表 42

(其他日用品及文化用品市场)

地 区	市场数量(个)	总摊位数(个)	年末出租摊位数(个)	营业面积(平方米)	成交额(万元)
全 国	**31**	**18996**	**18496**	**901178**	**4021176**
北 京					
天 津					
河 北					
山 西					
内蒙古					
辽 宁	1	1495	1495	45000	17899
吉 林					
黑龙江					
上 海	1	48	48	5000	1788981
江 苏	2	795	731	16500	35824
浙 江	11	8295	8045	277553	708307
安 徽					
福 建	1	573	573	194260	93500
江 西					
山 东	3	2100	2085	110000	355685
河 南	1	120	120	6000	12000
湖 北	3	855	853	110676	392668
湖 南	1	85	82	1850	12836
广 东	3	3177	3011	94478	250795
广 西					
海 南					
重 庆	3	1053	1053	27861	232681
四 川					
贵 州					
云 南					
西 藏					
陕 西					
甘 肃	1	400	400	12000	120000
青 海					
宁 夏					
新 疆					

2-2　续表 43

（黄金、珠宝、玉器等首饰市场）

地　区	市场数量（个）	总摊位数（个）	年末出租摊位数（个）	营业面积（平方米）	成交额（万元）
全　国	**27**	**16933**	**16427**	**923948**	**4675878**
北　京	3	1213	1058	45677	279832
天　津					
河　北					
山　西	1	102	100	10000	12675
内蒙古	1	633	633	21600	55995
辽　宁	3	2045	2045	22000	71400
吉　林					
黑龙江					
上　海					
江　苏	2	1500	1478	60000	748160
浙　江	2	1381	1381	126973	1939060
安　徽					
福　建	6	1672	1672	59237	909043
江　西					
山　东	3	2324	2154	308579	346910
河　南	1	60	58	8000	21050
湖　北					
湖　南					
广　东	4	5291	5136	204462	257546
广　西					
海　南					
重　庆					
四　川					
贵　州					
云　南					
西　藏					
陕　西					
甘　肃					
青　海					
宁　夏					
新　疆	1	712	712	57420	34207

2-2 续表 44

(电器、通讯器材、电子设备市场)

地　区	市场数量 (个)	总摊位数 (个)	年末出租摊位数 (个)	营业面积 (平方米)	成交额 (万元)
全　国	**161**	**73489**	**67267**	**3573417**	**11105215**
北　京	10	5401	5036	173969	1007380
天　津					
河　北	2	359	359	54000	53260
山　西	2	448	448	13000	28300
内蒙古					
辽　宁	4	1660	1430	47800	160539
吉　林	3	1336	1336	6430	284111
黑龙江	3	2547	2504	102559	448343
上　海	7	2217	2006	75934	286769
江　苏	10	4325	4067	102912	619318
浙　江	26	9345	8102	319592	1318245
安　徽	1	3902	3417	875253	978203
福　建	3	1157	1157	58000	190297
江　西	3	1339	1301	58694	90609
山　东	10	2987	2933	330300	986572
河　南	7	4461	4391	318900	623403
湖　北	8	2479	2264	105400	334749
湖　南	14	4068	3712	194982	747540
广　东	21	15689	13897	282751	981048
广　西	1	732	732	20259	90000
海　南	1	300	300	10500	28600
重　庆	8	2716	2586	136535	610262
四　川	6	1922	1640	84900	741193
贵　州	3	638	638	55800	133037
云　南					
西　藏					
陕　西	4	2086	1636	110699	196830
甘　肃					
青　海					
宁　夏	1	317	317	8200	32083
新　疆	3	1058	1058	26048	134524

2-2　续表 45

(家电市场)

地　区	市场数量（个）	总摊位数（个）	年末出租摊位数（个）	营业面积（平方米）	成交额（万元）
全　国	**41**	**14657**	**13369**	**1572878**	**3215183**
北　京					
天　津					
河　北					
山　西					
内蒙古					
辽　宁	2	928	700	27000	107098
吉　林					
黑龙江					
上　海	1	220	200	20000	45500
江　苏	2	880	810	16000	143644
浙　江	7	1072	974	72701	338870
安　徽	1	3902	3417	875253	978203
福　建					
江　西	2	1239	1229	53994	79753
山　东	5	1418	1400	258800	623945
河　南	4	953	943	48100	285908
湖　北	2	465	388	14400	26470
湖　南	7	1291	1264	96232	368241
广　东	5	2046	1801	53699	153651
广　西					
海　南					
重　庆	1	25	25	15000	36300
四　川					
贵　州	1	112	112	16000	11000
云　南					
西　藏					
陕　西	1	106	106	5699	16600
甘　肃					
青　海					
宁　夏					
新　疆					

2-2 续表 46

(通讯器材市场)

地 区	市场数量(个)	总摊位数(个)	年末出租摊位数(个)	营业面积(平方米)	成交额(万元)
全 国	**31**	**17114**	**15772**	**420110**	**1212050**
北 京	1	622	552	11989	12042
天 津					
河 北	2	359	359	54000	53260
山 西					
内蒙古					
辽 宁	1	210	208	3000	22590
吉 林	2	638	638	3630	62523
黑龙江					
上 海	2	985	973	22000	37846
江 苏	1	1610	1601	44232	58566
浙 江	3	994	994	44903	76620
安 徽					
福 建					
江 西					
山 东	1	120	115	6000	27000
河 南	1	360	300	7000	54000
湖 北	3	961	932	51000	217494
湖 南	2	291	251	2750	29092
广 东	10	9360	8245	137606	431348
广 西					
海 南					
重 庆	2	604	604	32000	129669
四 川					
贵 州					
云 南					
西 藏					
陕 西					
甘 肃					
青 海					
宁 夏					
新 疆					

2-2 续表 47

（照相、摄像器材市场）

地区	市场数量（个）	总摊位数（个）	年末出租摊位数（个）	营业面积（平方米）	成交额（万元）
全国	**2**	**562**	**485**	**20866**	**71266**
北京	1	315	315	13066	39009
天津					
河北					
山西					
内蒙古					
辽宁					
吉林					
黑龙江					
上海	1	247	170	7800	32257
江苏					
浙江					
安徽					
福建					
江西					
山东					
河南					
湖北					
湖南					
广东					
广西					
海南					
重庆					
四川					
贵州					
云南					
西藏					
陕西					
甘肃					
青海					
宁夏					
新疆					

2-2 续表 48

(计算机及辅助设备市场)

地　区	市场数量(个)	总摊位数(个)	年末出租摊位数(个)	营业面积(平方米)	成交额(万元)
全　国	**79**	**36469**	**33219**	**1423090**	**6063206**
北　京	6	3734	3474	131714	829117
天　津					
河　北					
山　西	2	448	448	13000	28300
内蒙古					
辽　宁	1	522	522	17800	30851
吉　林	1	698	698	2800	221588
黑龙江	3	2547	2504	102559	448343
上　海	3	765	663	26134	171166
江　苏	7	1835	1656	42680	417108
浙　江	14	5000	4065	150215	701079
安　徽					
福　建	3	1157	1157	58000	190297
江　西	1	100	72	4700	10856
山　东	4	1449	1418	65500	335627
河　南	2	3148	3148	263800	283495
湖　北	3	1053	944	40000	90785
湖　南	4	1806	1537	84000	302725
广　东	6	4283	3851	91446	396049
广　西	1	732	732	20259	90000
海　南					
重　庆	5	2087	1957	89535	444293
四　川	6	1922	1640	84900	741193
贵　州	1	145	145	3000	15580
云　南					
西　藏					
陕　西	3	1980	1530	105000	180230
甘　肃					
青　海					
宁　夏					
新　疆	3	1058	1058	26048	134524

2-2 续表 49

(其他电器、通讯器材、电子设备市场)

地 区	市场数量(个)	总摊位数(个)	年末出租摊位数(个)	营业面积(平方米)	成交额(万元)
全 国	**8**	**4687**	**4422**	**136473**	**543510**
北 京	2	730	695	17200	127212
天 津					
河 北					
山 西					
内蒙古					
辽 宁					
吉 林					
黑龙江					
上 海					
江 苏					
浙 江	2	2279	2069	51773	201676
安 徽					
福 建					
江 西					
山 东					
河 南					
湖 北					
湖 南	1	680	660	12000	47482
广 东					
广 西					
海 南	1	300	300	10500	28600
重 庆					
四 川					
贵 州	1	381	381	36800	106457
云 南					
西 藏					
陕 西					
甘 肃					
青 海					
宁 夏	1	317	317	8200	32083
新 疆					

2-2 续表 50

(医药、医疗用品及器材市场)

地　区	市场数量(个)	总摊位数(个)	年末出租摊位数(个)	营业面积(平方米)	成交额(万元)
全　国	**25**	**64194**	**46854**	**2278907**	**13687730**
北　京					
天　津					
河　北	1	14000	7000	360000	1400000
山　西					
内蒙古	1	180	180	18060	40484
辽　宁	1	724	590	93900	1000000
吉　林	2	1315	1315	49000	630000
黑龙江					
上　海	1	324	298	8000	60000
江　苏					
浙　江	2	1578	615	68599	104000
安　徽	2	6400	5303	44500	2653759
福　建	1	36	36	1500	33876
江　西	1	700	361	19000	181000
山　东	1	968	863	60000	50568
河　南	2	3228	3228	123950	279738
湖　北					
湖　南	2	1747	1747	477652	680598
广　东	2	789	695	14971	122956
广　西	1	1116	1000	23000	730000
海　南					
重　庆					
四　川	1	30181	22775	875093	5455701
贵　州					
云　南	1	368	368	19682	167250
西　藏					
陕　西	2	490	430	14000	57800
甘　肃					
青　海	1	50	50	8000	40000
宁　夏					
新　疆					

2-2 续表 51

(中药材市场)

地 区	市场数量 (个)	总摊位数 (个)	年末出租摊位数 (个)	营业面积 (平方米)	成交额 (万元)
全 国	**25**	**64194**	**46854**	**2278907**	**13687730**
北 京					
天 津					
河 北	1	14000	7000	360000	1400000
山 西					
内蒙古	1	180	180	18060	40484
辽 宁	1	724	590	93900	1000000
吉 林	2	1315	1315	49000	630000
黑龙江					
上 海	1	324	298	8000	60000
江 苏					
浙 江	2	1578	615	68599	104000
安 徽	2	6400	5303	44500	2653759
福 建	1	36	36	1500	33876
江 西	1	700	361	19000	181000
山 东	1	968	863	60000	50568
河 南	2	3228	3228	123950	279738
湖 北					
湖 南	2	1747	1747	477652	680598
广 东	2	789	695	14971	122956
广 西	1	1116	1000	23000	730000
海 南					
重 庆					
四 川	1	30181	22775	875093	5455701
贵 州					
云 南	1	368	368	19682	167250
西 藏					
陕 西	2	490	430	14000	57800
甘 肃					
青 海	1	50	50	8000	40000
宁 夏					
新 疆					

2-2 续表 52

(家具、五金及装饰材料市场)

地 区	市场数量 (个)	总摊位数 (个)	年末出租摊位数 (个)	营业面积 (平方米)	成交额 (万元)
全 国	**577**	**294085**	**275246**	**39945237**	**48713400**
北 京	19	8122	7743	934928	1149389
天 津	8	2651	2379	782928	479715
河 北	25	14792	14353	4948409	4327317
山 西	4	1835	1733	306332	136625
内蒙古	4	1173	1173	115600	174611
辽 宁	24	12909	12072	1037744	1339806
吉 林	6	4855	4470	524681	283645
黑龙江	6	2056	1957	326000	244104
上 海	20	14189	13202	1254803	1319368
江 苏	97	52743	48136	6776398	9656976
浙 江	89	44575	41164	4500624	6924978
安 徽	17	10367	9773	1335929	1590728
福 建	9	2466	2396	501590	921559
江 西	12	9443	9109	1099442	1082309
山 东	68	33701	31426	4066211	6763073
河 南	19	9051	8764	1727940	991908
湖 北	26	8226	7676	1105944	1817087
湖 南	27	11215	10461	1219275	2027360
广 东	21	8246	7237	2043839	1279957
广 西	6	3419	3107	431473	368487
海 南					
重 庆	27	14103	13511	1757948	3511988
四 川	8	9740	9273	1103082	977206
贵 州	4	1456	1436	330000	189891
云 南	9	3376	3329	554981	523688
西 藏					
陕 西	4	1493	1493	213772	62826
甘 肃	9	3050	3040	235247	300465
青 海	1	612	612	12165	33678
宁 夏	5	2586	2586	485296	106008
新 疆	3	1635	1635	212656	128648

2-2 续表 53

（家具市场）

地区	市场数量（个）	总摊位数（个）	年末出租摊位数（个）	营业面积（平方米）	成交额（万元）
全国	**159**	**70055**	**65917**	**13577131**	**13239593**
北京	8	3735	3579	549859	556828
天津	1	382	382	51309	20000
河北	6	6208	6169	3427000	3006560
山西	2	660	558	166332	40750
内蒙古	3	968	968	103600	156955
辽宁	11	3617	3462	430244	573739
吉林	3	1937	1937	197237	181000
黑龙江	3	917	818	175000	91534
上海	5	1118	907	317271	113111
江苏	28	14048	12946	2117036	2039311
浙江	30	11725	10780	1405036	2058402
安徽	4	353	353	250000	84254
福建	2	710	707	213000	280273
江西	5	2730	2508	560000	258267
山东	14	5566	5376	616007	1223200
河南	3	2505	2459	736000	347229
湖北	7	1266	865	114721	156647
湖南	4	829	807	84400	62053
广东	3	876	840	130892	55990
广西	2	1432	1120	120973	127954
海南					
重庆	4	2691	2606	763000	1407700
四川	3	3508	3496	523282	172526
贵州					
云南	3	783	783	266824	113521
西藏					
陕西					
甘肃	2	332	332	69052	29623
青海					
宁夏	2	649	649	145000	45236
新疆	1	510	510	44056	36930

2-2 续表 54

(装饰材料市场)

地 区	市场数量(个)	总摊位数(个)	年末出租摊位数(个)	营业面积(平方米)	成交额(万元)
全 国	**252**	**118189**	**110641**	**15831436**	**17616960**
北 京	7	2089	2035	152126	269153
天 津	4	1088	1076	106800	87506
河 北	11	3437	3437	743779	494338
山 西	2	1175	1175	140000	95875
内蒙古	1	205	205	12000	17656
辽 宁	9	5241	4735	429500	483297
吉 林	1	1187	802	150000	72262
黑龙江	2	676	676	130000	32570
上 海	8	7772	7595	631651	959105
江 苏	42	21589	19380	3012689	3450016
浙 江	33	14058	12950	1595482	1713038
安 徽	9	4381	4368	802929	1111610
福 建	4	1013	946	62300	388488
江 西	5	6276	6164	496442	795441
山 东	28	9605	9052	1359053	2543859
河 南	8	4380	4172	841460	307759
湖 北	15	5470	5333	889129	1239631
湖 南	16	6670	5978	546917	1143489
广 东	13	4987	4174	1699940	595367
广 西	2	871	871	165500	42631
海 南					
重 庆	16	6154	5683	713539	879209
四 川	3	3939	3918	329800	253604
贵 州	2	982	982	184000	144050
云 南	3	1412	1412	198000	286573
西 藏					
陕 西	2	802	802	156772	38284
甘 肃	4	1064	1054	88900	124195
青 海					
宁 夏	1	1341	1341	122728	25991
新 疆	1	325	325	70000	21963

2-2 续表 55

(灯具市场)

地 区	市场数量(个)	总摊位数(个)	年末出租摊位数(个)	营业面积(平方米)	成交额(万元)
全 国	**17**	**7337**	**7143**	**1081379**	**1929081**
北 京	1	350	314	35000	10754
天 津					
河 北	1	332	332	6930	14220
山 西					
内蒙古					
辽 宁	1	276	180	54000	68936
吉 林					
黑龙江					
上 海					
江 苏	4	2333	2298	365605	823919
浙 江	2	1114	1114	77534	160000
安 徽					
福 建					
江 西					
山 东	3	1270	1270	268000	451124
河 南					
湖 北					
湖 南					
广 东					
广 西					
海 南					
重 庆	3	679	675	138129	188563
四 川	1	473	473	120000	162000
贵 州					
云 南	1	510	487	16181	49565
西 藏					
陕 西					
甘 肃					
青 海					
宁 夏					
新 疆					

2-2 续表 56

(厨具、盥洗设备市场)

地　区	市场数量(个)	总摊位数(个)	年末出租摊位数(个)	营业面积(平方米)	成交额(万元)
全　国	**4**	**1417**	**1399**	**122168**	**197523**
北　京					
天　津					
河　北					
山　西					
内蒙古					
辽　宁					
吉　林					
黑龙江					
上　海					
江　苏					
浙　江	1	500	500	13000	133811
安　徽					
福　建					
江　西					
山　东	1	366	348	21608	23616
河　南	1	411	411	63560	28096
湖　北					
湖　南					
广　东					
广　西					
海　南					
重　庆					
四　川					
贵　州					
云　南					
西　藏					
陕　西	1	140	140	24000	12000
甘　肃					
青　海					
宁　夏					
新　疆					

2-2 续表 57

(五金材料市场)

地 区	市场数量 (个)	总摊位数 (个)	年末出租摊位数 (个)	营业面积 (平方米)	成交额 (万元)
全 国	**78**	**54751**	**49967**	**4625328**	**9383480**
北 京	1	536	536	8794	16328
天 津	3	1181	921	624819	372209
河 北	3	3360	2960	336000	456000
山 西					
内蒙古					
辽 宁					
吉 林	1	1366	1366	160000	18000
黑龙江					
上 海	3	3700	3417	194379	156002
江 苏	15	9731	8473	746068	1734382
浙 江	12	9104	8213	340456	1828816
安 徽					
福 建	1	213	213	3900	45346
江 西					
山 东	15	10210	9227	1080721	1600743
河 南	7	1755	1722	86920	308824
湖 北	1	572	562	35894	53512
湖 南	4	2990	2950	443090	626584
广 东	5	2383	2223	213007	628600
广 西	1	700	700	45000	100000
海 南					
重 庆	4	4579	4547	143280	1036516
四 川	1	1820	1386	130000	389076
贵 州					
云 南					
西 藏					
陕 西	1	551	551	33000	12542
甘 肃					
青 海					
宁 夏					
新 疆					

2-2 续表 58

(其他装修市场)

地　区	市场数量(个)	总摊位数(个)	年末出租摊位数(个)	营业面积(平方米)	成交额(万元)
全　国	**67**	**42336**	**40179**	**4707795**	**6346763**
北　京	2	1412	1279	189149	296326
天　津					
河　北	4	1455	1455	434700	356199
山　西					
内蒙古					
辽　宁	3	3775	3695	124000	213834
吉　林	1	365	365	17444	12383
黑龙江	1	463	463	21000	120000
上　海	4	1599	1283	111502	91150
江　苏	8	5042	5039	535000	1609348
浙　江	11	8074	7607	1069116	1030911
安　徽	4	5633	5052	283000	394864
福　建	2	530	530	222390	207452
江　西	2	437	437	43000	28601
山　东	7	6684	6153	720822	920531
河　南					
湖　北	3	918	916	66200	367297
湖　南	3	726	726	144868	195234
广　东					
广　西	1	416	416	100000	97902
海　南					
重　庆					
四　川					
贵　州	2	474	454	146000	45841
云　南	2	671	647	73976	74029
西　藏					
陕　西					
甘　肃	3	1654	1654	77295	146647
青　海	1	612	612	12165	33678
宁　夏	2	596	596	217568	34781
新　疆	1	800	800	98600	69755

2-2　续表 59

(汽车、摩托车及零配件市场)

地　区	市场数量(个)	总摊位数(个)	年末出租摊位数(个)	营业面积(平方米)	成交额(万元)
全　国	**283**	**92448**	**82883**	**15022118**	**63223907**
北　京	15	4751	4492	891483	8265392
天　津	4	1905	1889	339660	3225121
河　北	11	4302	4279	767240	1135222
山　西	1	426	426	70000	13700
内蒙古					
辽　宁	9	5495	4528	649790	3423465
吉　林	3	5856	2880	585870	2698234
黑龙江	2	1220	1218	41000	31115
上　海	13	2314	2304	225057	2883626
江　苏	25	5824	4980	1876771	5859218
浙　江	53	14086	12465	1244515	10711438
安　徽	9	3157	2689	337010	853382
福　建	6	605	585	97106	501765
江　西	7	3176	2691	256500	1633389
山　东	30	5524	5340	1314399	3323902
河　南	10	4943	4943	423592	1654726
湖　北	7	3741	3170	497200	2969514
湖　南	11	7995	7561	736473	2755343
广　东	29	5438	5313	1335363	5132617
广　西	5	1115	1071	601196	232280
海　南					
重　庆	8	3549	3519	609670	3333618
四　川	5	654	648	257004	529945
贵　州	5	687	636	479000	204951
云　南	5	1628	1538	563457	590870
西　藏					
陕　西	4	1957	1879	107484	698516
甘　肃	1	96	92	10440	26890
青　海					
宁　夏	1	961	850	229000	27973
新　疆	4	1043	897	475838	507695

2-2 续表 60

(汽车市场)

地 区	市场数量(个)	总摊位数(个)	年末出租摊位数(个)	营业面积(平方米)	成交额(万元)
全 国	**190**	**45617**	**38404**	**11494575**	**50955379**
北 京	9	1520	1333	646033	7667410
天 津	4	1905	1889	339660	3225121
河 北	5	1050	1027	383340	473966
山 西					
内蒙古					
辽 宁	5	3468	3155	443790	2681855
吉 林	3	5856	2880	585870	2698234
黑龙江	2	1220	1218	41000	31115
上 海	9	559	549	132178	2185239
江 苏	19	3138	2770	1524571	5027602
浙 江	44	8845	7362	826964	9309325
安 徽	6	1468	1105	277347	666482
福 建	5	405	385	89978	463038
江 西	3	1329	1164	143000	282621
山 东	16	1796	1764	1028040	1915873
河 南	4	284	284	175178	706780
湖 北	4	661	395	217000	1405778
湖 南	4	1689	1299	482283	2287286
广 东	18	1922	1850	1111062	4640736
广 西	4	770	731	591296	216660
海 南					
重 庆	7	2869	2863	569670	2843618
四 川	5	654	648	257004	529945
贵 州	4	427	376	436000	175991
云 南	3	718	628	403333	464520
西 藏					
陕 西	2	1060	982	85140	520516
甘 肃					
青 海					
宁 夏	1	961	850	229000	27973
新 疆	4	1043	897	475838	507695

2-2 续表 61

(摩托车市场)

地区	市场数量(个)	总摊位数(个)	年末出租摊位数(个)	营业面积(平方米)	成交额(万元)
全国	**10**	**3869**	**3786**	**261366**	**762932**
北京					
天津					
河北	1	814	814	50000	42563
山西					
内蒙古					
辽宁					
吉林					
黑龙江					
上海					
江苏					
浙江	1	220	220	15226	31800
安徽	1	150	145	16000	50000
福建					
江西	1	200	180	5000	11230
山东					
河南	1	1050	1050	100000	51330
湖北					
湖南	2	314	289	14800	43499
广东					
广西	1	345	340	9900	15620
海南					
重庆	1	680	656	40000	490000
四川					
贵州					
云南					
西藏					
陕西					
甘肃	1	96	92	10440	26890
青海					
宁夏					
新疆					

2-2 续表 62

(机动车零配件市场)

地　区	市场数量(个)	总摊位数(个)	年末出租摊位数(个)	营业面积(平方米)	成交额(万元)
全　国	**83**	**42962**	**40693**	**3266177**	**11505596**
北　京	6	3231	3159	245450	597982
天　津					
河　北	5	2438	2438	333900	618693
山　西	1	426	426	70000	13700
内蒙古					
辽　宁	4	2027	1373	206000	741610
吉　林					
黑龙江					
上　海	4	1755	1755	92879	698387
江　苏	6	2686	2210	352200	831616
浙　江	8	5021	4883	402325	1370313
安　徽	2	1539	1439	43663	136900
福　建	1	200	200	7128	38727
江　西	3	1647	1347	108500	1339538
山　东	14	3728	3576	286359	1408029
河　南	5	3609	3609	148414	896616
湖　北	3	3080	2775	280200	1563736
湖　南	5	5992	5973	239390	424558
广　东	11	3516	3463	224301	491881
广　西					
海　南					
重　庆					
四　川					
贵　州	1	260	260	43000	28960
云　南	2	910	910	160124	126350
西　藏					
陕　西	2	897	897	22344	178000
甘　肃					
青　海					
宁　夏					
新　疆					

2-2　续表 63

(花鸟鱼虫市场)

地　区	市场数量(个)	总摊位数(个)	年末出租摊位数(个)	营业面积(平方米)	成交额(万元)
全　国	**29**	**20871**	**20206**	**3400971**	**4132376**
北　京	1	200	180	3000	18200
天　津	2	1400	900	80000	34790
河　北	1	443	396	1926	38400
山　西					
内蒙古					
辽　宁	3	1711	1711	26532	71271
吉　林					
黑龙江	1	262	262	20000	12202
上　海	2	557	557	51150	29656
江　苏	3	3130	3095	643000	1827000
浙　江	2	1244	1232	59208	249540
安　徽	2	1682	1682	105000	114900
福　建	2	205	205	31855	94017
江　西					
山　东	2	1600	1600	139960	444000
河　南	2	2179	2179	54000	189701
湖　北					
湖　南	1	428	428	133340	168280
广　东	2	1742	1706	1918000	324898
广　西					
海　南					
重　庆					
四　川	1	488	488	20000	51021
贵　州					
云　南	1	3000	2985	14000	399500
西　藏					
陕　西					
甘　肃					
青　海					
宁　夏					
新　疆	1	600	600	100000	65000

2-2 续表 64

(花卉市场)

地区	市场数量(个)	总摊位数(个)	年末出租摊位数(个)	营业面积(平方米)	成交额(万元)
全国	**25**	**19901**	**19240**	**3341416**	**3962413**
北京	1	200	180	3000	18200
天津	2	1400	900	80000	34790
河北	1	443	396	1926	38400
山西					
内蒙古					
辽宁	2	1551	1551	14532	31400
吉林					
黑龙江	1	262	262	20000	12202
上海	1	177	177	15350	11506
江苏	3	3130	3095	643000	1827000
浙江	1	944	936	53828	220440
安徽	2	1682	1682	105000	114900
福建	1	75	75	25480	11175
江西					
山东	2	1600	1600	139960	444000
河南	2	2179	2179	54000	189701
湖北					
湖南	1	428	428	133340	168280
广东	2	1742	1706	1918000	324898
广西					
海南					
重庆					
四川	1	488	488	20000	51021
贵州					
云南	1	3000	2985	14000	399500
西藏					
陕西					
甘肃					
青海					
宁夏					
新疆	1	600	600	100000	65000

2-2 续表 65

(其他花鸟鱼虫市场)

地　区	市场数量(个)	总摊位数(个)	年末出租摊位数(个)	营业面积(平方米)	成交额(万元)
全　国	**4**	**970**	**966**	**59555**	**169963**
北　京					
天　津					
河　北					
山　西					
内蒙古					
辽　宁	1	160	160	12000	39871
吉　林					
黑龙江					
上　海	1	380	380	35800	18150
江　苏					
浙　江	1	300	296	5380	29100
安　徽					
福　建	1	130	130	6375	82842
江　西					
山　东					
河　南					
湖　北					
湖　南					
广　东					
广　西					
海　南					
重　庆					
四　川					
贵　州					
云　南					
西　藏					
陕　西					
甘　肃					
青　海					
宁　夏					
新　疆					

2-2 续表 66

(旧货市场)

地 区	市场数量 (个)	总摊位数 (个)	年末出租摊位数 (个)	营业面积 (平方米)	成交额 (万元)
全 国	**20**	**8591**	**7823**	**384740**	**790799**
北 京	1	3258	3258	26000	27823
天 津					
河 北	1	256	256	20000	14666
山 西					
内蒙古					
辽 宁					
吉 林	1	475	255	32000	13233
黑龙江					
上 海					
江 苏	1	73	70	25000	17950
浙 江	8	2186	1817	138431	524807
安 徽					
福 建	2	448	448	18762	20473
江 西	1	750	750	15000	17611
山 东	2	516	460	47000	70350
河 南	1	507	400	13120	10000
湖 北					
湖 南					
广 东					
广 西					
海 南					
重 庆					
四 川					
贵 州					
云 南	2	122	109	49427	73886
西 藏					
陕 西					
甘 肃					
青 海					
宁 夏					
新 疆					

2-2 续表 67

（古玩、古董、字画市场）

地 区	市场数量（个）	总摊位数（个）	年末出租摊位数（个）	营业面积（平方米）	成交额（万元）
全 国	**3**	**955**	**848**	**31882**	**30473**
北 京					
天 津					
河 北					
山 西					
内蒙古					
辽 宁					
吉 林					
黑龙江					
上 海					
江 苏					
浙 江					
安 徽					
福 建	2	448	448	18762	20473
江 西					
山 东					
河 南	1	507	400	13120	10000
湖 北					
湖 南					
广 东					
广 西					
海 南					
重 庆					
四 川					
贵 州					
云 南					
西 藏					
陕 西					
甘 肃					
青 海					
宁 夏					
新 疆					

2-2 续表 68

(其他旧货市场)

地 区	市场数量（个）	总摊位数（个）	年末出租摊位数（个）	营业面积（平方米）	成交额（万元）
全 国	**17**	**7636**	**6975**	**352858**	**760326**
北 京	1	3258	3258	26000	27823
天 津					
河 北	1	256	256	20000	14666
山 西					
内 蒙 古					
辽 宁					
吉 林	1	475	255	32000	13233
黑 龙 江					
上 海					
江 苏	1	73	70	25000	17950
浙 江	8	2186	1817	138431	524807
安 徽					
福 建					
江 西	1	750	750	15000	17611
山 东	2	516	460	47000	70350
河 南					
湖 北					
湖 南					
广 东					
广 西					
海 南					
重 庆					
四 川					
贵 州					
云 南	2	122	109	49427	73886
西 藏					
陕 西					
甘 肃					
青 海					
宁 夏					
新 疆					

2-2　续表 69

(其他专业市场)

地　区	市场数量(个)	总摊位数(个)	年末出租摊位数(个)	营业面积(平方米)	成交额(万元)
全　国	**59**	**40835**	**34387**	**3068076**	**8455216**
北　京	2	181	181	109159	46824
天　津	1	180	180	8000	15000
河　北	5	8117	7867	1046750	2266340
山　西					
内蒙古	6	3169	3119	332709	747157
辽　宁	5	6170	5659	144000	1793183
吉　林					
黑龙江					
上　海	4	1285	1239	40400	433968
江　苏	6	1146	1138	110359	708500
浙　江	9	3120	2875	410522	986286
安　徽	2	1688	1415	125500	79243
福　建					
江　西	1	871	871	203468	44508
山　东	8	4269	3851	339550	286008
河　南	5	4096	3952	106783	695304
湖　北					
湖　南	1	325	310	8800	12077
广　东	2	658	478	24386	209536
广　西					
海　南					
重　庆					
四　川	1	560	560	15000	101274
贵　州					
云　南	1	5000	692	42690	30008
西　藏					
陕　西					
甘　肃					
青　海					
宁　夏					
新　疆					

2-3 商品交易市场情况(按营业状态分)

(常年营业)

地区	市场数量(个)	总摊位数(个)	年末出租摊位数(个)	营业面积(平方米)	成交额(万元)
全国	**5009**	**3842183**	**3455139**	**284267365**	**976744408**
北京	137	124976	111400	6970819	33375721
天津	75	48609	43403	5212689	27488030
河北	243	329948	297795	28001262	48243712
山西	40	35398	34182	2652647	5895944
内蒙古	65	38698	34698	6756947	6702225
辽宁	214	192435	177468	9182802	43060739
吉林	61	54222	49981	3018813	6575374
黑龙江	91	67264	63123	3423816	11003610
上海	163	77619	73105	7251664	94619863
江苏	541	392016	350786	32750775	165837173
浙江	764	509950	463045	29696541	148150185
安徽	136	124839	111524	10892891	28963242
福建	161	64189	57423	3762744	17101701
江西	93	73932	68181	3587373	16487055
山东	532	399095	376393	37131994	87848443
河南	164	134733	123273	11434195	26864486
湖北	168	89620	83107	5925897	18575660
湖南	325	195520	184706	10561325	31619076
广东	362	262074	214491	19590338	53972789
广西	89	76494	69678	4373532	11800655
海南	7	4006	4000	98300	196544
重庆	144	97100	91490	7429990	33072063
四川	118	176831	129962	9344475	21504978
贵州	47	26847	25621	1969237	4691304
云南	49	69384	61967	3722883	7321436
西藏					
陕西	47	31490	28913	1713866	3863466
甘肃	44	37797	32556	1894297	4919408
青海	8	5298	5062	283968	244573
宁夏	33	26566	22472	3849797	2836500
新疆	88	75233	65334	11781488	13908453

2-3 续表 1

(季节性营业)

地 区	市场数量（个）	总摊位数（个）	年末出租摊位数（个）	营业面积（平方米）	成交额（万元）
全 国	**70**	**32738**	**29039**	**4053803**	**5088755**
北 京	3	4156	2514	279000	151526
天 津					
河 北	9	6175	5507	701380	489931
山 西					
内蒙古	5	445	445	450200	231100
辽 宁	2	249	249	51690	109307
吉 林	1	526	483	4000	24178
黑龙江	2	220	220	146000	57451
上 海					
江 苏	4	1126	830	55906	96775
浙 江	3	658	603	108145	253128
安 徽	2	370	370	39850	70080
福 建	1	36	36	1500	33876
江 西	1	306	306	60000	31268
山 东	26	15025	14249	1770967	2541624
河 南	5	2354	2334	161650	388039
湖 北					
湖 南	1	450	280	6965	30660
广 东	1	110	110	30000	180000
广 西	2	448	445	114000	205234
海 南					
重 庆					
四 川					
贵 州					
云 南	1	24	24	70000	177841
西 藏					
陕 西					
甘 肃					
青 海					
宁 夏					
新 疆	1	60	34	2550	16737

2-3 续表 2

(其他)

地区	市场数量(个)	总摊位数(个)	年末出租摊位数(个)	营业面积(平方米)	成交额(万元)
全国	**10**	**4692**	**3992**	**362176**	**1818091**
北京					
天津					
河北	1	402	387	21800	11667
山西					
内蒙古					
辽宁	1	450	450	50000	1260000
吉林					
黑龙江					
上海	1	91	91	36066	99709
江苏	2	684	301	140255	24269
浙江					
安徽					
福建					
江西	1	368	368	13500	316194
山东					
河南	1	900	900	70423	10100
湖北	1	360	360	10500	25607
湖南	1	1074	772	19000	41806
广东	1	363	363	632	28739
广西					
海南					
重庆					
四川					
贵州					
云南					
西藏					
陕西					
甘肃					
青海					
宁夏					
新疆					

2-4 商品交易市场情况(按经营方式分)

(批发为主)

地 区	市场数量 (个)	总摊位数 (个)	年末出租摊位数 (个)	营业面积 (平方米)	成交额 (万元)
全 国	**2947**	**2683060**	**2384961**	**226468297**	**846282990**
	2947				
北 京	62	83712	71555	4707952	21886362
天 津	52	34760	31101	4195160	26498815
河 北	190	283722	255082	25872209	45514408
山 西	30	30635	29563	2260515	5648058
内蒙古	49	23607	20889	6488145	5685234
辽 宁	100	88792	83003	5515802	36413979
吉 林	31	26957	25252	1932130	4144029
黑龙江	38	33482	31123	2154551	7756270
上 海	88	51850	48908	5862147	89880746
江 苏	283	255208	222786	24002284	145328228
浙 江	392	355554	324479	22718305	124418977
安 徽	90	96866	87734	9259387	26331941
福 建	71	31540	27752	2216258	13624591
江 西	56	48610	44661	2733035	14607735
山 东	395	304644	284249	32322807	80402061
河 南	115	96724	88218	8956324	23908199
湖 北	91	57118	53674	3830938	14278683
湖 南	172	104237	98750	7589452	23670570
广 东	231	203689	163267	17177746	46973878
广 西	50	43222	38941	3076407	10325546
海 南	2	503	497	69800	27525
重 庆	78	67825	64355	5185061	27771573
四 川	81	156480	110372	7630848	19174646
贵 州	31	21260	20199	1144576	4128253
云 南	27	56423	49544	3000162	5817896
西 藏					
陕 西	31	21238	19444	1167410	2546726
甘 肃	33	27327	25562	1624838	4613983
青 海	4	3543	3414	237203	133443
宁 夏	18	16666	12907	2975981	2367476
新 疆	56	56866	47680	10560864	12403159

2-4 续表

(零售为主)

地区	市场数量(个)	总摊位数(个)	年末出租摊位数(个)	营业面积(平方米)	成交额(万元)
全国	**2142**	**1196553**	**1103209**	**62215047**	**137368264**
北京	78	45420	42359	2541867	11640885
天津	23	13849	12302	1017529	989215
河北	63	52803	48607	2852233	3230902
山西	10	4763	4619	392132	247886
内蒙古	21	15536	14254	719002	1248091
辽宁	117	104342	95164	3768690	8016067
吉林	31	27791	25212	1090683	2455523
黑龙江	55	34002	32220	1415265	3304791
上海	76	25860	24288	1425583	4838826
江苏	264	138618	129131	8944652	20629989
浙江	375	155054	139169	7086381	23984336
安徽	48	28343	24160	1673354	2701381
福建	91	32685	29707	1547986	3510986
江西	39	25996	24194	927838	2226782
山东	163	109476	106393	6580154	9988006
河南	55	41263	38289	2709944	3354426
湖北	78	32862	29793	2105459	4322584
湖南	155	92807	87008	2997838	8020972
广东	133	58858	51697	2443224	7207650
广西	41	33720	31182	1411125	1680343
海南	5	3503	3503	28500	169019
重庆	66	29275	27135	2244929	5300490
四川	37	20351	19590	1713627	2330332
贵州	16	5587	5422	824661	563051
云南	23	12985	12447	792721	1681381
西藏					
陕西	16	10252	9469	546456	1316740
甘肃	11	10470	6994	269459	305425
青海	4	1755	1648	46765	111130
宁夏	15	9900	9565	873816	469024
新疆	33	18427	17688	1223174	1522031

2-5 商品交易市场情况(按经营环境分)

(露天式)

地区	市场数量(个)	总摊位数(个)	年末出租摊位数(个)	营业面积(平方米)	成交额(万元)
全国	**848**	**553234**	**495871**	**62672045**	**153503218**
北京	22	26744	17177	2554400	13041614
天津	19	12583	9937	2063259	3115877
河北	85	112324	103475	9826733	8896784
山西	8	4370	4030	370577	546452
内蒙古	31	13059	11943	5036143	3635375
辽宁	40	23685	22363	2671600	9111220
吉林	6	5432	5173	492900	238904
黑龙江	10	6732	6730	950447	2155728
上海	9	3378	3358	286859	4095340
江苏	64	25180	21737	2756260	13495658
浙江	71	38284	36726	2689950	14334452
安徽	27	17568	15968	1372240	4373757
福建	7	1162	1142	88560	388032
江西	12	10616	10214	730499	3318447
山东	176	99868	93985	14364622	30330587
河南	41	24962	22919	2570693	6350065
湖北	26	14472	13463	898162	5244529
湖南	24	17427	14752	1923366	5835094
广东	48	18492	17330	1667889	5047079
广西	11	4789	3842	1280028	5150909
海南	1	406	400	57800	11525
重庆	10	5829	5144	517776	3311572
四川	25	13607	12223	1253479	3225705
贵州	10	2248	2101	603434	959840
云南	10	9582	5137	442281	1281216
西藏					
陕西	12	6318	6146	344282	1347733
甘肃	14	16604	11933	550342	2311305
青海	3	861	857	138803	66056
宁夏	7	6381	5991	819340	847826
新疆	19	10271	9675	3349321	1434537

2-5 续表 1

(封闭式)

地　区	市场数量(个)	总摊位数(个)	年末出租摊位数(个)	营业面积(平方米)	成交额(万元)
全　国	**3608**	**2869058**	**2584306**	**181510376**	**674317847**
北　京	108	88456	83668	4099292	16755187
天　津	51	34429	31910	2983124	23917995
河　北	132	187281	169194	16639984	36582312
山　西	23	26395	26010	2012427	4622115
内蒙古	36	25383	22499	1953869	2924171
辽　宁	168	161778	148331	5739292	31883541
吉　林	52	44815	41175	2122469	6097632
黑龙江	82	60712	56573	2611590	8884333
上　海	118	55099	51387	2956231	77462888
江　苏	401	314500	285694	24831803	105711930
浙　江	624	435838	392270	24798499	111710348
安　徽	79	65288	56658	4985769	17069663
福　建	132	56139	49411	3326556	13179240
江　西	71	54863	50616	2648525	11772307
山　东	330	258978	247172	18789767	51479719
河　南	98	82862	78007	7164782	16702664
湖　北	117	64697	60595	4288365	12492580
湖　南	255	149871	144190	6821518	20872266
广　东	263	210444	166443	13011894	36642990
广　西	60	61633	56374	2442465	5523243
海　南	5	3503	3503	28500	169019
重　庆	120	81202	76679	6019305	23305966
四　川	83	156042	110698	7649812	16470192
贵　州	26	18682	18049	1189037	2658193
云　南	36	58126	55203	3189508	5832935
西　藏					
陕　西	28	20702	18451	1152882	2321748
甘　肃	21	15972	15817	1087632	2187725
青　海	5	4437	4205	145165	178517
宁　夏	24	17576	15400	2547457	1710784
新　疆	60	53355	48124	4272857	7195644

2-5　续表 2

(其他)

地　区	市场数量(个)	总摊位数(个)	年末出租摊位数(个)	营业面积(平方米)	成交额(万元)
全　国	**633**	**457321**	**407993**	**44500923**	**155830189**
北　京	10	13932	13069	596127	3730446
天　津	5	1597	1556	166306	454158
河　北	36	36920	31020	2257725	3266214
山　西	9	4633	4142	269643	727377
内蒙古	3	701	701	217135	373779
辽　宁	9	7671	7473	873600	3435285
吉　林	4	4501	4116	407444	263016
黑龙江	1	40	40	7779	21000
上　海	37	19233	18451	4044640	13161344
江　苏	82	54146	44486	5358873	46750629
浙　江	72	36486	34652	2316237	22358513
安　徽	32	42353	39268	4574732	7589902
福　建	23	6924	6906	349128	3568305
江　西	12	9127	8025	281849	1743763
山　东	52	55274	49485	5748572	8579761
河　南	31	30163	25581	1930793	4209896
湖　北	26	10811	9409	749870	864158
湖　南	48	29746	26816	1842406	4984182
广　东	53	33611	31191	4941187	12491459
广　西	20	10520	9907	765039	1331737
海　南	1	97	97	12000	16000
重　庆	14	10069	9667	892909	6454525
四　川	10	7182	7041	441184	1809081
贵　州	11	5917	5471	176766	1073271
云　南	4	1700	1651	161094	385126
西　藏					
陕　西	7	4470	4316	216702	193985
甘　肃	9	5221	4806	256323	420378
青　海					
宁　夏	2	2609	1081	483000	277890
新　疆	10	11667	7569	4161860	5295009

2-6 商品交易市场成交情况(按摊位分)

地 区	粮油、食品、饮料、烟酒类		粮油、食品类		#粮油类	
	摊位数(个)	成交额(万元)	摊位数(个)	成交额(万元)	摊位数(个)	成交额(万元)
全 国	**1110849**	**249173235**	**1014343**	**230089999**	**86757**	**29085845**
北 京	40759	19303643	37688	17564051	3157	2365311
天 津	15148	6166510	14072	5725744	1711	1063246
河 北	125387	11534244	117428	10671309	6888	1168447
山 西	7680	2334093	7251	2002468	806	222610
内蒙古	9497	1899448	8971	1717586	516	259820
辽 宁	34451	7632990	32302	7221161	2783	694356
吉 林	8943	1048283	7704	1021281	852	38827
黑龙江	15600	6178078	14288	5565341	1338	677834
上 海	23127	7684735	21498	7467474	1430	772275
江 苏	95029	27232323	86925	24359270	9052	4062599
浙 江	142537	32716716	133442	30279659	8975	3986999
安 徽	30541	6729599	26860	6062680	2416	794043
福 建	27132	6417036	24299	5784674	1768	359937
江 西	21953	7602033	19588	7062790	1844	935623
山 东	176842	28630011	161469	26572108	12836	3540910
河 南	37054	11114352	32947	10645066	3804	1119321
湖 北	28078	6114683	24791	5672994	2640	587574
湖 南	60037	10681753	51180	9153449	5824	879536
广 东	56158	18445243	53322	17708859	5607	1726895
广 西	22918	3187315	21473	3000366	2749	433035
海 南	2757	123285	2466	117131	132	2936
重 庆	25760	7046755	22370	6494261	2680	556552
四 川	39867	6356902	36429	6110925	2874	986296
贵 州	8124	2060729	6992	1737503	741	789982
云 南	10147	2058924	8311	1904562	589	375725
西 藏						
陕 西	9643	1587759	7532	1497935	631	300315
甘 肃	12166	1862648	11221	1699314	708	224874
青 海	254	12953	227	12177	8	338
宁 夏	7850	1204325	7290	1163508	295	30351
新 疆	15410	4205867	14007	4094353	1103	129278

2-6　续表 1

地　区	#肉禽蛋类		#水产品类		#蔬菜类	
	摊位数（个）	成交额（万元）	摊位数（个）	成交额（万元）	摊位数（个）	成交额（万元）
全　国	**139096**	**31909763**	**159869**	**47084222**	**421243**	**63374512**
北　京	5147	2176032	4209	2448217	11460	5135884
天　津	1006	464437	1626	1832508	7264	1285769
河　北	7146	1209850	4731	422102	76517	4911598
山　西	305	70617	128	43456	3855	1133815
内蒙古	848	311417	648	63779	4574	664199
辽　宁	5647	919818	5302	2501770	12131	1770936
吉　林	1341	44497	1118	429035	2349	346796
黑龙江	2579	756971	1896	984543	5125	1949137
上　海	3715	1810057	4132	2280847	6710	1408143
江　苏	15957	4084483	16759	5987921	32569	5160427
浙　江	18918	4210555	45535	8431314	39801	6309417
安　徽	5404	1023668	2846	1090490	10420	1395277
福　建	4630	645002	6547	2883556	6702	1009309
江　西	4328	1359158	1591	545473	7504	1600298
山　东	11864	1314795	30961	6481099	75631	9625452
河　南	2266	448784	4570	777601	13942	4535463
湖　北	3659	435956	3544	1812408	8875	1321967
湖　南	9342	1389610	4960	1645154	16044	1988548
广　东	12833	4141842	8781	2996735	17184	3735893
广　西	5720	929413	2178	208416	7365	774705
海　南	680	47446	612	45887	604	11313
重　庆	3813	1683660	1903	1581662	7777	1235827
四　川	5015	1082127	2079	734688	19898	2341413
贵　州	802	145595	156	13928	3197	305012
云　南	1654	215507	518	72858	3941	607078
西　藏						
陕　西	1440	136385	580	63030	3488	916460
甘　肃	732	262014	643	275463	7208	594775
青　海	19	755	15	704	156	9080
宁　夏	808	189839	432	156692	3610	311426
新　疆	1478	399473	869	272886	5342	979095

2-6 续表 2

地区	#干鲜果品类		饮料类		烟酒类	
	摊位数（个）	成交额（万元）	摊位数（个）	成交额（万元）	摊位数（个）	成交额（万元）
全国	**169002**	**50221257**	**50231**	**9589796**	**46275**	**9493440**
北京	9912	4772957	1372	627942	1699	1111650
天津	1812	909353	603	180203	473	260563
河北	21007	2829618	3607	328216	4352	534719
山西	1822	458210	73	19429	356	312196
内蒙古	1928	358859	249	98845	277	83017
辽宁	4103	782149	1134	202452	1015	209377
吉林	859	131513	626	14472	613	12530
黑龙江	2899	1187678	673	274353	639	338384
上海	4396	1061507	752	84159	877	133102
江苏	10918	3998641	4341	1655451	3763	1217602
浙江	16538	6306322	6100	1641105	2995	795952
安徽	5305	1603148	2102	377123	1579	289796
福建	2915	608840	2350	463177	483	169185
江西	4048	2073218	1052	215816	1313	323427
山东	26221	4786237	5501	968079	9872	1089824
河南	7302	3583969	1950	315955	2157	153331
湖北	4741	1324286	2422	297029	865	144660
湖南	9338	2072318	3721	425764	5136	1102540
广东	7904	4773712	1925	372575	911	363809
广西	3147	645091	761	131587	684	55362
海南	340	6609	144	3430	147	2724
重庆	3651	1100038	1605	268366	1785	284128
四川	5613	860111	1689	95530	1749	150447
贵州	1934	471755	683	173891	449	149335
云南	1071	450808	1394	116095	442	38267
西藏						
陕西	1313	77447	2022	87301	89	2523
甘肃	1235	289630	421	57314	524	106020
青海	29	1300	15	388	12	388
宁夏	2134	425400	314	32899	246	7918
新疆	4567	2270533	630	60850	773	50664

2-6 续表 3

地区	服装、鞋帽、针纺织品类		服装类		鞋帽类	
	摊位数（个）	成交额（万元）	摊位数（个）	成交额（万元）	摊位数（个）	成交额（万元）
全国	**984199**	**153194117**	**604156**	**68706312**	**146618**	**15192200**
北京	28139	799376	20387	552381	3639	104792
天津	9507	633073	6378	419521	2030	144905
河北	50807	8614519	35318	5739154	7250	696982
山西	17434	852890	13674	591166	2427	180928
内蒙古	12185	418349	7534	281297	2477	83929
辽宁	77605	11970502	44269	7824461	12414	1173277
吉林	16064	612322	12761	521530	1793	48841
黑龙江	29460	1546895	16033	1109761	5098	135647
上海	10949	938577	8216	793050	921	25853
江苏	90393	39904600	42895	11483801	14922	2367212
浙江	139300	36256556	64543	10524079	13845	1720956
安徽	24207	2158987	13057	1218976	4684	475324
福建	14850	2683837	11274	2076399	2451	155910
江西	15723	2469425	9511	1426965	3069	448577
山东	85562	10220521	52623	5009002	15116	1963031
河南	38462	2345251	24311	1549169	6395	400402
湖北	21976	1672266	17868	1277677	2456	232971
湖南	54851	3087231	38653	2035411	9048	589172
广东	77747	10861557	48651	4770033	9661	1276694
广西	26409	907835	18699	674834	3244	94591
海南	754	39227	622	35435	104	3476
重庆	20732	4907158	12697	2361478	4216	1362875
四川	40266	3250816	28114	2076099	7582	661605
贵州	9139	982797	7261	810432	1495	105897
云南	29321	2601282	19821	1867350	3643	266553
西藏						
陕西	9819	493844	6801	229199	1556	191309
甘肃	8523	570755	6521	503552	958	27132
青海	2684	81787	1480	43920	502	19246
宁夏	6237	225141	3639	123578	1073	37798
新疆	15094	1086741	10545	776602	2549	196315

2-6 续表 4

地区	针织纺品类 摊位数（个）	针织纺品类 成交额（万元）	化妆品类 摊位数（个）	化妆品类 成交额（万元）	金银珠宝类 摊位数（个）	金银珠宝类 成交额（万元）
全国	**233425**	**69295605**	**31853**	**3223491**	**20461**	**5617969**
北京	4113	142203	1226	69950	1041	287294
天津	1099	68647	369	29764	7	816
河北	8239	2178383	1666	317021	896	134148
山西	1333	80796	202	11132	15	7901
内蒙古	2174	53123	397	8054	29	40345
辽宁	20922	2972764	1812	383439	2256	99793
吉林	1510	41951	328	6425	26	1494
黑龙江	8329	301487	841	35661	54	10260
上海	1812	119674	48	5132	46	5727
江苏	32576	26053587	2011	293155	1666	769224
浙江	60912	24011521	2396	415477	1771	1995165
安徽	6466	464687	813	100688	1651	319878
福建	1125	451528	258	30603	1887	950708
江西	3143	593883	827	92086	60	9421
山东	17823	3248488	3520	413858	1802	339886
河南	7756	395680	4228	150965	167	96979
湖北	1652	161618	546	103721	37	35233
湖南	7150	462648	1608	157764	87	16877
广东	19435	4814830	3088	191713	4844	269202
广西	4466	138410	802	24965	63	829
海南	28	316	50	1223		
重庆	3819	1182805	816	159610	20	10695
四川	4570	513112	1451	32012	461	14509
贵州	383	66468	97	19854	1	80
云南	5857	467379	779	35834	452	36295
西藏						
陕西	1462	73336	151	4711	50	1100
甘肃	1044	40071	429	65582	35	4873
青海	702	18621	76	4252	3	72
宁夏	1525	63765	308	20202	43	2060
新疆	2000	113824	710	38638	991	157105

2-6　续表 5

地　区	日用品类		#洗涤用品类		#儿童玩具类	
	摊位数（个）	成交额（万元）	摊位数（个）	成交额（万元）	摊位数（个）	成交额（万元）
全　国	**184642**	**28787907**	**43036**	**5044088**	**33017**	**4152723**
北　京	9814	800806	861	109366	1351	69075
天　津	2307	232247	518	26003	71	6674
河　北	17118	3241315	5889	1517381	9294	1514733
山　西	1527	493034	337	14593	85	2190
内蒙古	852	38476	138	4715	285	7136
辽　宁	11282	2247886	1974	234675	1114	79716
吉　林	1313	74122	186	6729	85	1055
黑龙江	3101	102992	1420	61811	470	19794
上　海	1517	1956746	254	40424	55	8347
江　苏	22431	3885020	4676	502377	3122	622211
浙　江	24704	5190424	3538	293178	3189	485606
安　徽	4744	386799	1225	128555	554	48454
福　建	1791	335786	267	11951	76	6444
江　西	2951	459735	1146	196854	614	127783
山　东	21706	2785773	5533	287451	4009	313377
河　南	4505	352849	1724	89532	1440	76938
湖　北	2915	358338	1421	233019	396	44673
湖　南	7291	684206	3408	284091	1004	154498
广　东	16610	2711972	1594	116886	1235	172483
广　西	2195	119042	712	65495	484	28681
海　南	52	1436	9	296	8	120
重　庆	5457	937399	1623	361389	644	165087
四　川	4084	421081	1578	56147	1518	86164
贵　州	1612	195067	295	150851	53	4530
云　南	6444	309830	266	5419	745	37781
西　藏						
陕　西	1070	28908	567	18943	477	9657
甘　肃	1426	196934	502	72186	204	44965
青　海	150	3203	26	323	124	1080
宁　夏	688	34694	126	7241	39	756
新　疆	2985	201787	1223	146207	272	12715

2-6 续表 6

地区	五金、电料类		体育、娱乐用品类		书报杂志类	
	摊位数（个）	成交额（万元）	摊位数（个）	成交额（万元）	摊位数（个）	成交额（万元）
全　国	**113639**	**22157706**	**12946**	**1743871**	**5210**	**751016**
北　京	2011	172684	1027	150263	216	23469
天　津	2686	946807	93	15178	14	178
河　北	6217	1547223	1629	447675	270	51093
山　西	719	238956	83	3677	5	45
内蒙古	539	124826	65	3682	30	150
辽　宁	3965	363228	464	13575	146	15305
吉　林	3195	77366	38	1360	11	229
黑龙江	599	66311	92	5395	41	948
上　海	4282	252551	251	40307	3	356
江　苏	15594	3636983	816	53020	428	62467
浙　江	18770	4828213	1397	302293	263	53675
安　徽	3714	544590	281	16035	371	180138
福　建	781	149671	78	3160	24	882
江　西	1448	400804	103	6789	113	6543
山　东	13256	2520805	1749	220243	861	56836
河　南	3409	699147	810	60272	777	143996
湖　北	3371	455025	141	21864	236	16673
湖　南	6775	1537056	940	95983	538	75107
广　东	6218	1430327	983	131457	126	31980
广　西	1754	161983	292	9922	18	169
海　南	6	178	4	100		
重　庆	4411	1042840	327	62467	46	970
四　川	2831	534723	282	17499	135	7452
贵　州	151	29966	39	3476	11	547
云　南	626	23051	228	14829	9	82
西　藏						
陕　西	839	34359	109	2937	6	56
甘　肃	1202	42536	299	28493	288	886
青　海	277	6724	32	508	1	32
宁　夏	191	7908	12	1303	30	8801
新　疆	3802	280865	282	10109	193	11951

2-6　续表 7

地　区	电子出版物及音像制品类		家用电器和音像器材类		中西药品类	
	摊位数（个）	成交额（万元）	摊位数（个）	成交额（万元）	摊位数（个）	成交额（万元）
全　国	**9193**	**2060196**	**38724**	**7570468**	**27934**	**12192630**
北　京	86	18809	1622	169307	44	6027
天　津	18	2066	154	16019	14	117
河　北	2106	1274273	950	105791	7163	1412326
山　西	16	534	108	7788		
内蒙古	57	1096	249	26456	212	41534
辽　宁	587	125418	1888	411944	497	936309
吉　林	514	72567	313	27585	1453	637820
黑龙江	93	6898	599	156969	25	9016
上　海	31	3832	336	56610	306	61636
江　苏	711	73927	3207	848879	119	228152
浙　江	93	28625	3725	726312	909	226406
安　徽	231	7105	2645	869782	4842	2671446
福　建	47	4221	548	103414	108	38756
江　西	233	22930	1662	302673	485	202321
山　东	915	44167	3669	962920	1050	59961
河　南	759	38972	2835	484425	2951	276876
湖　北	107	12237	1031	107643	39	31631
湖　南	1384	200148	2983	773793	2265	843991
广　东	160	75007	2767	285916	851	139216
广　西	145	3419	508	22858	1145	740096
海　南			6	290	2	66
重　庆	78	9544	627	342435	105	18653
四　川	99	4267	1378	204822	1991	3300427
贵　州	24	909	913	92741	6	578
云　南	88	1987	1621	63281	431	174268
西　藏						
陕　西	105	9361	332	34760	430	57800
甘　肃	207	7191	649	193274	169	18283
青　海	3	65	56	797	52	40101
宁　夏	97	3205	26	10274	10	66
新　疆	199	7416	1317	160710	260	18751

2-6 续表 8

地区	#西药类		#中草药及中成药类		文化办公用品类	
	摊位数(个)	成交额(万元)	摊位数(个)	成交额(万元)	摊位数(个)	成交额(万元)
全国	**1226**	**317033**	**26230**	**11706733**	**67202**	**11624767**
北京	24	3896	7	720	5111	979899
天津	9	78	2	6	511	43603
河北	111	10680	7052	1401634	3123	598051
山西					672	36372
内蒙古	21	565	188	40684	426	23835
辽宁	50	14481	445	921776	3188	856291
吉林	18	842	1431	632642	898	172860
黑龙江	12	4761	9	3734	3059	492424
上海	6	1287	299	60341	762	209531
江苏	74	130242	38	3508	3880	940066
浙江	6	284	850	211596	11244	1654422
安徽	31	33555	4794	2632565	468	57459
福建	18	1025	75	34529	1037	153834
江西	35	5136	381	183529	1152	288010
山东	121	5473	915	52252	4751	746411
河南	169	5201	2770	271243	4177	359929
湖北	26	16316	3	447	2221	581894
湖南	101	29375	2069	808335	2995	690339
广东	40	6716	796	130949	5724	566844
广西	20	6485	1058	732445	889	95252
海南	2	66			300	28600
重庆	50	9722	41	6812	2767	566391
四川	1	10	1986	3300207	2259	813095
贵州	1	560	5	18	560	88226
云南	39	2984	392	171284	607	34675
西藏						
陕西			430	57800	1208	123988
甘肃	163	17730	6	553	790	169502
青海	1	80	51	40021	268	2312
宁夏	8	63	2	3	394	34828
新疆	69	9420	135	7100	1761	215824

2-6 续表 9

地区	家具类		通讯器材类		煤炭及制品类	
	摊位数（个）	成交额（万元）	摊位数（个）	成交额（万元）	摊位数（个）	成交额（万元）
全国	**95553**	**19088397**	**26133**	**3138455**	**2739**	**6429554**
北京	4390	743519	1745	326307	1	2
天津	817	49366	90	34823	1131	2416726
河北	7883	3401505	1180	166024	238	498063
山西	841	51473	6	327	7	79613
内蒙古	1410	216710	22	599	31	640515
辽宁	6582	675304	654	40324	3	200
吉林	2245	190023	739	62484		
黑龙江	1102	176929	115	15936	119	6485
上海	2537	227997	1047	33811		
江苏	13813	2647468	1563	183342	151	705231
浙江	13310	2677526	2104	254792	81	1930855
安徽	2618	1218797	54	8363	7	350
福建	890	320094	172	17857		
江西	2674	362321	145	45539		
山东	8049	1753822	1193	204123	85	16807
河南	2360	534208	627	348907	98	1728
湖北	1696	275188	1133	288282	3	90550
湖南	3071	537652	862	120186	43	2572
广东	796	82710	9578	629870		
广西	970	173753	67	3336		
海南						
重庆	3671	1714109	816	236752	3	390
四川	6487	326235	71	1196		
贵州	730	35921	15	1003		
云南	835	130873	1056	15756	5	155
西藏						
陕西	74	3903	265	37490		
甘肃	1267	96246	60	12091	6	663
青海	159	10613	4	75		
宁夏	793	55603	142	5087	547	19539
新疆	3483	398529	608	43773	180	19110

2-6 续表 10

地　区	木材及制品类		石油及制品类		化工材料及制品类	
	摊位数(个)	成交额(万元)	摊位数(个)	成交额(万元)	摊位数(个)	成交额(万元)
全　国	**33038**	**10019208**	**3874**	**16498751**	**39880**	**32663024**
北　京	513	44541			145	22884
天　津	93	11645			326	319546
河　北	931	269025	27	7931	13120	2144623
山　西	150	13000			4	1000
内蒙古	409	285405			44	28845
辽　宁	1518	159443	180	6500000	453	92824
吉　林	434	19602			1180	53666
黑龙江	145	35961			52	19795
上　海	1500	432499	418	8333813	807	1351886
江　苏	6736	1366820	23	18288	5216	13196246
浙　江	5046	1300823	47	1127166	4518	8408791
安　徽	1688	534283	2	150	743	228955
福　建	393	57177	3	89	337	75318
江　西	441	40853			297	40577
山　东	5792	3412459	82	111095	3224	1386883
河　南	348	207440	989	101105	522	37067
湖　北	861	180640	71	15323	238	63793
湖　南	1464	155666	19	7745	1249	188070
广　东	1738	1077353	10	3470	5110	4012451
广　西	388	85602			163	68494
海　南						
重　庆	615	180856	12	100	266	67296
四　川	819	40674	1979	270000	453	256427
贵　州						
云　南	152	10750	1	685	128	165499
西　藏						
陕　西					21	181670
甘　肃	70	76945			46	423
青　海						
宁　夏	53	3888	10	1765	28	1865
新　疆	741	15858	1	26	1190	248130

2-6 续表 11

地区	#化肥类		金属材料类		建筑及装潢材料类	
	摊位数（个）	成交额（万元）	摊位数（个）	成交额（万元）	摊位数（个）	成交额（万元）
全国	**3747**	**1079480**	**102371**	**234802035**	**247377**	**47356525**
北京			333	50648	5068	766809
天津	7	2725	2577	11745232	2843	286229
河北	354	132432	14930	3623347	7486	1307563
山西			210	546171	2275	696131
内蒙古	42	28000	701	1219662	1192	448163
辽宁	8	770	6475	4937555	7812	1528168
吉林	1139	43666	1101	145990	3179	316405
黑龙江	49	19220	1024	1662300	4988	375512
上海			3855	67426150	14227	1866886
江苏	234	154433	17660	47381672	43439	8404867
浙江	2	1250	14480	22434663	26983	5265248
安徽	68	15180	2267	8324654	12908	2377343
福建			374	2621737	3246	1923372
江西	41	9001	1377	882663	9063	1418103
山东	426	164502	7834	20884750	23954	6905722
河南	196	22848	2637	5445549	5737	1641302
湖北	34	18536	3382	2830928	10094	2126048
湖南	84	37831	2947	4444923	16717	2562453
广东	1	12	2684	5622339	4934	870246
广西	70	54192	1177	4525125	5605	1085398
海南						
重庆	109	13820	4079	7974175	9394	2344871
四川	52	610	3251	2563256	11940	1365342
贵州			1343	656868	1726	303575
云南	52	136811	345	163437	2579	409306
西藏						
陕西			45	297969	1726	87564
甘肃	30	198	1762	1257652	1607	219756
青海			22	10248	384	19879
宁夏	23	1511	1768	982124	1654	49455
新疆	726	221932	1731	4140248	4617	384809

2-6 续表 12

地　区	机电产品及设备类		#农机类		汽车类	
	摊位数（个）	成交额（万元）	摊位数（个）	成交额（万元）	摊位数（个）	成交额（万元）
全　国	**51568**	**13837316**	**5793**	**1905345**	**80286**	**64383985**
北　京	299	150978			4492	8265392
天　津	701	324675			1904	3239531
河　北	3618	934057	1469	720046	4685	1658614
山　西	153	78502			452	366522
内蒙古	148	123196	97	114171		
辽　宁	1040	150235	23	41050	4575	3498400
吉　林	355	23902	129	18004	3213	2748273
黑龙江	39	940			1262	31578
上　海	526	89684	20	3624	2304	2883626
江　苏	7242	2139252	965	217810	4902	5951396
浙　江	6582	2440749	11	4700	12614	10776701
安　徽	1791	459866	515	106097	1972	859835
福　建	122	11772	1	220	585	501765
江　西	1480	388810	686	154626	2341	1616053
山　东	5356	1485201	726	294704	5046	3326354
河　南	1160	107483	339	64117	3932	1603857
湖　北	863	114430	70	50000	3213	3047467
湖　南	3905	980001	73	6194	7737	3055404
广　东	1174	352973			5314	5136055
广　西	774	125367	1	5	731	216660
海　南						
重　庆	3882	1185729	57	815	2707	2840369
四　川	5356	950159	54	301	648	529945
贵　州	225	6956			636	204951
云　南	513	23762	159	6950	1150	548311
西　藏						
陕　西	780	158000			1879	698516
甘　肃	168	33620				
青　海					1	12
宁　夏	447	90709	174	46598	851	28225
新　疆	2869	906308	224	55313	1140	750173

2-6 续表 13

地区	种子饲料类		棉麻类		其他类	
	摊位数（个）	成交额（万元）	摊位数（个）	成交额（万元）	摊位数（个）	成交额（万元）
全国	**8428**	**1438250**	**5333**	**5222294**	**184738**	**30676087**
北京	7	215	114	1377	5711	373048
天津	34	18944	650	861123	1409	93812
河北	2790	100728	930	42596	28539	5313555
山西					1623	76783
内蒙古	158	47100	12	385	6478	1296494
辽宁	21	1309	3	65	10710	1789539
吉林	263	9653	203	2140	4456	294981
黑龙江	102	26322	16	316	815	97140
上海	9	447	14	919	4294	856114
江苏	360	73543	860	1461999	13667	4500277
浙江	175	62561	179	759700	30420	6569454
安徽	227	21807	48	27541	13061	928872
福建	204	290870			2592	443618
江西	142	18868	82	2951	4103	155009
山东	943	186328	1791	1940666	11610	1774465
河南	830	64056	134	59557	6999	986353
湖北	102	8395			1113	49015
湖南	374	111690	82	9444	5534	671488
广东	37	1013			8313	1252614
广西	515	130533			2595	317936
海南					69	2139
重庆	431	204099	93	3348	4375	1215052
四川	93	1813			3761	242326
贵州	5	16	49	401	215	6643
云南	125	13352			4349	663053
西藏						
陕西	7	122			354	18649
甘肃	11	1677	5	75	1371	59303
青海					636	50940
宁夏	37	8769	7	319	249	36345
新疆	426	34020	61	47372	5317	541070

(二)东中西部及东北地区

2-7 商品交易市场总体情况

地区	市场数量(个)	总摊位数(个)	年末出租摊位数(个)	营业面积(平方米)	成交额(万元)
全国	**5089**	**3879613**	**3488170**	**288683344**	**983651254**
东部地区	**3037**	**2241308**	**2016832**	**173612777**	**680745405**
北京	140	129132	113914	7249819	33527247
天津	75	48609	43403	5212689	27488030
河北	253	336525	303689	28724442	48745310
上海	164	77710	73196	7287730	94719572
江苏	547	393826	351917	32946936	165958217
浙江	767	510608	463648	29804686	148403313
福建	162	64225	57459	3764244	17135577
山东	558	414120	390642	38902961	90390067
广东	364	262547	214964	19620970	54181528
海南	7	4006	4000	98300	196544
东北地区	**372**	**315366**	**291974**	**15877121**	**62090659**
辽宁	217	193134	178167	9284492	44430046
吉林	62	54748	50464	3022813	6599552
黑龙江	93	67484	63343	3569816	11061061
中部地区	**939**	**660224**	**610663**	**45436216**	**129319217**
山西	40	35398	34182	2652647	5895944
安徽	138	125209	111894	10932741	29033322
江西	95	74606	68855	3660873	16834517
河南	170	137987	126507	11666268	27262625
湖北	169	89980	83467	5936397	18601267
湖南	327	197044	185758	10587290	31691542
西部地区	**741**	**662715**	**568701**	**53757230**	**111495973**
内蒙古	70	39143	35143	7207147	6933325
广西	91	76942	70123	4487532	12005889
重庆	144	97100	91490	7429990	33072063
四川	118	176831	129962	9344475	21504978
贵州	47	26847	25621	1969237	4691304
云南	50	69408	61991	3792883	7499277
西藏					
陕西	47	31490	28913	1713866	3863466
甘肃	44	37797	32556	1894297	4919408
青海	8	5298	5062	283968	244573
宁夏	33	26566	22472	3849797	2836500
新疆	89	75293	65368	11784038	13925190

2-8 商品交易市场情况(按市场类别分)

(综合市场)

地 区	市场数量(个)	总摊位数(个)	年末出租摊位数(个)	营业面积(平方米)	成交额(万元)
全 国	**1381**	**1329857**	**1218441**	**69157362**	**202778596**
东部地区	**786**	**726366**	**656745**	**39448757**	**123333092**
北 京	38	54533	51336	3123952	16701341
天 津	25	25002	22601	1677194	5134496
河 北	64	120844	115209	7931313	17425036
上 海	48	23587	22681	1314345	4635479
江 苏	138	114812	105246	6925411	23728929
浙 江	237	180137	165676	8839253	32337777
福 建	61	30037	25520	1050888	3099020
山 东	90	89650	83597	5471597	9889677
广 东	82	85419	62534	3101804	10267948
海 南	3	2345	2345	13000	113389
东北地区	**104**	**98616**	**92525**	**3495202**	**11105416**
辽 宁	63	61256	55977	2040008	7163522
吉 林	14	15212	15212	490072	570513
黑龙江	27	22148	21336	965122	3371381
中部地区	**294**	**280420**	**260983**	**14770556**	**44724303**
山 西	11	15000	14328	1423048	4134459
安 徽	46	64076	58139	4645234	9831959
江 西	35	37708	34346	1021822	7901630
河 南	30	41470	38072	2347307	5919871
湖 北	46	31697	29283	1715712	3677433
湖 南	126	90469	86815	3617433	13258951
西部地区	**197**	**224455**	**208188**	**11442847**	**23615785**
内蒙古	10	10580	8865	809187	1493270
广 西	25	28134	26335	745688	1868696
重 庆	43	51082	47768	2451099	9857661
四 川	38	55184	54586	1532671	4152441
贵 州	10	6034	5585	168931	333506
云 南	11	10380	9803	211442	939124
西 藏					
陕 西	6	5910	5546	225500	135240
甘 肃	14	16558	13073	530247	853696
青 海					
宁 夏	6	3928	3704	168970	307104
新 疆	34	36665	32923	4599112	3675047

2-8 续表 1

(生产资料综合市场)

地区	市场数量(个)	总摊位数(个)	年末出租摊位数(个)	营业面积(平方米)	成交额(万元)
全国	**46**	**60604**	**58074**	**7266117**	**15936243**
东部地区	**27**	**29625**	**28626**	**3583176**	**10497499**
北京					
天津					
河北	3	1891	1891	475540	787994
上海	2	6959	6959	608000	1016707
江苏	5	11051	10503	1407130	2039068
浙江	12	8381	7955	871506	6418156
福建					
山东	5	1343	1318	221000	235574
广东					
海南					
东北地区	**4**	**6330**	**5604**	**291990**	**398842**
辽宁	3	3185	2459	191990	320208
吉林	1	3145	3145	100000	78634
黑龙江					
中部地区	**7**	**16754**	**16132**	**2518575**	**3853414**
山西	1	72	72	15000	16000
安徽	2	10311	10165	1727145	2677838
江西					
河南					
湖北	3	6227	5751	770230	1140293
湖南	1	144	144	6200	19283
西部地区	**8**	**7895**	**7712**	**872376**	**1186488**
内蒙古	1	25	25	20000	32773
广西					
重庆	2	2115	2056	280000	592010
四川	1	1800	1800	97700	237795
贵州					
云南	1	173	167	10920	12848
西藏					
陕西					
甘肃					
青海					
宁夏					
新疆	3	3782	3664	463756	311062

2-8 续表 2

(工业消费品综合市场)

地　区	市场数量（个）	总摊位数（个）	年末出租摊位数（个）	营业面积（平方米）	成交额（万元）
全　国	**315**	**527081**	**483884**	**25862004**	**71102430**
东部地区	**152**	**296836**	**265325**	**16087228**	**43377319**
北　京	12	13477	13083	215339	916726
天　津	5	9519	8938	200371	675756
河　北	17	56263	54932	3677960	11384152
上　海	2	1846	1846	42478	66477
江　苏	19	30851	30040	2020743	7069488
浙　江	31	84861	81587	5507318	12331134
福　建	6	6493	4504	349849	871089
山　东	35	45718	42322	2696338	6660960
广　东	25	47808	28073	1376832	3401537
海　南					
东北地区	**41**	**45452**	**42787**	**1109833**	**2607182**
辽　宁	25	29425	27417	592429	1775494
吉　林	6	7482	7482	261889	352688
黑龙江	10	8545	7888	255515	479000
中部地区	**73**	**108787**	**102321**	**4576673**	**17001523**
山　西	2	1933	1628	79500	34261
安　徽	10	27792	25868	1694846	2571124
江　西	8	15248	13972	306480	3402347
河　南	15	24660	22321	812272	3404598
湖　北	9	7356	7159	450495	984143
湖　南	29	31798	31373	1233080	6605050
西部地区	**49**	**76006**	**73451**	**4088270**	**8116406**
内蒙古	2	3402	3369	171000	74031
广　西	2	6646	6354	213000	164059
重　庆	9	24581	23769	1262202	5005343
四　川	9	16671	16532	786732	1174635
贵　州					
云　南					
西　藏					
陕　西	2	2780	2571	123000	61739
甘　肃	11	9608	9218	466707	743954
青　海					
宁　夏	2	815	815	76800	136042
新　疆	12	11503	10823	988829	756603

2-8 续表 3

(农产品综合市场)

地 区	市场数量(个)	总摊位数(个)	年末出租摊位数(个)	营业面积(平方米)	成交额(万元)
全 国	**689**	**464378**	**422586**	**21408721**	**80771284**
东部地区	**464**	**292592**	**263362**	**12654080**	**53225132**
北 京	21	32193	30069	2598349	13531765
天 津	7	5875	4949	578739	2467366
河 北	27	46177	43144	2642877	3434019
上 海	36	11651	10876	527324	3340126
江 苏	89	49784	43945	1816065	11139938
浙 江	173	75296	65355	1573429	9318302
福 建	43	18048	15578	318088	1247495
山 东	24	21524	19921	1136023	2209974
广 东	43	31361	28842	1461986	6520611
海 南	1	683	683	1200	15536
东北地区	**29**	**17738**	**17223**	**1037282**	**3713278**
辽 宁	16	7955	7595	388140	918385
吉 林	2	762	762	11795	27453
黑 龙 江	11	9021	8866	637347	2767440
中部地区	**107**	**70764**	**64517**	**3825826**	**13971236**
山 西	4	3590	3344	370925	454231
安 徽	20	15143	12525	426078	3174264
江 西	13	8723	8409	284452	2711259
河 南	7	7278	6970	1198583	2337543
湖 北	19	9469	8143	158740	693466
湖 南	44	26561	25126	1387048	4600473
西部地区	**89**	**83284**	**77484**	**3891533**	**9861638**
内 蒙 古	4	2622	1442	314052	901807
广 西	16	12311	11404	369513	1341525
重 庆	21	15929	13973	471006	3443267
四 川	21	31830	31371	372686	2453504
贵 州	6	3202	2990	48064	236541
云 南	5	4787	4547	56750	199856
西 藏					
陕 西	2	2183	2038	53300	27146
甘 肃	2	2400	2391	63000	64820
青 海					
宁 夏	2	1611	1517	31020	37311
新 疆	10	6409	5811	2112142	1155861

2-8 续表 4

(其他综合市场)

地 区	市场数量(个)	总摊位数(个)	年末出租摊位数(个)	营业面积(平方米)	成交额(万元)
全 国	**331**	**277794**	**253897**	**14620520**	**34968639**
东部地区	**143**	**107313**	**99432**	**7124273**	**16233142**
北 京	5	8863	8184	310264	2252850
天 津	13	9608	8714	898084	1991374
河 北	17	16513	15242	1134936	1818871
上 海	8	3131	3000	136543	212169
江 苏	25	23126	20758	1681473	3480435
浙 江	21	11599	10779	887000	4270185
福 建	12	5496	5438	382951	980436
山 东	26	21065	20036	1418236	783169
广 东	14	6250	5619	262986	345800
海 南	2	1662	1662	11800	97853
东北地区	**30**	**29096**	**26911**	**1056097**	**4386114**
辽 宁	19	20691	18506	867449	4149435
吉 林	5	3823	3823	116388	111738
黑 龙 江	6	4582	4582	72260	124941
中部地区	**107**	**84115**	**78013**	**3849482**	**9898130**
山 西	4	9405	9284	957623	3629967
安 徽	14	10830	9581	797165	1408733
江 西	14	13737	11965	430890	1788024
河 南	8	9532	8781	336452	177730
湖 北	15	8645	8230	336247	859531
湖 南	52	31966	30172	991105	2034145
西部地区	**51**	**57270**	**49541**	**2590668**	**4451253**
内 蒙 古	3	4531	4029	304135	484659
广 西	7	9177	8577	163175	363112
重 庆	11	8457	7970	437891	817041
四 川	7	4883	4883	275553	286507
贵 州	4	2832	2595	120867	96965
云 南	5	5420	5089	143772	726420
西 藏					
陕 西	2	947	937	49200	46355
甘 肃	1	4550	1464	540	44922
青 海					
宁 夏	2	1502	1372	61150	133751
新 疆	9	14971	12625	1034385	1451521

2-8 续表 5

(专业市场)

地　区	市场数量（个）	总摊位数（个）	年末出租摊位数（个）	营业面积（平方米）	成交额（万元）
全　国	**3708**	**2549756**	**2269729**	**219525982**	**780872658**
东部地区	**2251**	**1514942**	**1360087**	**134164020**	**557412313**
北　京	102	74599	62578	4125867	16825906
天　津	50	23607	20802	3535495	22353534
河　北	189	215681	188480	20793129	31320274
上　海	116	54123	50515	5973385	90084093
江　苏	409	279014	246671	26021525	142229288
浙　江	530	330471	297972	20965433	116065536
福　建	101	34188	31939	2713356	14036557
山　东	468	324470	307045	33431364	80500390
广　东	282	177128	152430	16519166	43913580
海　南	4	1661	1655	85300	83155
东北地区	**268**	**216750**	**199449**	**12381919**	**50985243**
辽　宁	154	131878	122190	7244484	37266524
吉　林	48	39536	35252	2532741	6029039
黑龙江	66	45336	42007	2604694	7689680
中部地区	**645**	**379804**	**349680**	**30665660**	**84594914**
山　西	29	20398	19854	1229599	1761485
安　徽	92	61133	53755	6287507	19201363
江　西	60	36898	34509	2639051	8932887
河　南	140	96517	88435	9318961	21342754
湖　北	123	58283	54184	4220685	14923834
湖　南	201	106575	98943	6969857	18432591
西部地区	**544**	**438260**	**360513**	**42314383**	**87880188**
内蒙古	60	28563	26278	6397960	5440055
广　西	66	48808	43788	3741844	10137193
重　庆	101	46018	43722	4978891	23214402
四　川	80	121647	75376	7811804	17352537
贵　州	37	20813	20036	1800306	4357798
云　南	39	59028	52188	3581441	6560153
西　藏					
陕　西	41	25580	23367	1488366	3728226
甘　肃	30	21239	19483	1364050	4065712
青　海	8	5298	5062	283968	244573
宁　夏	27	22638	18768	3680827	2529396
新　疆	55	38628	32445	7184926	10250143

2-8 续表 6

(生产资料市场)

地 区	市场数量 (个)	总摊位数 (个)	年末出租摊位数 (个)	营业面积 (平方米)	成交额 (万元)
全 国	**699**	**341763**	**281283**	**67954238**	**322594349**
东部地区	**418**	**192982**	**167669**	**38402851**	**247246678**
北 京	10	3933	3536	329825	633970
天 津	19	6583	5547	1159175	14567021
河 北	35	23521	23051	7058433	5838806
上 海	30	8445	7557	3497917	77828683
江 苏	96	61682	47090	7029011	64880219
浙 江	102	39630	35941	4813708	37547255
福 建	13	3117	2971	640674	4383954
山 东	86	33232	30700	10907693	30432854
广 东	27	12839	11276	2966415	11133916
海 南					
东北地区	**46**	**20797**	**19459**	**3572506**	**15120020**
辽 宁	25	10294	9301	2018306	12429334
吉 林	11	4919	4642	557200	430816
黑 龙 江	10	5584	5516	997000	2259870
中部地区	**107**	**44245**	**39882**	**7625071**	**26670482**
山 西	4	560	344	99181	227981
安 徽	17	7785	6881	1840787	9247303
江 西	8	4847	4648	276335	1557581
河 南	18	5170	4505	2555171	6522002
湖 北	18	5901	5384	599900	2862487
湖 南	42	19982	18120	2253697	6253128
西部地区	**128**	**83739**	**54273**	**18353810**	**33557169**
内 蒙 古	14	2930	2819	3895851	2844297
广 西	19	7950	7379	1075591	6041496
重 庆	29	11651	10815	1788793	10232333
四 川	24	35768	13045	4011627	4642593
贵 州	6	1846	1769	214743	787897
云 南	7	1467	1292	311600	267084
西 藏					
陕 西	5	1863	1760	285500	684948
甘 肃	4	1801	1801	229066	1362911
青 海	1	22	22	1000	10248
宁 夏	7	4059	3503	1894610	1122899
新 疆	12	14382	10068	4645429	5560463

2-8 续表 7

(农业生产用具市场)

地　区	市场数量（个）	总摊位数（个）	年末出租摊位数（个）	营业面积（平方米）	成交额（万元）
全　国	**20**	**7247**	**6173**	**1389942**	**1848570**
东部地区	**11**	**4254**	**3962**	**989286**	**1350202**
北　京					
天　津					
河　北	4	2987	2783	687020	1043033
上　海					
江　苏	1	460	400	18251	55000
浙　江					
福　建					
山　东	5	627	599	169000	207549
广　东	1	180	180	115015	44620
海　南					
东北地区					
辽　宁					
吉　林					
黑龙江					
中部地区	**5**	**2187**	**1603**	**155000**	**342834**
山　西					
安　徽	1	800	487	60000	102295
江　西	2	957	786	21000	129539
河　南	1	360	260	56000	61000
湖　北	1	70	70	18000	50000
湖　南					
西部地区	**4**	**806**	**608**	**245656**	**155534**
内蒙古	2	60	60	180006	71000
广　西					
重　庆					
四　川					
贵　州					
云　南					
西　藏					
陕　西					
甘　肃					
青　海					
宁　夏	1	198	198	16144	66674
新　疆	1	548	350	49506	17860

2-8　续表 8

(农用生产资料市场)

地　区	市场数量（个）	总摊位数（个）	年末出租摊位数（个）	营业面积（平方米）	成交额（万元）
全　国	**33**	**6982**	**6554**	**1106423**	**1782656**
东部地区	**15**	**3816**	**3577**	**588502**	**971453**
北　京					
天　津					
河　北	3	2107	2095	308800	112308
上　海					
江　苏	3	430	386	136566	229220
浙　江	1	185	145	6880	34469
福　建	2	348	232	23750	302548
山　东	5	745	718	68550	280462
广　东	1	1	1	43956	12446
海　南					
东北地区	**3**	**625**	**582**	**13500**	**57498**
辽　宁					
吉　林	2	586	543	12500	44278
黑龙江	1	39	39	1000	13220
中部地区	**5**	**788**	**781**	**111840**	**153360**
山　西					
安　徽	2	166	166	8840	24880
江　西					
河　南	1	560	560	66000	50000
湖　北					
湖　南	2	62	55	37000	78480
西部地区	**10**	**1753**	**1614**	**392581**	**600345**
内蒙古	2	173	173	226674	67000
广　西	4	885	885	66900	258631
重　庆	1	380	300	35017	180000
四　川					
贵　州					
云　南	1	77	77	7900	59670
西　藏					
陕　西					
甘　肃					
青　海					
宁　夏					
新　疆	2	238	179	56090	35044

2-8 续表 9

(煤炭市场)

地　区	市场数量（个）	总摊位数（个）	年末出租摊位数（个）	营业面积（平方米）	成交额（万元）
全　国	**14**	**2396**	**2322**	**6860218**	**5665082**
东部地区	**8**	**1435**	**1390**	**3495388**	**4813204**
北　京					
天　津	4	1132	1131	211900	2416726
河　北	3	234	190	2878488	487033
上　海					
江　苏					
浙　江	1	69	69	405000	1909445
福　建					
山　东					
广　东					
海　南					
东北地区					
辽　宁					
吉　林					
黑龙江					
中部地区	**3**	**13**	**10**	**6780**	**170163**
山　西	2	10	7	4180	79613
安　徽					
江　西					
河　南					
湖　北	1	3	3	2600	90550
湖　南					
西部地区	**3**	**948**	**922**	**3358050**	**681715**
内蒙古	1	30	30	2000100	640000
广　西					
重　庆					
四　川					
贵　州					
云　南					
西　藏					
陕　西					
甘　肃					
青　海					
宁　夏	1	858	858	1355400	24978
新　疆	1	60	34	2550	16737

2-8 续表 10

（木材市场）

地区	市场数量（个）	总摊位数（个）	年末出租摊位数（个）	营业面积（平方米）	成交额（万元）
全国	**56**	**20805**	**19551**	**5512922**	**7270326**
东部地区	**45**	**18178**	**16995**	**3846422**	**6565237**
北京	1	400	220	20000	10736
天津					
河北					
上海	5	331	331	117396	204807
江苏	8	4673	4165	495960	762222
浙江	11	6453	6403	802626	1477066
福建					
山东	16	4822	4410	2140940	3087406
广东	4	1499	1466	269500	1023000
海南					
东北地区	**2**	**368**	**356**	**227800**	**74209**
辽宁	1	200	200	2800	62350
吉林	1	168	156	225000	11859
黑龙江					
中部地区	**4**	**1336**	**1294**	**389000**	**130482**
山西					
安徽	1	146	146	280000	10010
江西					
河南					
湖北	1	400	371	34000	41500
湖南	2	790	777	75000	78972
西部地区	**5**	**923**	**906**	**1049700**	**500398**
内蒙古	1	132	132	666700	250000
广西	2	256	256	163000	72898
重庆	2	535	518	220000	177500
四川					
贵州					
云南					
西藏					
陕西					
甘肃					
青海					
宁夏					
新疆					

2-8 续表 11

(建材市场)

地　区	市场数量(个)	总摊位数(个)	年末出租摊位数(个)	营业面积(平方米)	成交额(万元)
全　国	**192**	**121044**	**86695**	**20671200**	**16845813**
东部地区	**94**	**50259**	**43704**	**8865938**	**9031211**
北　京	6	2587	2505	232250	370791
天　津	3	2282	2011	215803	230009
河　北	5	1230	1133	362420	106584
上　海	5	1133	1080	2770460	338053
江　苏	31	24514	19170	2451605	2684878
浙　江	16	4663	4310	715795	1315807
福　建	6	1939	1909	410476	1338699
山　东	20	10810	10633	1483619	2368784
广　东	2	1101	953	223510	277606
海　南					
东北地区	**12**	**6468**	**6287**	**1184371**	**1316971**
辽　宁	6	1805	1624	605171	934024
吉　林	3	687	687	73200	102677
黑龙江	3	3976	3976	506000	280270
中部地区	**43**	**19491**	**18447**	**2654695**	**3212672**
山　西	1	390	230	15000	24368
安　徽	6	3114	2866	811156	487116
江　西	4	3059	3031	202414	636851
河　南	5	1393	1132	981686	952921
湖　北	6	1927	1787	197000	311528
湖　南	21	9608	9401	447439	799888
西部地区	**43**	**44826**	**18257**	**7966196**	**3284959**
内蒙古	3	870	797	149000	206955
广　西	7	3900	3652	265200	394047
重　庆	7	2421	2114	406664	928656
四　川	14	28194	5995	3019073	1053067
贵　州	3	435	435	48464	131189
云　南	3	640	625	90193	36108
西　藏					
陕　西	3	948	914	100000	47309
甘　肃	1	32	32	11066	30005
青　海					
宁　夏					
新　疆	2	7386	3693	3876536	457623

2-8 续表 12

(化工材料及制品市场)

地　区	市场数量(个)	总摊位数(个)	年末出租摊位数(个)	营业面积(平方米)	成交额(万元)
全　国	**37**	**23806**	**18863**	**2160562**	**27255339**
东部地区	**30**	**21169**	**16667**	**1982302**	**26803819**
北　京					
天　津	1	311	311	7250	316267
河　北	3	804	759	84534	403459
上　海	1	495	495	13000	520200
江　苏	8	7881	4497	347000	12823332
浙　江	8	4334	3760	492392	7873513
福　建	1	85	85	12500	36098
山　东	4	2649	2523	289626	1241977
广　东	4	4610	4237	736000	3588973
海　南					
东北地区	**1**	**115**	**115**	**6400**	**13543**
辽　宁	1	115	115	6400	13543
吉　林					
黑龙江					
中部地区	**5**	**2156**	**1715**	**106400**	**182977**
山　西					
安　徽	1	500	494	3800	28675
江　西					
河　南	1	300	300	30000	13100
湖　北					
湖　南	3	1356	921	72600	141202
西部地区	**1**	**366**	**366**	**65460**	**255000**
内蒙古					
广　西					
重　庆					
四　川	1	366	366	65460	255000
贵　州					
云　南					
西　藏					
陕　西					
甘　肃					
青　海					
宁　夏					
新　疆					

2-8 续表 13

(金属材料市场)

地　区	市场数量(个)	总摊位数(个)	年末出租摊位数(个)	营业面积(平方米)	成交额(万元)
全　国	**264**	**112732**	**98431**	**25223485**	**235603573**
东部地区	**172**	**73955**	**62879**	**16006563**	**182603149**
北　京	1	269	269	23600	28656
天　津	11	2858	2094	724222	11604019
河　北	15	15276	15208	2545096	3566406
上　海	14	4666	3864	505353	67524063
江　苏	40	21514	16532	3484669	47947166
浙　江	47	16522	14792	2077823	22019987
福　建	3	323	323	148936	2616286
山　东	29	8979	7258	5561130	21774141
广　东	12	3548	2539	935734	5522425
海　南					
东北地区	**21**	**11197**	**10586**	**1880392**	**6926683**
辽　宁	14	7321	6775	1370392	4845932
吉　林	2	2457	2430	140000	190371
黑龙江	5	1419	1381	370000	1890380
中部地区	**31**	**11340**	**10300**	**3631633**	**21461919**
山　西	1	160	107	80001	124000
安　徽	5	1859	1842	390022	8353222
江　西	2	831	831	52921	791191
河　南	10	2557	2253	1421485	5444981
湖　北	8	3161	2821	342300	2341363
湖　南	5	2772	2446	1344904	4407162
西部地区	**40**	**16240**	**14666**	**3704897**	**24611822**
内蒙古	4	480	442	536740	1083442
广　西	4	1559	1559	440491	5031605
重　庆	11	4563	4150	745342	8290310
四　川	5	2467	2130	669730	2465526
贵　州	3	1411	1334	166279	656708
云　南	2	290	200	150000	156606
西　藏					
陕　西	1	115	66	5500	479639
甘　肃	3	1769	1769	218000	1332906
青　海	1	22	22	1000	10248
宁　夏	3	2322	1822	429071	981166
新　疆	3	1242	1172	342744	4123666

2-8 续表 14

(机械设备市场)

地 区	市场数量 (个)	总摊位数 (个)	年末出租摊位数 (个)	营业面积 (平方米)	成交额 (万元)
全 国	**47**	**27834**	**25644**	**2661586**	**6668276**
东部地区	**24**	**10824**	**10132**	**1269266**	**3348660**
北 京	1	377	262	33000	135000
天 津					
河 北	2	883	883	192075	119983
上 海	1	187	155	45000	78087
江 苏	4	1510	1240	76960	300401
浙 江	10	3659	3425	97960	1165114
福 建					
山 东	4	3207	3166	341571	1175079
广 东	2	1001	1001	482700	374996
海 南					
东北地区					
辽 宁					
吉 林					
黑 龙 江					
中部地区	**9**	**6294**	**5092**	**537723**	**979547**
山 西					
安 徽	1	1200	880	286969	241105
江 西					
河 南					
湖 北	1	340	332	6000	27546
湖 南	7	4754	3880	244754	710896
西部地区	**14**	**10716**	**10420**	**854597**	**2340069**
内 蒙 古					
广 西	1	500	500	30000	97850
重 庆	5	2719	2700	240000	568788
四 川	4	4741	4554	257364	869000
贵 州					
云 南	1	460	390	63507	14700
西 藏					
陕 西	1	800	780	180000	158000
甘 肃					
青 海					
宁 夏	1	296	296	34726	31731
新 疆	1	1200	1200	49000	600000

2-8 续表 15

(其他生产资料市场)

地 区	市场数量(个)	总摊位数(个)	年末出租摊位数(个)	营业面积(平方米)	成交额(万元)
全 国	**36**	**18917**	**17050**	**2367900**	**19654714**
东部地区	**19**	**9092**	**8363**	**1359184**	**11759743**
北 京	1	300	280	20975	88787
天 津					
河 北					
上 海	4	1633	1632	46708	9163473
江 苏	1	700	700	18000	78000
浙 江	8	3745	3037	215232	1751854
福 建	1	422	422	45012	90323
山 东	3	1393	1393	853257	297456
广 东	1	899	899	160000	289850
海 南					
东北地区	**7**	**2024**	**1533**	**260043**	**6731116**
辽 宁	3	853	587	33543	6573485
吉 林	3	1021	826	106500	81631
黑 龙 江	1	150	120	120000	76000
中部地区	**2**	**640**	**640**	**32000**	**36528**
山 西					
安 徽					
江 西					
河 南					
湖 北					
湖 南	2	640	640	32000	36528
西部地区	**8**	**7161**	**6514**	**716673**	**1127327**
内 蒙 古	1	1185	1185	136631	525900
广 西	1	850	527	110000	186465
重 庆	3	1033	1033	141770	87079
四 川					
贵 州					
云 南					
西 藏					
陕 西					
甘 肃					
青 海					
宁 夏	1	385	329	59269	18350
新 疆	2	3708	3440	269003	309533

2-8 续表 16

(农产品市场)

地 区	市场数量 (个)	总摊位数 (个)	年末出租摊位数 (个)	营业面积 (平方米)	成交额 (万元)
全 国	**1019**	**649088**	**576657**	**43163197**	**145840812**
东部地区	**639**	**454733**	**404238**	**27657269**	**95278660**
北 京	21	22338	12439	980910	4474437
天 津	11	7717	7343	834432	3464147
河 北	80	101410	86069	4337870	7863371
上 海	26	14449	13298	616740	4500372
江 苏	106	48426	43024	3517195	13200364
浙 江	133	75456	68107	2874134	19882761
福 建	38	9748	9320	620084	4227286
山 东	150	145369	138093	11795699	26004452
广 东	72	28865	25590	2063205	11618440
海 南	2	955	955	17000	43030
东北地区	**70**	**25429**	**22674**	**2526732**	**7445188**
辽 宁	42	15447	13456	1524840	3955480
吉 林	11	5871	5717	516354	1118384
黑 龙 江	17	4111	3501	485538	2371324
中部地区	**168**	**87192**	**78303**	**5942880**	**22861994**
山 西	7	3285	3101	279586	1010683
安 徽	29	13718	11190	939067	2462800
江 西	18	10227	9670	456651	3031298
河 南	38	28424	25435	2573709	8445305
湖 北	29	13710	13024	923972	4698356
湖 南	47	17828	15883	769895	3213552
西部地区	**142**	**81734**	**71442**	**7036316**	**20254970**
内 蒙 古	22	10315	9264	1712888	1201795
广 西	13	10632	10405	756652	1688925
重 庆	17	7574	7153	389841	3839582
四 川	18	12752	11861	500137	3547882
贵 州	13	4430	3959	261896	1451824
云 南	8	3759	3670	360083	1532403
西 藏					
陕 西	12	6560	5539	333529	1467139
甘 肃	12	9783	8181	387297	1544546
青 海	2	521	521	136203	56515
宁 夏	10	9465	6262	955721	1072309
新 疆	15	5943	4627	1242069	2852050

2-8 续表 17

(粮油市场)

地　区	市场数量(个)	总摊位数(个)	年末出租摊位数(个)	营业面积(平方米)	成交额(万元)
全　国	**103**	**37805**	**33762**	**3616525**	**15651110**
东部地区	**66**	**26851**	**24467**	**2760796**	**11529093**
北　京	3	2143	2089	200000	1715710
天　津	2	853	769	61000	329500
河　北	6	703	646	418293	351307
上　海	4	429	428	25420	352813
江　苏	9	4207	3956	631505	1883554
浙　江	16	4702	3404	431039	2542121
福　建	3	447	391	74024	220664
山　东	17	11379	11258	730388	3119196
广　东	6	1988	1526	189127	1014228
海　南					
东北地区	**5**	**871**	**871**	**222604**	**796967**
辽　宁	3	714	714	200000	265647
吉　林					
黑龙江	2	157	157	22604	531320
中部地区	**16**	**6700**	**5129**	**293836**	**1422462**
山　西	1	145	145	17000	66000
安　徽	2	685	447	65000	150724
江　西	2	91	91	4900	187409
河　南	5	4228	3031	106395	636197
湖　北	1	230	230	24000	12000
湖　南	5	1321	1185	76541	370132
西部地区	**16**	**3383**	**3295**	**339289**	**1902588**
内蒙古	4	289	285	146098	125004
广　西					
重　庆	1	1000	1000	8000	83416
四　川	3	747	710	38000	218720
贵　州	2	355	355	40900	702100
云　南	1	22	22	4931	239650
西　藏					
陕　西	1	232	232	5496	274799
甘　肃	2	465	460	63000	209969
青　海					
宁　夏	1	65	58	7864	13930
新　疆	1	208	173	25000	35000

2-8 续表 18

（肉禽蛋市场）

地 区	市场数量（个）	总摊位数（个）	年末出租摊位数（个）	营业面积（平方米）	成交额（万元）
全 国	**134**	**49913**	**44177**	**3031370**	**12242077**
东部地区	**83**	**26880**	**23840**	**1563734**	**7377472**
北 京	2	595	475	30501	51813
天 津					
河 北	5	1710	1540	247812	771510
上 海	5	693	618	28223	489539
江 苏	29	9494	7698	328004	1928045
浙 江	13	2525	2349	140710	1423163
福 建	4	1347	1240	24369	295507
山 东	8	3725	3560	120340	207673
广 东	16	6694	6263	631775	2194222
海 南	1	97	97	12000	16000
东北地区	**6**	**2926**	**1326**	**60355**	**395757**
辽 宁	4	2404	804	48200	153336
吉 林					
黑龙江	2	522	522	12155	242421
中部地区	**22**	**6656**	**6105**	**284029**	**1255418**
山 西					
安 徽	7	1736	1291	100509	331688
江 西	5	1924	1924	66960	726638
河 南	1	643	643	35200	39879
湖 北	2	261	261	11800	38906
湖 南	7	2092	1986	69560	118307
西部地区	**23**	**13451**	**12906**	**1123252**	**3213430**
内蒙古	3	684	672	30000	62782
广 西	6	6442	6304	100859	429687
重 庆	3	1524	1260	98872	1802958
四 川	2	1683	1672	57080	566218
贵 州	2	698	679	4770	26731
云 南	1	565	565	6000	37530
西 藏					
陕 西	1	1200	1111	32000	19923
甘 肃					
青 海					
宁 夏	2	430	428	85000	101332
新 疆	3	225	215	708671	166269

2-8 续表 19

(水产品市场)

地　区	市场数量(个)	总摊位数(个)	年末出租摊位数(个)	营业面积(平方米)	成交额(万元)
全　国	**150**	**110283**	**100190**	**4696914**	**28088149**
东部地区	**120**	**97353**	**89015**	**3603920**	**21900961**
北　京	3	1978	1545	67000	1051827
天　津	1	220	220	8000	450000
河　北	4	2601	2574	67000	121801
上　海	4	2632	2197	198300	1712692
江　苏	27	10004	8590	806905	2744698
浙　江	31	32626	31103	609455	4923593
福　建	10	3063	2949	151397	2486946
山　东	22	39457	35685	1404532	6054033
广　东	18	4772	4152	291331	2355371
海　南					
东北地区	**9**	**3278**	**3278**	**386580**	**2723798**
辽　宁	7	2036	2036	258200	2102798
吉　林	1	1202	1202	120601	600000
黑龙江	1	40	40	7779	21000
中部地区	**14**	**5894**	**5469**	**454185**	**2136255**
山　西					
安　徽	1	325	325	51000	103735
江　西	1	910	820	43000	282454
河　南	3	1187	1187	130581	201211
湖　北	4	2455	2147	137034	492904
湖　南	5	1017	990	92570	1055951
西部地区	**7**	**3758**	**2428**	**252229**	**1327135**
内蒙古					
广　西	1	486	406	2106	18919
重　庆	2	672	592	88066	905694
四　川					
贵　州					
云　南					
西　藏					
陕　西	1	750	402	23000	20530
甘　肃	1	91	91	1200	11251
青　海					
宁　夏	1	1259	437	37857	170741
新　疆	1	500	500	100000	200000

2-8 续表 20

(蔬菜市场)

地 区	市场数量(个)	总摊位数(个)	年末出租摊位数(个)	营业面积(平方米)	成交额(万元)
全 国	**312**	**252215**	**223435**	**15962433**	**38382460**
东部地区	**182**	**174215**	**152232**	**10447150**	**21570542**
北 京	6	9818	2424	200400	300769
天 津	5	4500	4210	438206	530428
河 北	45	71329	61460	2624141	4063585
上 海	5	2217	2166	122610	853578
江 苏	19	9936	9684	502080	2313230
浙 江	25	11684	9517	642175	3169905
福 建	8	1302	1291	215210	601055
山 东	60	59672	58071	5359828	8752904
广 东	9	3757	3409	342500	985088
海 南					
东北地区	**23**	**8368**	**7960**	**755156**	**2216878**
辽 宁	14	5612	5567	422640	951956
吉 林	4	1246	1246	182316	261325
黑 龙 江	5	1510	1147	150200	1003597
中部地区	**56**	**31980**	**29654**	**2556982**	**8238565**
山 西	4	2820	2636	224800	907683
安 徽	9	4011	4006	352600	693533
江 西	3	1036	1016	84500	205596
河 南	19	14761	12971	1183107	2756556
湖 北	11	4121	3892	422143	2505328
湖 南	10	5231	5133	289832	1169869
西部地区	**51**	**37652**	**33589**	**2203145**	**6356475**
内 蒙 古	5	6677	5677	364590	400380
广 西	3	1225	1222	356051	525745
重 庆	6	2248	2171	59376	348340
四 川	8	7098	6710	285645	1845026
贵 州	4	1438	1353	40326	153808
云 南	3	1372	1283	186072	541683
西 藏					
陕 西	7	3648	3126	225990	1090284
甘 肃	7	8215	6618	247097	606376
青 海	1	165	165	20000	11315
宁 夏	3	3656	3656	292000	347113
新 疆	4	1910	1608	125998	486405

2-8 续表 21

(干鲜果品市场)

地　区	市场数量(个)	总摊位数(个)	年末出租摊位数(个)	营业面积(平方米)	成交额(万元)
全　国	**137**	**77603**	**69192**	**5818729**	**23378841**
东部地区	**82**	**53325**	**49349**	**3333804**	**15803069**
北　京	3	2819	1279	270774	184118
天　津					
河　北	11	10255	10098	447154	1678157
上　海	3	2627	2627	26487	231569
江　苏	10	6371	5318	360717	1635048
浙　江	18	8124	7804	534356	3421685
福　建	5	425	425	80400	267260
山　东	25	19383	19049	1123631	4293362
广　东	7	3321	2749	490285	4091870
海　南					
东北地区	**10**	**2059**	**1774**	**528000**	**836058**
辽　宁	5	1087	993	279700	283401
吉　林	2	248	148	60000	62931
黑龙江	3	724	633	188300	489726
中部地区	**25**	**11352**	**10732**	**680125**	**2975450**
山　西	2	320	320	37786	37000
安　徽	1	320	320	33350	58000
江　西	3	1173	1173	83851	929998
河　南	6	2665	2665	165626	297762
湖　北	6	5014	4904	238775	1460686
湖　南	7	1860	1350	120737	192004
西部地区	**20**	**10867**	**7337**	**1276800**	**3764264**
内蒙古	1	20	20	180000	39470
广　西	1	100	100	73260	88669
重　庆	2	1168	1168	60787	393518
四　川	3	1308	858	54010	107750
贵　州	4	753	693	70900	292007
云　南	1	500	500	90000	400000
西　藏					
陕　西	2	730	668	47043	61603
甘　肃	1	372	372	34800	116950
青　海					
宁　夏	2	3746	1374	521000	426654
新　疆	3	2170	1584	145000	1837643

2-8　续表 22

（棉麻土畜、烟叶市场）

地　区	市场数量（个）	总摊位数（个）	年末出租摊位数（个）	营业面积（平方米）	成交额（万元）
全　国	**22**	**19872**	**14505**	**3969224**	**7075122**
东部地区	**16**	**17880**	**12515**	**3339374**	**6763846**
北　京					
天　津	1	650	650	1000	861123
河　北	3	12250	7250	273410	641500
上　海					
江　苏	2	2438	2411	429984	2263183
浙　江	3	733	476	86700	974983
福　建					
山　东	7	1809	1728	2548280	2023057
广　东					
海　南					
东北地区	**1**	**800**	**800**	**120000**	**12800**
辽　宁	1	800	800	120000	12800
吉　林					
黑龙江					
中部地区	**2**	**447**	**445**	**49850**	**102476**
山　西					
安　徽	1	367	367	16850	43896
江　西					
河　南	1	80	78	33000	58580
湖　北					
湖　南					
西部地区	**3**	**745**	**745**	**460000**	**196000**
内蒙古	3	745	745	460000	196000
广　西					
重　庆					
四　川					
贵　州					
云　南					
西　藏					
陕　西					
甘　肃					
青　海					
宁　夏					
新　疆					

2-8 续表 23

(其他农产品市场)

地　区	市场数量(个)	总摊位数(个)	年末出租摊位数(个)	营业面积(平方米)	成交额(万元)
全　国	**161**	**101397**	**91396**	**6068002**	**21023053**
东部地区	**90**	**58229**	**52820**	**2608491**	**10333677**
北　京	4	4985	4627	212235	1170200
天　津	2	1494	1494	326226	1293096
河　北	6	2562	2501	260060	235511
上　海	5	5851	5262	215700	860181
江　苏	10	5976	5367	458000	432606
浙　江	27	15062	13454	429699	3427311
福　建	8	3164	3024	74684	355854
山　东	11	9944	8742	508700	1554227
广　东	16	8333	7491	118187	977661
海　南	1	858	858	5000	27030
东北地区	**16**	**7127**	**6665**	**454037**	**462930**
辽　宁	8	2794	2542	196100	185542
吉　林	4	3175	3121	153437	194128
黑龙江	4	1158	1002	104500	83260
中部地区	**33**	**24163**	**20769**	**1623873**	**6731368**
山　西					
安　徽	8	6274	4434	319758	1081224
江　西	4	5093	4646	173440	699203
河　南	3	4860	4860	919800	4455120
湖　北	5	1629	1590	90220	188532
湖　南	13	6307	5239	120655	307289
西部地区	**22**	**11878**	**11142**	**1381601**	**3495078**
内蒙古	6	1900	1865	532200	378159
广　西	2	2379	2373	224376	625905
重　庆	3	962	962	74740	305656
四　川	2	1916	1911	65402	810168
贵　州	1	1186	879	105000	277178
云　南	2	1300	1300	73080	313540
西　藏					
陕　西					
甘　肃	1	640	640	41200	600000
青　海	1	356	356	116203	45200
宁　夏	1	309	309	12000	12539
新　疆	3	930	547	137400	126733

2-8 续表 24

（食品、饮料及烟酒市场）

地　区	市场数量（个）	总摊位数（个）	年末出租摊位数（个）	营业面积（平方米）	成交额（万元）
全　国	**142**	**110821**	**78505**	**4617778**	**16749438**
东部地区	**89**	**64203**	**49019**	**3362633**	**11004459**
北　京	1	109	109	7000	23800
天　津	3	1946	1339	273300	450131
河　北	3	1649	1619	16400	251690
上　海	2	652	648	38000	58733
江　苏	17	9468	8049	911015	4398196
浙　江	17	20529	10386	580449	2725711
福　建	7	3424	2808	212539	458937
山　东	27	21355	19192	1058030	2291813
广　东	11	4665	4469	208100	333923
海　南	1	406	400	57800	11525
东北地区	**7**	**6171**	**5675**	**114071**	**1765030**
辽　宁	3	4498	4042	83371	765466
吉　林	1	101	101	1300	14657
黑龙江	3	1572	1532	29400	984907
中部地区	**25**	**13020**	**10991**	**553612**	**2207886**
山　西	1	98	98	3300	11000
安　徽	3	2362	2362	152935	333981
江　西	3	2022	2022	123895	855759
河　南	4	869	783	44123	171283
湖　北	6	2944	2884	134220	463346
湖　南	8	4725	2842	95139	372517
西部地区	**21**	**27427**	**12820**	**587462**	**1772063**
内蒙古					
广　西	8	5390	4180	84063	294034
重　庆	3	1632	1572	27066	173682
四　川	2	15625	2417	248750	324405
贵　州	2	1060	995	25456	509095
云　南	2	716	716	61624	65464
西　藏					
陕　西	1	1616	1616	51000	71482
甘　肃	1	950	950	65000	267900
青　海					
宁　夏					
新　疆	2	438	374	24503	66001

2-8 续表 25

(食品饮料市场)

地　区	市场数量(个)	总摊位数(个)	年末出租摊位数(个)	营业面积(平方米)	成交额(万元)
全　国	**52**	**52471**	**35877**	**1714499**	**7527914**
东部地区	**32**	**23559**	**22123**	**1177743**	**5575608**
北　京					
天　津	1	212	212	500	23794
河　北	2	1547	1517	11400	161890
上　海					
江　苏	8	6554	5695	659180	3480236
浙　江	5	2484	2443	64393	737183
福　建	1	681	490	15000	42390
山　东	8	8766	8647	301570	979033
广　东	7	3315	3119	125700	151082
海　南					
东北地区	**3**	**4439**	**4229**	**82500**	**766018**
辽　宁	2	3889	3719	75500	753358
吉　林					
黑龙江	1	550	510	7000	12660
中部地区	**9**	**4416**	**3473**	**129407**	**544859**
山　西					
安　徽					
江　西	1	732	732	7600	152064
河　南	2	602	576	35307	147470
湖　北	3	815	755	43500	123757
湖　南	3	2267	1410	43000	121568
西部地区	**8**	**20057**	**6052**	**324849**	**641429**
内蒙古					
广　西	2	2600	1917	42020	117797
重　庆	3	1632	1572	27066	173682
四　川	2	15625	2417	248750	324405
贵　州					
云　南					
西　藏					
陕　西					
甘　肃					
青　海					
宁　夏					
新　疆	1	200	146	7013	25545

2-8 续表 26

(茶叶市场)

地 区	市场数量 (个)	总摊位数 (个)	年末出租摊位数 (个)	营业面积 (平方米)	成交额 (万元)
全 国	**28**	**22378**	**12384**	**1017844**	**2443307**
东部地区	**18**	**17380**	**7511**	**677520**	**1839377**
北 京	1	109	109	7000	23800
天 津					
河 北					
上 海	2	652	648	38000	58733
江 苏	1	401	401	39960	23000
浙 江	6	12451	2630	236560	940672
福 建	2	1708	1664	61000	289166
山 东	3	1160	1160	220000	340836
广 东	3	899	899	75000	163170
海 南					
东北地区					
辽 宁					
吉 林					
黑 龙 江					
中部地区	**4**	**2301**	**2241**	**211000**	**334430**
山 西					
安 徽	1	786	786	135000	162500
江 西					
河 南	1	180	120	3000	10000
湖 北	2	1335	1335	73000	161930
湖 南					
西部地区	**6**	**2697**	**2632**	**129324**	**269500**
内 蒙 古					
广 西	2	245	245	12500	100754
重 庆					
四 川					
贵 州	1	120	55	4200	31800
云 南	2	716	716	61624	65464
西 藏					
陕 西	1	1616	1616	51000	71482
甘 肃					
青 海					
宁 夏					
新 疆					

2-8 续表 27

(烟酒市场)

地　区	市场数量(个)	总摊位数(个)	年末出租摊位数(个)	营业面积(平方米)	成交额(万元)
全　国	**15**	**6411**	**4938**	**346817**	**736557**
东部地区	**11**	**4614**	**4042**	**306250**	**665624**
北　京					
天　津					
河　北	1	102	102	5000	89800
上　海					
江　苏	1	200	185	3200	25013
浙　江	1	400	332	120000	59600
福　建					
山　东	8	3912	3423	178050	491211
广　东					
海　南					
东北地区					
辽　宁					
吉　林					
黑龙江					
中部地区	**4**	**1797**	**896**	**40567**	**70933**
山　西					
安　徽					
江　西	1	300	300	14000	15000
河　南	1	87	87	5816	13813
湖　北					
湖　南	2	1410	509	20751	42120
西部地区					
内蒙古					
广　西					
重　庆					
四　川					
贵　州					
云　南					
西　藏					
陕　西					
甘　肃					
青　海					
宁　夏					
新　疆					

2-8　续表 28

(其他食品饮料及烟酒市场)

地　区	市场数量(个)	总摊位数(个)	年末出租摊位数(个)	营业面积(平方米)	成交额(万元)
全　国	**47**	**29561**	**25306**	**1538618**	**6041660**
东部地区	**28**	**18650**	**15343**	**1201120**	**2923850**
北　京					
天　津	2	1734	1127	272800	426337
河　北					
上　海					
江　苏	7	2313	1768	208675	869947
浙　江	5	5194	4981	159496	988256
福　建	4	1035	654	136539	127381
山　东	8	7517	5962	358410	480733
广　东	1	451	451	7400	19671
海　南	1	406	400	57800	11525
东北地区	**4**	**1732**	**1446**	**31571**	**999012**
辽　宁	1	609	323	7871	12108
吉　林	1	101	101	1300	14657
黑龙江	2	1022	1022	22400	972247
中部地区	**8**	**4506**	**4381**	**172638**	**1257664**
山　西	1	98	98	3300	11000
安　徽	2	1576	1576	17935	171481
江　西	1	990	990	102295	688695
河　南					
湖　北	1	794	794	17720	177659
湖　南	3	1048	923	31388	208829
西部地区	**7**	**4673**	**4136**	**133289**	**861134**
内蒙古					
广　西	4	2545	2018	29543	75483
重　庆					
四　川					
贵　州	1	940	940	21256	477295
云　南					
西　藏					
陕　西					
甘　肃	1	950	950	65000	267900
青　海					
宁　夏					
新　疆	1	238	228	17490	40456

2-8 续表 29

(纺织、服装、鞋帽市场)

地　区	市场数量（个）	总摊位数（个）	年末出租摊位数（个）	营业面积（平方米）	成交额（万元）
全　国	**576**	**763647**	**713873**	**32420372**	**130345559**
东部地区	**309**	**407613**	**377465**	**20500873**	**100838527**
北　京	14	16753	16500	459954	420726
天　津	2	1225	1225	58000	117609
河　北	24	39632	36031	2142101	7802682
上　海	10	9643	9358	160384	893937
江　苏	37	84885	79820	4844996	39742404
浙　江	74	108323	105142	5519525	32266133
福　建	12	10696	9727	272749	2163837
山　东	66	59251	57634	2459007	7424346
广　东	70	77205	62028	4584157	10006853
海　南					
东北地区	**66**	**110830**	**104545**	**2405404**	**13617206**
辽　宁	32	68038	64492	1542301	11723432
吉　林	10	14808	14536	259906	555959
黑龙江	24	27984	25517	603197	1337815
中部地区	**119**	**112128**	**107243**	**4061592**	**6475097**
山　西	9	13644	13604	448200	320521
安　徽	10	10072	9043	531526	887064
江　西	6	3523	3086	130066	438823
河　南	28	28169	26481	1239673	1562680
湖　北	23	19324	18012	685273	1263593
湖　南	43	37396	37017	1026854	2002416
西部地区	**82**	**133076**	**124620**	**5452503**	**9414729**
内蒙古	12	10163	9090	301252	375716
广　西	13	18454	15914	749610	691971
重　庆	6	3740	3513	241177	1280256
四　川	14	13957	12669	696211	981317
贵　州	4	10696	10603	433411	1081103
云　南	3	39592	37489	1603897	2910000
西　藏					
陕　西	9	9515	9014	372382	488685
甘　肃	2	5159	5019	425000	443000
青　海	3	4093	3857	126600	104132
宁　夏	3	5250	5250	108000	168124
新　疆	13	12457	12202	394963	890425

2-8 续表 30

(布料及纺织品市场)

地　区	市场数量(个)	总摊位数(个)	年末出租摊位数(个)	营业面积(平方米)	成交额(万元)
全　国	**73**	**123111**	**109793**	**9571120**	**55287700**
东部地区	**58**	**112282**	**99762**	**9255720**	**54862876**
北　京					
天　津					
河　北	4	6050	5850	423000	1539040
上　海					
江　苏	8	21260	20942	2249620	23779047
浙　江	20	47081	46209	3146059	22216575
福　建	2	578	510	28980	350701
山　东	11	5765	5532	405001	1681408
广　东	13	31548	20719	3003060	5296105
海　南					
东北地区	**4**	**3820**	**3730**	**102137**	**103415**
辽　宁					
吉　林					
黑龙江	4	3820	3730	102137	103415
中部地区	**10**	**6009**	**5601**	**193263**	**285709**
山　西					
安　徽	2	2810	2800	65000	98350
江　西					
河　南	4	2351	1953	103700	88836
湖　北	2	196	196	7163	31841
湖　南	2	652	652	17400	66682
西部地区	**1**	**1000**	**700**	**20000**	**35700**
内蒙古					
广　西					
重　庆					
四　川					
贵　州					
云　南					
西　藏					
陕　西	1	1000	700	20000	35700
甘　肃					
青　海					
宁　夏					
新　疆					

2-8 续表 31

(服装市场)

地区	市场数量(个)	总摊位数(个)	年末出租摊位数(个)	营业面积(平方米)	成交额(万元)
全国	**359**	**440673**	**415212**	**16637684**	**50772652**
东部地区	**187**	**228252**	**214716**	**8522816**	**37380911**
北京	13	16003	15750	439954	392208
天津	1	909	909	19000	78209
河北	15	30568	27674	1630371	5845477
上海	8	7460	7175	143224	719332
江苏	11	33996	30559	1360074	12450016
浙江	42	50780	48669	1976089	8288742
福建	9	7718	7717	243759	1773136
山东	39	41591	40566	1375836	4129934
广东	49	39227	35697	1334509	3703857
海南					
东北地区	**42**	**52820**	**49911**	**1548203**	**4145221**
辽宁	19	24002	23380	972817	2885956
吉林	8	13331	13331	215906	532780
黑龙江	15	15487	13200	359480	726485
中部地区	**78**	**79206**	**76844**	**2561042**	**4087178**
山西	6	11703	11663	397800	245461
安徽	4	2791	2761	130398	471765
江西	4	2655	2232	94066	101629
河南	17	20318	19668	653273	1050973
湖北	14	16139	15099	576990	1086558
湖南	33	25600	25421	708515	1130792
西部地区	**52**	**80395**	**73741**	**4005623**	**5159342**
内蒙古	6	5912	4966	133600	180132
广西	9	14966	13034	662419	588768
重庆	2	1178	1123	101391	143085
四川	12	12826	11585	658061	950459
贵州	2	9085	8992	386411	880036
云南	2	16592	14803	1175000	1090000
西藏					
陕西	6	5959	5758	192200	178780
甘肃	2	5159	5019	425000	443000
青海	1	483	479	21600	10608
宁夏	1	433	433	8000	10794
新疆	9	7802	7549	241941	683680

2-8 续表 32

(鞋帽市场)

地 区	市场数量（个）	总摊位数（个）	年末出租摊位数（个）	营业面积（平方米）	成交额（万元）
全 国	**39**	**30164**	**26670**	**1507759**	**3888823**
东部地区	**23**	**17086**	**14991**	**1062277**	**2377335**
北 京					
天 津	1	316	316	39000	39400
河 北	2	615	615	34127	78750
上 海					
江 苏	3	3024	2744	532200	333095
浙 江	2	1349	1280	87115	308000
福 建	1	2400	1500	10	40000
山 东	6	2952	2924	123237	571199
广 东	8	6430	5612	246588	1006891
海 南					
东北地区	**4**	**6050**	**5110**	**40500**	**137794**
辽 宁	2	2750	1900	16500	88844
吉 林					
黑 龙 江	2	3300	3210	24000	48950
中部地区	**10**	**4365**	**3906**	**174700**	**400138**
山 西	1	591	591	11000	15060
安 徽					
江 西	1	500	486	22500	21000
河 南	2	1080	790	23200	231900
湖 北	3	970	835	56000	63980
湖 南	3	1224	1204	62000	68198
西部地区	**2**	**2663**	**2663**	**230282**	**973556**
内 蒙 古					
广 西					
重 庆	1	536	536	80100	709356
四 川					
贵 州					
云 南					
西 藏					
陕 西	1	2127	2127	150182	264200
甘 肃					
青 海					
宁 夏					
新 疆					

2-8 续表 33

(其他纺织服装鞋帽市场)

地 区	市场数量(个)	总摊位数(个)	年末出租摊位数(个)	营业面积(平方米)	成交额(万元)
全 国	**105**	**169699**	**162198**	**4703809**	**20396384**
东部地区	**41**	**49993**	**47996**	**1660060**	**6217405**
北 京	1	750	750	20000	28518
天 津					
河 北	3	2399	1892	54603	339415
上 海	2	2183	2183	17160	174605
江 苏	15	26605	25575	703102	3180246
浙 江	10	9113	8984	310262	1452816
福 建					
山 东	10	8943	8612	554933	1041805
广 东					
海 南					
东北地区	**16**	**48140**	**45794**	**714564**	**9230776**
辽 宁	11	41286	39212	552984	8748632
吉 林	2	1477	1205	44000	23179
黑 龙 江	3	5377	5377	117580	458965
中部地区	**21**	**22548**	**20892**	**1132587**	**1702072**
山 西	2	1350	1350	39400	60000
安 徽	4	4471	3482	336128	316949
江 西	1	368	368	13500	316194
河 南	5	4420	4070	459500	190971
湖 北	4	2019	1882	45120	81214
湖 南	5	9920	9740	238939	736744
西部地区	**27**	**49018**	**47516**	**1196598**	**3246131**
内 蒙 古	6	4251	4124	167652	195584
广 西	4	3488	2880	87191	103203
重 庆	3	2026	1854	59686	427815
四 川	2	1131	1084	38150	30858
贵 州	2	1611	1611	47000	201067
云 南	1	23000	22686	428897	1820000
西 藏					
陕 西	1	429	429	10000	10005
甘 肃					
青 海	2	3610	3378	105000	93524
宁 夏	2	4817	4817	100000	157330
新 疆	4	4655	4653	153022	206745

2-8 续表 34

(日用品及文化用品市场)

地　区	市场数量（个）	总摊位数（个）	年末出租摊位数（个）	营业面积（平方米）	成交额（万元）
全　国	**91**	**72991**	**68318**	**2772983**	**10557979**
东部地区	**67**	**60107**	**57781**	**2320696**	**8770884**
北　京	5	8340	8046	163962	478133
天　津					
河　北	1	7200	7200	40000	328520
上　海	1	48	48	5000	1788981
江　苏	9	5812	5724	124868	570983
浙　江	13	9018	8745	309153	885322
福　建	2	614	614	199260	131513
山　东	15	13374	12799	604936	2075542
广　东	21	15701	14605	873517	2511890
海　南					
东北地区	**3**	**2887**	**2864**	**53900**	**533148**
辽　宁	3	2887	2864	53900	533148
吉　林					
黑龙江					
中部地区	**16**	**8184**	**5948**	**352526**	**890136**
山　西					
安　徽					
江　西					
河　南	5	5360	3316	130000	175654
湖　北	6	1958	1770	168776	514702
湖　南	5	866	862	53750	199780
西部地区	**5**	**1813**	**1725**	**45861**	**363811**
内蒙古					
广　西					
重　庆	3	1053	1053	27861	232681
四　川					
贵　州					
云　南					
西　藏					
陕　西					
甘　肃	1	400	400	12000	120000
青　海					
宁　夏					
新　疆	1	360	272	6000	11130

2-8 续表 35

(小商品市场)

地　区	市场数量(个)	总摊位数(个)	年末出租摊位数(个)	营业面积(平方米)	成交额(万元)
全　国	**36**	**43248**	**39811**	**1026882**	**3389790**
东部地区	**30**	**37037**	**35897**	**845882**	**3226770**
北　京	3	7090	7052	96562	299653
天　津					
河　北	1	7200	7200	40000	328520
上　海					
江　苏	4	4555	4535	84368	468717
浙　江	1	632	632	21600	158865
福　建	1	41	41	5000	38013
山　东	7	9841	9295	364552	1508318
广　东	13	7678	7142	233800	424684
海　南					
东北地区					
辽　宁					
吉　林					
黑 龙 江					
中部地区	**5**	**5851**	**3642**	**175000**	**151890**
山　西					
安　徽					
江　西					
河　南	2	4915	2892	103000	29654
湖　北	2	826	640	54000	103206
湖　南	1	110	110	18000	19030
西部地区	**1**	**360**	**272**	**6000**	**11130**
内 蒙 古					
广　西					
重　庆					
四　川					
贵　州					
云　南					
西　藏					
陕　西					
甘　肃					
青　海					
宁　夏					
新　疆	1	360	272	6000	11130

2-8 续表 36

(箱包市场)

地　区	市场数量(个)	总摊位数(个)	年末出租摊位数(个)	营业面积(平方米)	成交额(万元)
全　国	**4**	**5880**	**5567**	**515400**	**2228496**
东部地区	**2**	**4380**	**4087**	**508400**	**1712247**
北　京					
天　津					
河　北					
上　海					
江　苏					
浙　江					
福　建					
山　东	1	150	150	8400	20000
广　东	1	4230	3937	500000	1692247
海　南					
东北地区	**1**	**1330**	**1330**	**2000**	**502249**
辽　宁	1	1330	1330	2000	502249
吉　林					
黑龙江					
中部地区	**1**	**170**	**150**	**5000**	**14000**
山　西					
安　徽					
江　西					
河　南	1	170	150	5000	14000
湖　北					
湖　南					
西部地区					
内蒙古					
广　西					
重　庆					
四　川					
贵　州					
云　南					
西　藏					
陕　西					
甘　肃					
青　海					
宁　夏					
新　疆					

2-8 续表 37

(玩具市场)

地　区	市场数量(个)	总摊位数(个)	年末出租摊位数(个)	营业面积(平方米)	成交额(万元)
全　国	**3**	**1138**	**1124**	**119410**	**237377**
东部地区	**3**	**1138**	**1124**	**119410**	**237377**
北　京					
天　津					
河　北					
上　海					
江　苏					
浙　江					
福　建					
山　东	2	1023	1009	106660	156085
广　东	1	115	115	12750	81292
海　南					
东北地区					
辽　宁					
吉　林					
黑 龙 江					
中部地区					
山　西					
安　徽					
江　西					
河　南					
湖　北					
湖　南					
西部地区					
内 蒙 古					
广　西					
重　庆					
四　川					
贵　州					
云　南					
西　藏					
陕　西					
甘　肃					
青　海					
宁　夏					
新　疆					

2-8　续表 38

（文具市场）

地　区	市场数量（个）	总摊位数（个）	年末出租摊位数（个）	营业面积（平方米）	成交额（万元）
全　国	**3**	**1439**	**1093**	**81200**	**206160**
东部地区	**2**	**1374**	**1028**	**68200**	**178160**
北　京	1	1050	798	55400	159660
天　津					
河　北					
上　海					
江　苏					
浙　江					
福　建					
山　东					
广　东	1	324	230	12800	18500
海　南					
东北地区					
辽　宁					
吉　林					
黑龙江					
中部地区	**1**	**65**	**65**	**13000**	**28000**
山　西					
安　徽					
江　西					
河　南					
湖　北					
湖　南	1	65	65	13000	28000
西部地区					
内蒙古					
广　西					
重　庆					
四　川					
贵　州					
云　南					
西　藏					
陕　西					
甘　肃					
青　海					
宁　夏					
新　疆					

2-8 续表 39

(图书、报刊杂志市场)

地 区	市场数量(个)	总摊位数(个)	年末出租摊位数(个)	营业面积(平方米)	成交额(万元)
全 国	**11**	**1714**	**1652**	**103413**	**380735**
东部地区	**7**	**797**	**759**	**63313**	**143282**
北 京	1	200	196	12000	18820
天 津					
河 北					
上 海					
江 苏	2	149	145	13000	41058
浙 江	1	91	68	10000	18150
福 建					
山 东	2	260	260	15324	35454
广 东	1	97	90	12989	29800
海 南					
东北地区	**1**	**62**	**39**	**6900**	**13000**
辽 宁	1	62	39	6900	13000
吉 林					
黑 龙 江					
中部地区	**3**	**855**	**854**	**33200**	**224453**
山 西					
安 徽					
江 西					
河 南	1	155	154	16000	120000
湖 北	1	277	277	4100	18828
湖 南	1	423	423	13100	85625
西部地区					
内 蒙 古					
广 西					
重 庆					
四 川					
贵 州					
云 南					
西 藏					
陕 西					
甘 肃					
青 海					
宁 夏					
新 疆					

2-8　续表 40

(音像制品及电子出版物市场)

地　　区	市场数量（个）	总摊位数（个）	年末出租摊位数（个）	营业面积（平方米）	成交额（万元）
全　　国	**2**	**496**	**495**	**18800**	**79673**
东部地区	**1**	**313**	**313**	**11000**	**25384**
北　　京					
天　　津					
河　　北					
上　　海					
江　　苏	1	313	313	11000	25384
浙　　江					
福　　建					
山　　东					
广　　东					
海　　南					
东北地区					
辽　　宁					
吉　　林					
黑 龙 江					
中部地区	**1**	**183**	**182**	**7800**	**54289**
山　　西					
安　　徽					
江　　西					
河　　南					
湖　　北					
湖　　南	1	183	182	7800	54289
西部地区					
内 蒙 古					
广　　西					
重　　庆					
四　　川					
贵　　州					
云　　南					
西　　藏					
陕　　西					
甘　　肃					
青　　海					
宁　　夏					
新　　疆					

2-8 续表 41

(体育用品市场)

地　区	市场数量(个)	总摊位数(个)	年末出租摊位数(个)	营业面积(平方米)	成交额(万元)
全　国	**1**	**80**	**80**	**6700**	**14572**
东部地区	**1**	**80**	**80**	**6700**	**14572**
北　京					
天　津					
河　北					
上　海					
江　苏					
浙　江					
福　建					
山　东					
广　东	1	80	80	6700	14572
海　南					
东北地区					
辽　宁					
吉　林					
黑龙江					
中部地区					
山　西					
安　徽					
江　西					
河　南					
湖　北					
湖　南					
西部地区					
内蒙古					
广　西					
重　庆					
四　川					
贵　州					
云　南					
西　藏					
陕　西					
甘　肃					
青　海					
宁　夏					
新　疆					

2-8 续表 42

(其他日用品及文化用品市场)

地区	市场数量(个)	总摊位数(个)	年末出租摊位数(个)	营业面积(平方米)	成交额(万元)
全国	**31**	**18996**	**18496**	**901178**	**4021176**
东部地区	**21**	**14988**	**14493**	**697791**	**3233092**
北京					
天津					
河北					
上海	1	48	48	5000	1788981
江苏	2	795	731	16500	35824
浙江	11	8295	8045	277553	708307
福建	1	573	573	194260	93500
山东	3	2100	2085	110000	355685
广东	3	3177	3011	94478	250795
海南					
东北地区	**1**	**1495**	**1495**	**45000**	**17899**
辽宁	1	1495	1495	45000	17899
吉林					
黑龙江					
中部地区	**5**	**1060**	**1055**	**118526**	**417504**
山西					
安徽					
江西					
河南	1	120	120	6000	12000
湖北	3	855	853	110676	392668
湖南	1	85	82	1850	12836
西部地区	**4**	**1453**	**1453**	**39861**	**352681**
内蒙古					
广西					
重庆	3	1053	1053	27861	232681
四川					
贵州					
云南					
西藏					
陕西					
甘肃	1	400	400	12000	120000
青海					
宁夏					
新疆					

2-8 续表 43

(黄金、珠宝、玉器等首饰市场)

地　区	市场数量(个)	总摊位数(个)	年末出租摊位数(个)	营业面积(平方米)	成交额(万元)
全　国	**27**	**16933**	**16427**	**923948**	**4675878**
东部地区	**20**	**13381**	**12879**	**804928**	**4480551**
北　京	3	1213	1058	45677	279832
天　津					
河　北					
上　海					
江　苏	2	1500	1478	60000	748160
浙　江	2	1381	1381	126973	1939060
福　建	6	1672	1672	59237	909043
山　东	3	2324	2154	308579	346910
广　东	4	5291	5136	204462	257546
海　南					
东北地区	**3**	**2045**	**2045**	**22000**	**71400**
辽　宁	3	2045	2045	22000	71400
吉　林					
黑龙江					
中部地区	**2**	**162**	**158**	**18000**	**33725**
山　西	1	102	100	10000	12675
安　徽					
江　西					
河　南	1	60	58	8000	21050
湖　北					
湖　南					
西部地区	**2**	**1345**	**1345**	**79020**	**90202**
内蒙古	1	633	633	21600	55995
广　西					
重　庆					
四　川					
贵　州					
云　南					
西　藏					
陕　西					
甘　肃					
青　海					
宁　夏					
新　疆	1	712	712	57420	34207

2-8 续表 44

(电器、通讯器材、电子设备市场)

地 区	市场数量（个）	总摊位数（个）	年末出租摊位数（个）	营业面积（平方米）	成交额（万元）
全 国	**161**	**73489**	**67267**	**3573417**	**11105215**
东部地区	**90**	**41780**	**37857**	**1407958**	**5471489**
北 京	10	5401	5036	173969	1007380
天 津					
河 北	2	359	359	54000	53260
上 海	7	2217	2006	75934	286769
江 苏	10	4325	4067	102912	619318
浙 江	26	9345	8102	319592	1318245
福 建	3	1157	1157	58000	190297
山 东	10	2987	2933	330300	986572
广 东	21	15689	13897	282751	981048
海 南	1	300	300	10500	28600
东北地区	**10**	**5543**	**5270**	**156789**	**892993**
辽 宁	4	1660	1430	47800	160539
吉 林	3	1336	1336	6430	284111
黑龙江	3	2547	2504	102559	448343
中部地区	**35**	**16697**	**15533**	**1566229**	**2802804**
山 西	2	448	448	13000	28300
安 徽	1	3902	3417	875253	978203
江 西	3	1339	1301	58694	90609
河 南	7	4461	4391	318900	623403
湖 北	8	2479	2264	105400	334749
湖 南	14	4068	3712	194982	747540
西部地区	**26**	**9469**	**8607**	**442441**	**1937929**
内蒙古					
广 西	1	732	732	20259	90000
重 庆	8	2716	2586	136535	610262
四 川	6	1922	1640	84900	741193
贵 州	3	638	638	55800	133037
云 南					
西 藏					
陕 西	4	2086	1636	110699	196830
甘 肃					
青 海					
宁 夏	1	317	317	8200	32083
新 疆	3	1058	1058	26048	134524

2-8 续表 45

(家电市场)

地 区	市场数量（个）	总摊位数（个）	年末出租摊位数（个）	营业面积（平方米）	成交额（万元）
全 国	**41**	**14657**	**13369**	**1572878**	**3215183**
东部地区	**20**	**5636**	**5185**	**421200**	**1305610**
北 京					
天 津					
河 北					
上 海	1	220	200	20000	45500
江 苏	2	880	810	16000	143644
浙 江	7	1072	974	72701	338870
福 建					
山 东	5	1418	1400	258800	623945
广 东	5	2046	1801	53699	153651
海 南					
东北地区	**2**	**928**	**700**	**27000**	**107098**
辽 宁	2	928	700	27000	107098
吉 林					
黑 龙 江					
中部地区	**16**	**7850**	**7241**	**1087979**	**1738575**
山 西					
安 徽	1	3902	3417	875253	978203
江 西	2	1239	1229	53994	79753
河 南	4	953	943	48100	285908
湖 北	2	465	388	14400	26470
湖 南	7	1291	1264	96232	368241
西部地区	**3**	**243**	**243**	**36699**	**63900**
内 蒙 古					
广 西					
重 庆	1	25	25	15000	36300
四 川					
贵 州	1	112	112	16000	11000
云 南					
西 藏					
陕 西	1	106	106	5699	16600
甘 肃					
青 海					
宁 夏					
新 疆					

2-8 续表 46

(通讯器材市场)

地 区	市场数量(个)	总摊位数(个)	年末出租摊位数(个)	营业面积(平方米)	成交额(万元)
全 国	**31**	**17114**	**15772**	**420110**	**1212050**
东部地区	**20**	**14050**	**12839**	**320730**	**696682**
北 京	1	622	552	11989	12042
天 津					
河 北	2	359	359	54000	53260
上 海	2	985	973	22000	37846
江 苏	1	1610	1601	44232	58566
浙 江	3	994	994	44903	76620
福 建					
山 东	1	120	115	6000	27000
广 东	10	9360	8245	137606	431348
海 南					
东北地区	**3**	**848**	**846**	**6630**	**85113**
辽 宁	1	210	208	3000	22590
吉 林	2	638	638	3630	62523
黑龙江					
中部地区	**6**	**1612**	**1483**	**60750**	**300586**
山 西					
安 徽					
江 西					
河 南	1	360	300	7000	54000
湖 北	3	961	932	51000	217494
湖 南	2	291	251	2750	29092
西部地区	**2**	**604**	**604**	**32000**	**129669**
内蒙古					
广 西					
重 庆	2	604	604	32000	129669
四 川					
贵 州					
云 南					
西 藏					
陕 西					
甘 肃					
青 海					
宁 夏					
新 疆					

2-8 续表 47

(照相、摄像器材市场)

地　区	市场数量(个)	总摊位数(个)	年末出租摊位数(个)	营业面积(平方米)	成交额(万元)
全　国	**2**	**562**	**485**	**20866**	**71266**
东部地区	**2**	**562**	**485**	**20866**	**71266**
北　京	1	315	315	13066	39009
天　津					
河　北					
上　海	1	247	170	7800	32257
江　苏					
浙　江					
福　建					
山　东					
广　东					
海　南					
东北地区					
辽　宁					
吉　林					
黑龙江					
中部地区					
山　西					
安　徽					
江　西					
河　南					
湖　北					
湖　南					
西部地区					
内蒙古					
广　西					
重　庆					
四　川					
贵　州					
云　南					
西　藏					
陕　西					
甘　肃					
青　海					
宁　夏					
新　疆					

2-8 续表 48

(计算机及辅助设备市场)

地 区	市场数量(个)	总摊位数(个)	年末出租摊位数(个)	营业面积(平方米)	成交额(万元)
全 国	**79**	**36469**	**33219**	**1423090**	**6063206**
东部地区	**43**	**18223**	**16284**	**565689**	**3040443**
北 京	6	3734	3474	131714	829117
天 津					
河 北					
上 海	3	765	663	26134	171166
江 苏	7	1835	1656	42680	417108
浙 江	14	5000	4065	150215	701079
福 建	3	1157	1157	58000	190297
山 东	4	1449	1418	65500	335627
广 东	6	4283	3851	91446	396049
海 南					
东北地区	**5**	**3767**	**3724**	**123159**	**700782**
辽 宁	1	522	522	17800	30851
吉 林	1	698	698	2800	221588
黑龙江	3	2547	2504	102559	448343
中部地区	**12**	**6555**	**6149**	**405500**	**716161**
山 西	2	448	448	13000	28300
安 徽					
江 西	1	100	72	4700	10856
河 南	2	3148	3148	263800	283495
湖 北	3	1053	944	40000	90785
湖 南	4	1806	1537	84000	302725
西部地区	**19**	**7924**	**7062**	**328742**	**1605820**
内蒙古					
广 西	1	732	732	20259	90000
重 庆	5	2087	1957	89535	444293
四 川	6	1922	1640	84900	741193
贵 州	1	145	145	3000	15580
云 南					
西 藏					
陕 西	3	1980	1530	105000	180230
甘 肃					
青 海					
宁 夏					
新 疆	3	1058	1058	26048	134524

2-8 续表 49

(其他电器、通讯器材、电子设备市场)

地　区	市场数量（个）	总摊位数（个）	年末出租摊位数（个）	营业面积（平方米）	成交额（万元）
全　国	**8**	**4687**	**4422**	**136473**	**543510**
东部地区	**5**	**3309**	**3064**	**79473**	**357488**
北　京	2	730	695	17200	127212
天　津					
河　北					
上　海					
江　苏					
浙　江	2	2279	2069	51773	201676
福　建					
山　东					
广　东					
海　南	1	300	300	10500	28600
东北地区					
辽　宁					
吉　林					
黑龙江					
中部地区	**1**	**680**	**660**	**12000**	**47482**
山　西					
安　徽					
江　西					
河　南					
湖　北					
湖　南	1	680	660	12000	47482
西部地区	**2**	**698**	**698**	**45000**	**138540**
内蒙古					
广　西					
重　庆					
四　川					
贵　州	1	381	381	36800	106457
云　南					
西　藏					
陕　西					
甘　肃					
青　海					
宁　夏	1	317	317	8200	32083
新　疆					

2-8 续表 50

(医药、医疗用品及器材市场)

地区	市场数量（个）	总摊位数（个）	年末出租摊位数（个）	营业面积（平方米）	成交额（万元）
全国	**25**	**64194**	**46854**	**2278907**	**13687730**
东部地区	**8**	**17695**	**9507**	**513070**	**1771400**
北京					
天津					
河北	1	14000	7000	360000	1400000
上海	1	324	298	8000	60000
江苏					
浙江	2	1578	615	68599	104000
福建	1	36	36	1500	33876
山东	1	968	863	60000	50568
广东	2	789	695	14971	122956
海南					
东北地区	**3**	**2039**	**1905**	**142900**	**1630000**
辽宁	1	724	590	93900	1000000
吉林	2	1315	1315	49000	630000
黑龙江					
中部地区	**7**	**12075**	**10639**	**665102**	**3795095**
山西					
安徽	2	6400	5303	44500	2653759
江西	1	700	361	19000	181000
河南	2	3228	3228	123950	279738
湖北					
湖南	2	1747	1747	477652	680598
西部地区	**7**	**32385**	**24803**	**957835**	**6491235**
内蒙古	1	180	180	18060	40484
广西	1	1116	1000	23000	730000
重庆					
四川	1	30181	22775	875093	5455701
贵州					
云南	1	368	368	19682	167250
西藏					
陕西	2	490	430	14000	57800
甘肃					
青海	1	50	50	8000	40000
宁夏					
新疆					

2-8 续表 51

(中药材市场)

地　　区	市场数量 (个)	总摊位数 (个)	年末出租摊位数 (个)	营业面积 (平方米)	成交额 (万元)
全　　国	**25**	**64194**	**46854**	**2278907**	**13687730**
东部地区	**8**	**17695**	**9507**	**513070**	**1771400**
北　　京					
天　　津					
河　　北	1	14000	7000	360000	1400000
上　　海	1	324	298	8000	60000
江　　苏					
浙　　江	2	1578	615	68599	104000
福　　建	1	36	36	1500	33876
山　　东	1	968	863	60000	50568
广　　东	2	789	695	14971	122956
海　　南					
东北地区	**3**	**2039**	**1905**	**142900**	**1630000**
辽　　宁	1	724	590	93900	1000000
吉　　林	2	1315	1315	49000	630000
黑 龙 江					
中部地区	**7**	**12075**	**10639**	**665102**	**3795095**
山　　西					
安　　徽	2	6400	5303	44500	2653759
江　　西	1	700	361	19000	181000
河　　南	2	3228	3228	123950	279738
湖　　北					
湖　　南	2	1747	1747	477652	680598
西部地区	**7**	**32385**	**24803**	**957835**	**6491235**
内 蒙 古	1	180	180	18060	40484
广　　西	1	1116	1000	23000	730000
重　　庆					
四　　川	1	30181	22775	875093	5455701
贵　　州					
云　　南	1	368	368	19682	167250
西　　藏					
陕　　西	2	490	430	14000	57800
甘　　肃					
青　　海	1	50	50	8000	40000
宁　　夏					
新　　疆					

2-8 续表 52

(家具、五金及装饰材料市场)

地　区	市场数量（个）	总摊位数（个）	年末出租摊位数（个）	营业面积（平方米）	成交额（万元）
全　国	**577**	**294085**	**275246**	**39945237**	**48713400**
东部地区	**356**	**181485**	**168036**	**25809730**	**32822332**
北　京	19	8122	7743	934928	1149389
天　津	8	2651	2379	782928	479715
河　北	25	14792	14353	4948409	4327317
上　海	20	14189	13202	1254803	1319368
江　苏	97	52743	48136	6776398	9656976
浙　江	89	44575	41164	4500624	6924978
福　建	9	2466	2396	501590	921559
山　东	68	33701	31426	4066211	6763073
广　东	21	8246	7237	2043839	1279957
海　南					
东北地区	**36**	**19820**	**18499**	**1888425**	**1867555**
辽　宁	24	12909	12072	1037744	1339806
吉　林	6	4855	4470	524681	283645
黑龙江	6	2056	1957	326000	244104
中部地区	**105**	**50137**	**47516**	**6794862**	**7646017**
山　西	4	1835	1733	306332	136625
安　徽	17	10367	9773	1335929	1590728
江　西	12	9443	9109	1099442	1082309
河　南	19	9051	8764	1727940	991908
湖　北	26	8226	7676	1105944	1817087
湖　南	27	11215	10461	1219275	2027360
西部地区	**80**	**42643**	**41195**	**5452220**	**6377496**
内蒙古	4	1173	1173	115600	174611
广　西	6	3419	3107	431473	368487
重　庆	27	14103	13511	1757948	3511988
四　川	8	9740	9273	1103082	977206
贵　州	4	1456	1436	330000	189891
云　南	9	3376	3329	554981	523688
西　藏					
陕　西	4	1493	1493	213772	62826
甘　肃	9	3050	3040	235247	300465
青　海	1	612	612	12165	33678
宁　夏	5	2586	2586	485296	106008
新　疆	3	1635	1635	212656	128648

2-8 续表 53

(家具市场)

地　区	市场数量(个)	总摊位数(个)	年末出租摊位数(个)	营业面积(平方米)	成交额(万元)
全　国	**159**	**70055**	**65917**	**13577131**	**13239593**
东部地区	**97**	**44368**	**41686**	**8827410**	**9353675**
北　京	8	3735	3579	549859	556828
天　津	1	382	382	51309	20000
河　北	6	6208	6169	3427000	3006560
上　海	5	1118	907	317271	113111
江　苏	28	14048	12946	2117036	2039311
浙　江	30	11725	10780	1405036	2058402
福　建	2	710	707	213000	280273
山　东	14	5566	5376	616007	1223200
广　东	3	876	840	130892	55990
海　南					
东北地区	**17**	**6471**	**6217**	**802481**	**846273**
辽　宁	11	3617	3462	430244	573739
吉　林	3	1937	1937	197237	181000
黑龙江	3	917	818	175000	91534
中部地区	**25**	**8343**	**7550**	**1911453**	**949200**
山　西	2	660	558	166332	40750
安　徽	4	353	353	250000	84254
江　西	5	2730	2508	560000	258267
河　南	3	2505	2459	736000	347229
湖　北	7	1266	865	114721	156647
湖　南	4	829	807	84400	62053
西部地区	**20**	**10873**	**10464**	**2035787**	**2090445**
内蒙古	3	968	968	103600	156955
广　西	2	1432	1120	120973	127954
重　庆	4	2691	2606	763000	1407700
四　川	3	3508	3496	523282	172526
贵　州					
云　南	3	783	783	266824	113521
西　藏					
陕　西					
甘　肃	2	332	332	69052	29623
青　海					
宁　夏	2	649	649	145000	45236
新　疆	1	510	510	44056	36930

2-8　续表 54

（装饰材料市场）

地　区	市场数量（个）	总摊位数（个）	年末出租摊位数（个）	营业面积（平方米）	成交额（万元）
全　国	**252**	**118189**	**110641**	**15831436**	**17616960**
东部地区	**150**	**65638**	**60645**	**9363820**	**10500870**
北　京	7	2089	2035	152126	269153
天　津	4	1088	1076	106800	87506
河　北	11	3437	3437	743779	494338
上　海	8	7772	7595	631651	959105
江　苏	42	21589	19380	3012689	3450016
浙　江	33	14058	12950	1595482	1713038
福　建	4	1013	946	62300	388488
山　东	28	9605	9052	1359053	2543859
广　东	13	4987	4174	1699940	595367
海　南					
东北地区	**12**	**7104**	**6213**	**709500**	**588129**
辽　宁	9	5241	4735	429500	483297
吉　林	1	1187	802	150000	72262
黑龙江	2	676	676	130000	32570
中部地区	**55**	**28352**	**27190**	**3716877**	**4693805**
山　西	2	1175	1175	140000	95875
安　徽	9	4381	4368	802929	1111610
江　西	5	6276	6164	496442	795441
河　南	8	4380	4172	841460	307759
湖　北	15	5470	5333	889129	1239631
湖　南	16	6670	5978	546917	1143489
西部地区	**35**	**17095**	**16593**	**2041239**	**1834156**
内蒙古	1	205	205	12000	17656
广　西	2	871	871	165500	42631
重　庆	16	6154	5683	713539	879209
四　川	3	3939	3918	329800	253604
贵　州	2	982	982	184000	144050
云　南	3	1412	1412	198000	286573
西　藏					
陕　西	2	802	802	156772	38284
甘　肃	4	1064	1054	88900	124195
青　海					
宁　夏	1	1341	1341	122728	25991
新　疆	1	325	325	70000	21963

2-8 续表 55

(灯具市场)

地　区	市场数量(个)	总摊位数(个)	年末出租摊位数(个)	营业面积(平方米)	成交额(万元)
全　国	**17**	**7337**	**7143**	**1081379**	**1929081**
东部地区	**11**	**5399**	**5328**	**753069**	**1460017**
北　京	1	350	314	35000	10754
天　津					
河　北	1	332	332	6930	14220
上　海					
江　苏	4	2333	2298	365605	823919
浙　江	2	1114	1114	77534	160000
福　建					
山　东	3	1270	1270	268000	451124
广　东					
海　南					
东北地区	**1**	**276**	**180**	**54000**	**68936**
辽　宁	1	276	180	54000	68936
吉　林					
黑龙江					
中部地区					
山　西					
安　徽					
江　西					
河　南					
湖　北					
湖　南					
西部地区	**5**	**1662**	**1635**	**274310**	**400128**
内蒙古					
广　西					
重　庆	3	679	675	138129	188563
四　川	1	473	473	120000	162000
贵　州					
云　南	1	510	487	16181	49565
西　藏					
陕　西					
甘　肃					
青　海					
宁　夏					
新　疆					

2-8 续表 56

(厨具、盥洗设备市场)

地 区	市场数量（个）	总摊位数（个）	年末出租摊位数（个）	营业面积（平方米）	成交额（万元）
全 国	**4**	**1417**	**1399**	**122168**	**197523**
东部地区	**2**	**866**	**848**	**34608**	**157427**
北 京					
天 津					
河 北					
上 海					
江 苏					
浙 江	1	500	500	13000	133811
福 建					
山 东	1	366	348	21608	23616
广 东					
海 南					
东北地区					
辽 宁					
吉 林					
黑 龙 江					
中部地区	**1**	**411**	**411**	**63560**	**28096**
山 西					
安 徽					
江 西					
河 南	1	411	411	63560	28096
湖 北					
湖 南					
西部地区	**1**	**140**	**140**	**24000**	**12000**
内 蒙 古					
广 西					
重 庆					
四 川					
贵 州					
云 南					
西 藏					
陕 西	1	140	140	24000	12000
甘 肃					
青 海					
宁 夏					
新 疆					

2-8 续表 57

(五金材料市场)

地　区	市场数量(个)	总摊位数(个)	年末出租摊位数(个)	营业面积(平方米)	成交额(万元)
全　国	**78**	**54751**	**49967**	**4625328**	**9383480**
东部地区	**58**	**40418**	**36183**	**3548144**	**6838426**
北　京	1	536	536	8794	16328
天　津	3	1181	921	624819	372209
河　北	3	3360	2960	336000	456000
上　海	3	3700	3417	194379	156002
江　苏	15	9731	8473	746068	1734382
浙　江	12	9104	8213	340456	1828816
福　建	1	213	213	3900	45346
山　东	15	10210	9227	1080721	1600743
广　东	5	2383	2223	213007	628600
海　南					
东北地区	**1**	**1366**	**1366**	**160000**	**18000**
辽　宁					
吉　林	1	1366	1366	160000	18000
黑龙江					
中部地区	**12**	**5317**	**5234**	**565904**	**988920**
山　西					
安　徽					
江　西					
河　南	7	1755	1722	86920	308824
湖　北	1	572	562	35894	53512
湖　南	4	2990	2950	443090	626584
西部地区	**7**	**7650**	**7184**	**351280**	**1538134**
内蒙古					
广　西	1	700	700	45000	100000
重　庆	4	4579	4547	143280	1036516
四　川	1	1820	1386	130000	389076
贵　州					
云　南					
西　藏					
陕　西	1	551	551	33000	12542
甘　肃					
青　海					
宁　夏					
新　疆					

2-8　续表 58

(其他装修市场)

地　区	市场数量(个)	总摊位数(个)	年末出租摊位数(个)	营业面积(平方米)	成交额(万元)
全　国	**67**	**42336**	**40179**	**4707795**	**6346763**
东部地区	**38**	**24796**	**23346**	**3282679**	**4511917**
北　京	2	1412	1279	189149	296326
天　津					
河　北	4	1455	1455	434700	356199
上　海	4	1599	1283	111502	91150
江　苏	8	5042	5039	535000	1609348
浙　江	11	8074	7607	1069116	1030911
福　建	2	530	530	222390	207452
山　东	7	6684	6153	720822	920531
广　东					
海　南					
东北地区	**5**	**4603**	**4523**	**162444**	**346217**
辽　宁	3	3775	3695	124000	213834
吉　林	1	365	365	17444	12383
黑龙江	1	463	463	21000	120000
中部地区	**12**	**7714**	**7131**	**537068**	**985996**
山　西					
安　徽	4	5633	5052	283000	394864
江　西	2	437	437	43000	28601
河　南					
湖　北	3	918	916	66200	367297
湖　南	3	726	726	144868	195234
西部地区	**12**	**5223**	**5179**	**725604**	**502633**
内蒙古					
广　西	1	416	416	100000	97902
重　庆					
四　川					
贵　州	2	474	454	146000	45841
云　南	2	671	647	73976	74029
西　藏					
陕　西					
甘　肃	3	1654	1654	77295	146647
青　海	1	612	612	12165	33678
宁　夏	2	596	596	217568	34781
新　疆	1	800	800	98600	69755

2-8 续表 59

(汽车、摩托车及零配件市场)

地 区	市场数量(个)	总摊位数(个)	年末出租摊位数(个)	营业面积(平方米)	成交额(万元)
全 国	**283**	**92448**	**82883**	**15022118**	**63223907**
东部地区	**186**	**44749**	**41647**	**8091594**	**41038301**
北 京	15	4751	4492	891483	8265392
天 津	4	1905	1889	339660	3225121
河 北	11	4302	4279	767240	1135222
上 海	13	2314	2304	225057	2883626
江 苏	25	5824	4980	1876771	5859218
浙 江	53	14086	12465	1244515	10711438
福 建	6	605	585	97106	501765
山 东	30	5524	5340	1314399	3323902
广 东	29	5438	5313	1335363	5132617
海 南					
东北地区	**14**	**12571**	**8626**	**1276660**	**6152814**
辽 宁	9	5495	4528	649790	3423465
吉 林	3	5856	2880	585870	2698234
黑龙江	2	1220	1218	41000	31115
中部地区	**45**	**23438**	**21480**	**2320775**	**9880054**
山 西	1	426	426	70000	13700
安 徽	9	3157	2689	337010	853382
江 西	7	3176	2691	256500	1633389
河 南	10	4943	4943	423592	1654726
湖 北	7	3741	3170	497200	2969514
湖 南	11	7995	7561	736473	2755343
西部地区	**38**	**11690**	**11130**	**3333089**	**6152738**
内蒙古					
广 西	5	1115	1071	601196	232280
重 庆	8	3549	3519	609670	3333618
四 川	5	654	648	257004	529945
贵 州	5	687	636	479000	204951
云 南	5	1628	1538	563457	590870
西 藏					
陕 西	4	1957	1879	107484	698516
甘 肃	1	96	92	10440	26890
青 海					
宁 夏	1	961	850	229000	27973
新 疆	4	1043	897	475838	507695

2-8 续表 60

(汽车市场)

地　区	市场数量(个)	总摊位数(个)	年末出租摊位数(个)	营业面积(平方米)	成交额(万元)
全　国	**190**	**45617**	**38404**	**11494575**	**50955379**
东部地区	**129**	**21140**	**18929**	**6081826**	**34908310**
北　京	9	1520	1333	646033	7667410
天　津	4	1905	1889	339660	3225121
河　北	5	1050	1027	383340	473966
上　海	9	559	549	132178	2185239
江　苏	19	3138	2770	1524571	5027602
浙　江	44	8845	7362	826964	9309325
福　建	5	405	385	89978	463038
山　东	16	1796	1764	1028040	1915873
广　东	18	1922	1850	1111062	4640736
海　南					
东北地区	**10**	**10544**	**7253**	**1070660**	**5411204**
辽　宁	5	3468	3155	443790	2681855
吉　林	3	5856	2880	585870	2698234
黑龙江	2	1220	1218	41000	31115
中部地区	**21**	**5431**	**4247**	**1294808**	**5348947**
山　西					
安　徽	6	1468	1105	277347	666482
江　西	3	1329	1164	143000	282621
河　南	4	284	284	175178	706780
湖　北	4	661	395	217000	1405778
湖　南	4	1689	1299	482283	2287286
西部地区	**30**	**8502**	**7975**	**3047281**	**5286918**
内蒙古					
广　西	4	770	731	591296	216660
重　庆	7	2869	2863	569670	2843618
四　川	5	654	648	257004	529945
贵　州	4	427	376	436000	175991
云　南	3	718	628	403333	464520
西　藏					
陕　西	2	1060	982	85140	520516
甘　肃					
青　海					
宁　夏	1	961	850	229000	27973
新　疆	4	1043	897	475838	507695

2-8 续表 61

(摩托车市场)

地 区	市场数量(个)	总摊位数(个)	年末出租摊位数(个)	营业面积(平方米)	成交额(万元)
全 国	**10**	**3869**	**3786**	**261366**	**762932**
东部地区	**2**	**1034**	**1034**	**65226**	**74363**
北 京					
天 津					
河 北	1	814	814	50000	42563
上 海					
江 苏					
浙 江	1	220	220	15226	31800
福 建					
山 东					
广 东					
海 南					
东北地区					
辽 宁					
吉 林					
黑 龙 江					
中部地区	**5**	**1714**	**1664**	**135800**	**156059**
山 西					
安 徽	1	150	145	16000	50000
江 西	1	200	180	5000	11230
河 南	1	1050	1050	100000	51330
湖 北					
湖 南	2	314	289	14800	43499
西部地区	**3**	**1121**	**1088**	**60340**	**532510**
内 蒙 古					
广 西	1	345	340	9900	15620
重 庆	1	680	656	40000	490000
四 川					
贵 州					
云 南					
西 藏					
陕 西					
甘 肃	1	96	92	10440	26890
青 海					
宁 夏					
新 疆					

2-8 续表 62

(机动车零配件市场)

地区	市场数量(个)	总摊位数(个)	年末出租摊位数(个)	营业面积(平方米)	成交额(万元)
全国	**83**	**42962**	**40693**	**3266177**	**11505596**
东部地区	**55**	**22575**	**21684**	**1944542**	**6055628**
北京	6	3231	3159	245450	597982
天津					
河北	5	2438	2438	333900	618693
上海	4	1755	1755	92879	698387
江苏	6	2686	2210	352200	831616
浙江	8	5021	4883	402325	1370313
福建	1	200	200	7128	38727
山东	14	3728	3576	286359	1408029
广东	11	3516	3463	224301	491881
海南					
东北地区	**4**	**2027**	**1373**	**206000**	**741610**
辽宁	4	2027	1373	206000	741610
吉林					
黑龙江					
中部地区	**19**	**16293**	**15569**	**890167**	**4375048**
山西	1	426	426	70000	13700
安徽	2	1539	1439	43663	136900
江西	3	1647	1347	108500	1339538
河南	5	3609	3609	148414	896616
湖北	3	3080	2775	280200	1563736
湖南	5	5992	5973	239390	424558
西部地区	**5**	**2067**	**2067**	**225468**	**333310**
内蒙古					
广西					
重庆					
四川					
贵州	1	260	260	43000	28960
云南	2	910	910	160124	126350
西藏					
陕西	2	897	897	22344	178000
甘肃					
青海					
宁夏					
新疆					

2-8 续表 63

(花鸟鱼虫市场)

地　区	市场数量(个)	总摊位数(个)	年末出租摊位数(个)	营业面积(平方米)	成交额(万元)
全　国	**29**	**20871**	**20206**	**3400971**	**4132376**
东部地区	**17**	**10521**	**9871**	**2928099**	**3060501**
北　京	1	200	180	3000	18200
天　津	2	1400	900	80000	34790
河　北	1	443	396	1926	38400
上　海	2	557	557	51150	29656
江　苏	3	3130	3095	643000	1827000
浙　江	2	1244	1232	59208	249540
福　建	2	205	205	31855	94017
山　东	2	1600	1600	139960	444000
广　东	2	1742	1706	1918000	324898
海　南					
东北地区	**4**	**1973**	**1973**	**46532**	**83473**
辽　宁	3	1711	1711	26532	71271
吉　林					
黑龙江	1	262	262	20000	12202
中部地区	**5**	**4289**	**4289**	**292340**	**472881**
山　西					
安　徽	2	1682	1682	105000	114900
江　西					
河　南	2	2179	2179	54000	189701
湖　北					
湖　南	1	428	428	133340	168280
西部地区	**3**	**4088**	**4073**	**134000**	**515521**
内蒙古					
广　西					
重　庆					
四　川	1	488	488	20000	51021
贵　州					
云　南	1	3000	2985	14000	399500
西　藏					
陕　西					
甘　肃					
青　海					
宁　夏					
新　疆	1	600	600	100000	65000

2-8 续表 64

（花卉市场）

地 区	市场数量（个）	总摊位数（个）	年末出租摊位数（个）	营业面积（平方米）	成交额（万元）
全 国	**25**	**19901**	**19240**	**3341416**	**3962413**
东部地区	**14**	**9711**	**9065**	**2880544**	**2930409**
北 京	1	200	180	3000	18200
天 津	2	1400	900	80000	34790
河 北	1	443	396	1926	38400
上 海	1	177	177	15350	11506
江 苏	3	3130	3095	643000	1827000
浙 江	1	944	936	53828	220440
福 建	1	75	75	25480	11175
山 东	2	1600	1600	139960	444000
广 东	2	1742	1706	1918000	324898
海 南					
东北地区	**3**	**1813**	**1813**	**34532**	**43602**
辽 宁	2	1551	1551	14532	31400
吉 林					
黑龙江	1	262	262	20000	12202
中部地区	**5**	**4289**	**4289**	**292340**	**472881**
山 西					
安 徽	2	1682	1682	105000	114900
江 西					
河 南	2	2179	2179	54000	189701
湖 北					
湖 南	1	428	428	133340	168280
西部地区	**3**	**4088**	**4073**	**134000**	**515521**
内蒙古					
广 西					
重 庆					
四 川	1	488	488	20000	51021
贵 州					
云 南	1	3000	2985	14000	399500
西 藏					
陕 西					
甘 肃					
青 海					
宁 夏					
新 疆	1	600	600	100000	65000

2-8 续表 65

(其他花鸟鱼虫市场)

地　区	市场数量(个)	总摊位数(个)	年末出租摊位数(个)	营业面积(平方米)	成交额(万元)
全　国	**4**	**970**	**966**	**59555**	**169963**
东部地区	**3**	**810**	**806**	**47555**	**130092**
北　京					
天　津					
河　北					
上　海	1	380	380	35800	18150
江　苏					
浙　江	1	300	296	5380	29100
福　建	1	130	130	6375	82842
山　东					
广　东					
海　南					
东北地区	**1**	**160**	**160**	**12000**	**39871**
辽　宁	1	160	160	12000	39871
吉　林					
黑龙江					
中部地区					
山　西					
安　徽					
江　西					
河　南					
湖　北					
湖　南					
西部地区					
内蒙古					
广　西					
重　庆					
四　川					
贵　州					
云　南					
西　藏					
陕　西					
甘　肃					
青　海					
宁　夏					
新　疆					

2-8 续表 66

(旧货市场)

地 区	市场数量(个)	总摊位数(个)	年末出租摊位数(个)	营业面积(平方米)	成交额(万元)
全 国	**20**	**8591**	**7823**	**384740**	**790799**
东部地区	**15**	**6737**	**6309**	**275193**	**676069**
北 京	1	3258	3258	26000	27823
天 津					
河 北	1	256	256	20000	14666
上 海					
江 苏	1	73	70	25000	17950
浙 江	8	2186	1817	138431	524807
福 建	2	448	448	18762	20473
山 东	2	516	460	47000	70350
广 东					
海 南					
东北地区	**1**	**475**	**255**	**32000**	**13233**
辽 宁					
吉 林	1	475	255	32000	13233
黑龙江					
中部地区	**2**	**1257**	**1150**	**28120**	**27611**
山 西					
安 徽					
江 西	1	750	750	15000	17611
河 南	1	507	400	13120	10000
湖 北					
湖 南					
西部地区	**2**	**122**	**109**	**49427**	**73886**
内蒙古					
广 西					
重 庆					
四 川					
贵 州					
云 南	2	122	109	49427	73886
西 藏					
陕 西					
甘 肃					
青 海					
宁 夏					
新 疆					

2-8 续表 67

(古玩、古董、字画市场)

地区	市场数量（个）	总摊位数（个）	年末出租摊位数（个）	营业面积（平方米）	成交额（万元）
全国	**3**	**955**	**848**	**31882**	**30473**
东部地区	**2**	**448**	**448**	**18762**	**20473**
北京					
天津					
河北					
上海					
江苏					
浙江					
福建	2	448	448	18762	20473
山东					
广东					
海南					
东北地区					
辽宁					
吉林					
黑龙江					
中部地区	**1**	**507**	**400**	**13120**	**10000**
山西					
安徽					
江西					
河南	1	507	400	13120	10000
湖北					
湖南					
西部地区					
内蒙古					
广西					
重庆					
四川					
贵州					
云南					
西藏					
陕西					
甘肃					
青海					
宁夏					
新疆					

2-8 续表 68

(其他旧货市场)

地区	市场数量(个)	总摊位数(个)	年末出租摊位数(个)	营业面积(平方米)	成交额(万元)
全国	**17**	**7636**	**6975**	**352858**	**760326**
东部地区	**13**	**6289**	**5861**	**256431**	**655596**
北京	1	3258	3258	26000	27823
天津					
河北	1	256	256	20000	14666
上海					
江苏	1	73	70	25000	17950
浙江	8	2186	1817	138431	524807
福建					
山东	2	516	460	47000	70350
广东					
海南					
东北地区	**1**	**475**	**255**	**32000**	**13233**
辽宁					
吉林	1	475	255	32000	13233
黑龙江					
中部地区	**1**	**750**	**750**	**15000**	**17611**
山西					
安徽					
江西	1	750	750	15000	17611
河南					
湖北					
湖南					
西部地区	**2**	**122**	**109**	**49427**	**73886**
内蒙古					
广西					
重庆					
四川					
贵州					
云南	2	122	109	49427	73886
西藏					
陕西					
甘肃					
青海					
宁夏					
新疆					

2-8 续表 69

(其他专业市场)

地　　区	市场数量 (个)	总摊位数 (个)	年末出租摊位数 (个)	营业面积 (平方米)	成交额 (万元)
全　　国	**59**	**40835**	**34387**	**3068076**	**8455216**
东部地区	**37**	**18956**	**17809**	**2089126**	**4952462**
北　　京	2	181	181	109159	46824
天　　津	1	180	180	8000	15000
河　　北	5	8117	7867	1046750	2266340
上　　海	4	1285	1239	40400	433968
江　　苏	6	1146	1138	110359	708500
浙　　江	9	3120	2875	410522	986286
福　　建					
山　　东	8	4269	3851	339550	286008
广　　东	2	658	478	24386	209536
海　　南					
东北地区	**5**	**6170**	**5659**	**144000**	**1793183**
辽　　宁	5	6170	5659	144000	1793183
吉　　林					
黑 龙 江					
中部地区	**9**	**6980**	**6548**	**444551**	**831132**
山　　西					
安　　徽	2	1688	1415	125500	79243
江　　西	1	871	871	203468	44508
河　　南	5	4096	3952	106783	695304
湖　　北					
湖　　南	1	325	310	8800	12077
西部地区	**8**	**8729**	**4371**	**390399**	**878439**
内 蒙 古	6	3169	3119	332709	747157
广　　西					
重　　庆					
四　　川	1	560	560	15000	101274
贵　　州					
云　　南	1	5000	692	42690	30008
西　　藏					
陕　　西					
甘　　肃					
青　　海					
宁　　夏					
新　　疆					

2-9 商品交易市场情况(按营业状态分)

(常年营业)

地　区	市场数量(个)	总摊位数(个)	年末出租摊位数(个)	营业面积(平方米)	成交额(万元)
全　国	**5009**	**3842183**	**3455139**	**284267365**	**976744408**
东部地区	**2985**	**2212482**	**1991841**	**170467126**	**676834161**
北　京	137	124976	111400	6970819	33375721
天　津	75	48609	43403	5212689	27488030
河　北	243	329948	297795	28001262	48243712
上　海	163	77619	73105	7251664	94619863
江　苏	541	392016	350786	32750775	165837173
浙　江	764	509950	463045	29696541	148150185
福　建	161	64189	57423	3762744	17101701
山　东	532	399095	376393	37131994	87848443
广　东	362	262074	214491	19590338	53972789
海　南	7	4006	4000	98300	196544
东北地区	**366**	**313921**	**290572**	**15625431**	**60639723**
辽　宁	214	192435	177468	9182802	43060739
吉　林	61	54222	49981	3018813	6575374
黑龙江	91	67264	63123	3423816	11003610
中部地区	**926**	**654042**	**604973**	**45054328**	**128405463**
山　西	40	35398	34182	2652647	5895944
安　徽	136	124839	111524	10892891	28963242
江　西	93	73932	68181	3587373	16487055
河　南	164	134733	123273	11434195	26864486
湖　北	168	89620	83107	5925897	18575660
湖　南	325	195520	184706	10561325	31619076
西部地区	**732**	**661738**	**567753**	**53120480**	**110865061**
内蒙古	65	38698	34698	6756947	6702225
广　西	89	76494	69678	4373532	11800655
重　庆	144	97100	91490	7429990	33072063
四　川	118	176831	129962	9344475	21504978
贵　州	47	26847	25621	1969237	4691304
云　南	49	69384	61967	3722883	7321436
西　藏					
陕　西	47	31490	28913	1713866	3863466
甘　肃	44	37797	32556	1894297	4919408
青　海	8	5298	5062	283968	244573
宁　夏	33	26566	22472	3849797	2836500
新　疆	88	75233	65334	11781488	13908453

2-9 续表 1

(季节性营业)

地　区	市场数量 (个)	总摊位数 (个)	年末出租摊位数 (个)	营业面积 (平方米)	成交额 (万元)
全　国	**70**	**32738**	**29039**	**4053803**	**5088755**
东部地区	**47**	**27286**	**23849**	**2946898**	**3746860**
北　京	3	4156	2514	279000	151526
天　津					
河　北	9	6175	5507	701380	489931
上　海					
江　苏	4	1126	830	55906	96775
浙　江	3	658	603	108145	253128
福　建	1	36	36	1500	33876
山　东	26	15025	14249	1770967	2541624
广　东	1	110	110	30000	180000
海　南					
东北地区	**5**	**995**	**952**	**201690**	**190936**
辽　宁	2	249	249	51690	109307
吉　林	1	526	483	4000	24178
黑龙江	2	220	220	146000	57451
中部地区	**9**	**3480**	**3290**	**268465**	**520047**
山　西					
安　徽	2	370	370	39850	70080
江　西	1	306	306	60000	31268
河　南	5	2354	2334	161650	388039
湖　北					
湖　南	1	450	280	6965	30660
西部地区	**9**	**977**	**948**	**636750**	**630912**
内蒙古	5	445	445	450200	231100
广　西	2	448	445	114000	205234
重　庆					
四　川					
贵　州					
云　南	1	24	24	70000	177841
西　藏					
陕　西					
甘　肃					
青　海					
宁　夏					
新　疆	1	60	34	2550	16737

2-9 续表 2

(其他)

地 区	市场数量(个)	总摊位数(个)	年末出租摊位数(个)	营业面积(平方米)	成交额(万元)
全 国	**10**	**4692**	**3992**	**362176**	**1818091**
东部地区	**5**	**1540**	**1142**	**198753**	**164384**
北 京					
天 津					
河 北	1	402	387	21800	11667
上 海	1	91	91	36066	99709
江 苏	2	684	301	140255	24269
浙 江					
福 建					
山 东					
广 东	1	363	363	632	28739
海 南					
东北地区	**1**	**450**	**450**	**50000**	**1260000**
辽 宁	1	450	450	50000	1260000
吉 林					
黑 龙 江					
中部地区	**4**	**2702**	**2400**	**113423**	**393707**
山 西					
安 徽					
江 西	1	368	368	13500	316194
河 南	1	900	900	70423	10100
湖 北	1	360	360	10500	25607
湖 南	1	1074	772	19000	41806
西部地区					
内 蒙 古					
广 西					
重 庆					
四 川					
贵 州					
云 南					
西 藏					
陕 西					
甘 肃					
青 海					
宁 夏					
新 疆					

2-10 商品交易市场情况(按经营方式分)

(批发为主)

地 区	市场数量(个)	总摊位数(个)	年末出租摊位数(个)	营业面积(平方米)	成交额(万元)
全 国	**2947**	**2683060**	**2384961**	**226468297**	**846282990**
东部地区	**1766**	**1605182**	**1429676**	**139144668**	**594555591**
北 京	62	83712	71555	4707952	21886362
天 津	52	34760	31101	4195160	26498815
河 北	190	283722	255082	25872209	45514408
上 海	88	51850	48908	5862147	89880746
江 苏	283	255208	222786	24002284	145328228
浙 江	392	355554	324479	22718305	124418977
福 建	71	31540	27752	2216258	13624591
山 东	395	304644	284249	32322807	80402061
广 东	231	203689	163267	17177746	46973878
海 南	2	503	497	69800	27525
东北地区	**169**	**149231**	**139378**	**9602483**	**48314278**
辽 宁	100	88792	83003	5515802	36413979
吉 林	31	26957	25252	1932130	4144029
黑龙江	38	33482	31123	2154551	7756270
中部地区	**554**	**434190**	**402600**	**34629651**	**108445186**
山 西	30	30635	29563	2260515	5648058
安 徽	90	96866	87734	9259387	26331941
江 西	56	48610	44661	2733035	14607735
河 南	115	96724	88218	8956324	23908199
湖 北	91	57118	53674	3830938	14278683
湖 南	172	104237	98750	7589452	23670570
西部地区	**458**	**494457**	**413307**	**43091495**	**94967935**
内蒙古	49	23607	20889	6488145	5685234
广 西	50	43222	38941	3076407	10325546
重 庆	78	67825	64355	5185061	27771573
四 川	81	156480	110372	7630848	19174646
贵 州	31	21260	20199	1144576	4128253
云 南	27	56423	49544	3000162	5817896
西 藏					
陕 西	31	21238	19444	1167410	2546726
甘 肃	33	27327	25562	1624838	4613983
青 海	4	3543	3414	237203	133443
宁 夏	18	16666	12907	2975981	2367476
新 疆	56	56866	47680	10560864	12403159

2-10　续表

(零售为主)

地　区	市场数量(个)	总摊位数(个)	年末出租摊位数(个)	营业面积(平方米)	成交额(万元)
全　国	**2142**	**1196553**	**1103209**	**62215047**	**137368264**
东部地区	**1271**	**636126**	**587156**	**34468109**	**86189814**
北　京	78	45420	42359	2541867	11640885
天　津	23	13849	12302	1017529	989215
河　北	63	52803	48607	2852233	3230902
上　海	76	25860	24288	1425583	4838826
江　苏	264	138618	129131	8944652	20629989
浙　江	375	155054	139169	7086381	23984336
福　建	91	32685	29707	1547986	3510986
山　东	163	109476	106393	6580154	9988006
广　东	133	58858	51697	2443224	7207650
海　南	5	3503	3503	28500	169019
东北地区	**203**	**166135**	**152596**	**6274638**	**13776381**
辽　宁	117	104342	95164	3768690	8016067
吉　林	31	27791	25212	1090683	2455523
黑龙江	55	34002	32220	1415265	3304791
中部地区	**385**	**226034**	**208063**	**10806565**	**20874031**
山　西	10	4763	4619	392132	247886
安　徽	48	28343	24160	1673354	2701381
江　西	39	25996	24194	927838	2226782
河　南	55	41263	38289	2709944	3354426
湖　北	78	32862	29793	2105459	4322584
湖　南	155	92807	87008	2997838	8020972
西部地区	**283**	**168258**	**155394**	**10665735**	**16528038**
内蒙古	21	15536	14254	719002	1248091
广　西	41	33720	31182	1411125	1680343
重　庆	66	29275	27135	2244929	5300490
四　川	37	20351	19590	1713627	2330332
贵　州	16	5587	5422	824661	563051
云　南	23	12985	12447	792721	1681381
西　藏					
陕　西	16	10252	9469	546456	1316740
甘　肃	11	10470	6994	269459	305425
青　海	4	1755	1648	46765	111130
宁　夏	15	9900	9565	873816	469024
新　疆	33	18427	17688	1223174	1522031

2-11 商品交易市场情况(按经营环境分)

(露天式)

地　区	市场数量(个)	总摊位数(个)	年末出租摊位数(个)	营业面积(平方米)	成交额(万元)
全　国	**848**	**553234**	**495871**	**62672045**	**153503218**
东部地区	**502**	**338421**	**305267**	**36356332**	**92756948**
北　京	22	26744	17177	2554400	13041614
天　津	19	12583	9937	2063259	3115877
河　北	85	112324	103475	9826733	8896784
上　海	9	3378	3358	286859	4095340
江　苏	64	25180	21737	2756260	13495658
浙　江	71	38284	36726	2689950	14334452
福　建	7	1162	1142	88560	388032
山　东	176	99868	93985	14364622	30330587
广　东	48	18492	17330	1667889	5047079
海　南	1	406	400	57800	11525
东北地区	**56**	**35849**	**34266**	**4114947**	**11505852**
辽　宁	40	23685	22363	2671600	9111220
吉　林	6	5432	5173	492900	238904
黑龙江	10	6732	6730	950447	2155728
中部地区	**138**	**89415**	**81346**	**7865537**	**25668344**
山　西	8	4370	4030	370577	546452
安　徽	27	17568	15968	1372240	4373757
江　西	12	10616	10214	730499	3318447
河　南	41	24962	22919	2570693	6350065
湖　北	26	14472	13463	898162	5244529
湖　南	24	17427	14752	1923366	5835094
西部地区	**152**	**89549**	**74992**	**14335229**	**23572074**
内蒙古	31	13059	11943	5036143	3635375
广　西	11	4789	3842	1280028	5150909
重　庆	10	5829	5144	517776	3311572
四　川	25	13607	12223	1253479	3225705
贵　州	10	2248	2101	603434	959840
云　南	10	9582	5137	442281	1281216
西　藏					
陕　西	12	6318	6146	344282	1347733
甘　肃	14	16604	11933	550342	2311305
青　海	3	861	857	138803	66056
宁　夏	7	6381	5991	819340	847826
新　疆	19	10271	9675	3349321	1434537

2-11　续表 1

(封闭式)

地　区	市场数量(个)	总摊位数(个)	年末出租摊位数(个)	营业面积(平方米)	成交额(万元)
全　国	**3608**	**2869058**	**2584306**	**181510376**	**674317847**
东部地区	**2164**	**1644667**	**1480652**	**111465650**	**473611628**
北　京	108	88456	83668	4099292	16755187
天　津	51	34429	31910	2983124	23917995
河　北	132	187281	169194	16639984	36582312
上　海	118	55099	51387	2956231	77462888
江　苏	401	314500	285694	24831803	105711930
浙　江	624	435838	392270	24798499	111710348
福　建	132	56139	49411	3326556	13179240
山　东	330	258978	247172	18789767	51479719
广　东	263	210444	166443	13011894	36642990
海　南	5	3503	3503	28500	169019
东北地区	**302**	**267305**	**246079**	**10473351**	**46865506**
辽　宁	168	161778	148331	5739292	31883541
吉　林	52	44815	41175	2122469	6097632
黑龙江	82	60712	56573	2611590	8884333
中部地区	**643**	**443976**	**416076**	**27921386**	**83531595**
山　西	23	26395	26010	2012427	4622115
安　徽	79	65288	56658	4985769	17069663
江　西	71	54863	50616	2648525	11772307
河　南	98	82862	78007	7164782	16702664
湖　北	117	64697	60595	4288365	12492580
湖　南	255	149871	144190	6821518	20872266
西部地区	**499**	**513110**	**441499**	**31649989**	**70309118**
内蒙古	36	25383	22499	1953869	2924171
广　西	60	61633	56374	2442465	5523243
重　庆	120	81202	76679	6019305	23305966
四　川	83	156042	110698	7649812	16470192
贵　州	26	18682	18049	1189037	2658193
云　南	36	58126	55203	3189508	5832935
西　藏					
陕　西	28	20702	18451	1152882	2321748
甘　肃	21	15972	15817	1087632	2187725
青　海	5	4437	4205	145165	178517
宁　夏	24	17576	15400	2547457	1710784
新　疆	60	53355	48124	4272857	7195644

2-11 续表 2

(其他)

地　区	市场数量（个）	总摊位数（个）	年末出租摊位数（个）	营业面积（平方米）	成交额（万元）
全　国	**633**	**457321**	**407993**	**44500923**	**155830189**
东部地区	**371**	**258220**	**230913**	**25790795**	**114376829**
北　京	10	13932	13069	596127	3730446
天　津	5	1597	1556	166306	454158
河　北	36	36920	31020	2257725	3266214
上　海	37	19233	18451	4044640	13161344
江　苏	82	54146	44486	5358873	46750629
浙　江	72	36486	34652	2316237	22358513
福　建	23	6924	6906	349128	3568305
山　东	52	55274	49485	5748572	8579761
广　东	53	33611	31191	4941187	12491459
海　南	1	97	97	12000	16000
东北地区	**14**	**12212**	**11629**	**1288823**	**3719301**
辽　宁	9	7671	7473	873600	3435285
吉　林	4	4501	4116	407444	263016
黑龙江	1	40	40	7779	21000
中部地区	**158**	**126833**	**113241**	**9649293**	**20119278**
山　西	9	4633	4142	269643	727377
安　徽	32	42353	39268	4574732	7589902
江　西	12	9127	8025	281849	1743763
河　南	31	30163	25581	1930793	4209896
湖　北	26	10811	9409	749870	864158
湖　南	48	29746	26816	1842406	4984182
西部地区	**90**	**60056**	**52210**	**7772012**	**17614781**
内蒙古	3	701	701	217135	373779
广　西	20	10520	9907	765039	1331737
重　庆	14	10069	9667	892909	6454525
四　川	10	7182	7041	441184	1809081
贵　州	11	5917	5471	176766	1073271
云　南	4	1700	1651	161094	385126
西　藏					
陕　西	7	4470	4316	216702	193985
甘　肃	9	5221	4806	256323	420378
青　海					
宁　夏	2	2609	1081	483000	277890
新　疆	10	11667	7569	4161860	5295009

2-12 商品交易市场成交情况(按摊位分)

地区	粮油、食品、饮料、烟酒类		粮油、食品类		#粮油类	
	摊位数（个）	成交额（万元）	摊位数（个）	成交额（万元）	摊位数（个）	成交额（万元）
全　国	**1110849**	**249173235**	**1014343**	**230089999**	**86757**	**29085845**
东部地区	**704876**	**158253746**	**652609**	**146250279**	**51556**	**19049555**
北　京	40759	19303643	37688	17564051	3157	2365311
天　津	15148	6166510	14072	5725744	1711	1063246
河　北	125387	11534244	117428	10671309	6888	1168447
上　海	23127	7684735	21498	7467474	1430	772275
江　苏	95029	27232323	86925	24359270	9052	4062599
浙　江	142537	32716716	133442	30279659	8975	3986999
福　建	27132	6417036	24299	5784674	1768	359937
山　东	176842	28630011	161469	26572108	12836	3540910
广　东	56158	18445243	53322	17708859	5607	1726895
海　南	2757	123285	2466	117131	132	2936
东北地区	**58994**	**14859351**	**54294**	**13807783**	**4973**	**1411017**
辽　宁	34451	7632990	32302	7221161	2783	694356
吉　林	8943	1048283	7704	1021281	852	38827
黑龙江	15600	6178078	14288	5565341	1338	677834
中部地区	**185343**	**44576513**	**162617**	**40599447**	**17334**	**4538707**
山　西	7680	2334093	7251	2002468	806	222610
安　徽	30541	6729599	26860	6062680	2416	794043
江　西	21953	7602033	19588	7062790	1844	935623
河　南	37054	11114352	32947	10645066	3804	1119321
湖　北	28078	6114683	24791	5672994	2640	587574
湖　南	60037	10681753	51180	9153449	5824	879536
西部地区	**161636**	**31483625**	**144823**	**29432490**	**12894**	**4086566**
内蒙古	9497	1899448	8971	1717586	516	259820
广　西	22918	3187315	21473	3000366	2749	433035
重　庆	25760	7046755	22370	6494261	2680	556552
四　川	39867	6356902	36429	6110925	2874	986296
贵　州	8124	2060729	6992	1737503	741	789982
云　南	10147	2058924	8311	1904562	589	375725
西　藏						
陕　西	9643	1587759	7532	1497935	631	300315
甘　肃	12166	1862648	11221	1699314	708	224874
青　海	254	12953	227	12177	8	338
宁　夏	7850	1204325	7290	1163508	295	30351
新　疆	15410	4205867	14007	4094353	1103	129278

2-12 续表 1

地区	#肉禽蛋类		#水产品类		#蔬菜类	
	摊位数（个）	成交额（万元）	摊位数（个）	成交额（万元）	摊位数（个）	成交额（万元）
全　国	**139096**	**31909763**	**159869**	**47084222**	**421243**	**63374512**
东部地区	**81896**	**20104499**	**123893**	**33810186**	**274442**	**38593205**
北　京	5147	2176032	4209	2448217	11460	5135884
天　津	1006	464437	1626	1832508	7264	1285769
河　北	7146	1209850	4731	422102	76517	4911598
上　海	3715	1810057	4132	2280847	6710	1408143
江　苏	15957	4084483	16759	5987921	32569	5160427
浙　江	18918	4210555	45535	8431314	39801	6309417
福　建	4630	645002	6547	2883556	6702	1009309
山　东	11864	1314795	30961	6481099	75631	9625452
广　东	12833	4141842	8781	2996735	17184	3735893
海　南	680	47446	612	45887	604	11313
东北地区	**9567**	**1721286**	**8316**	**3915348**	**19605**	**4066869**
辽　宁	5647	919818	5302	2501770	12131	1770936
吉　林	1341	44497	1118	429035	2349	346796
黑龙江	2579	756971	1896	984543	5125	1949137
中部地区	**25304**	**4727793**	**17639**	**5914582**	**60640**	**11975368**
山　西	305	70617	128	43456	3855	1133815
安　徽	5404	1023668	2846	1090490	10420	1395277
江　西	4328	1359158	1591	545473	7504	1600298
河　南	2266	448784	4570	777601	13942	4535463
湖　北	3659	435956	3544	1812408	8875	1321967
湖　南	9342	1389610	4960	1645154	16044	1988548
西部地区	**22329**	**5356185**	**10021**	**3444106**	**66556**	**8739070**
内蒙古	848	311417	648	63779	4574	664199
广　西	5720	929413	2178	208416	7365	774705
重　庆	3813	1683660	1903	1581662	7777	1235827
四　川	5015	1082127	2079	734688	19898	2341413
贵　州	802	145595	156	13928	3197	305012
云　南	1654	215507	518	72858	3941	607078
西　藏						
陕　西	1440	136385	580	63030	3488	916460
甘　肃	732	262014	643	275463	7208	594775
青　海	19	755	15	704	156	9080
宁　夏	808	189839	432	156692	3610	311426
新　疆	1478	399473	869	272886	5342	979095

2-12　续表 2

地　区	#干鲜果品类		饮料类		烟酒类	
	摊位数（个）	成交额（万元）	摊位数（个）	成交额（万元）	摊位数（个）	成交额（万元）
全　国	**169002**	**50221257**	**50231**	**9589796**	**46275**	**9493440**
东部地区	**101963**	**30053796**	**26695**	**6324337**	**25572**	**5679130**
北　京	9912	4772957	1372	627942	1699	1111650
天　津	1812	909353	603	180203	473	260563
河　北	21007	2829618	3607	328216	4352	534719
上　海	4396	1061507	752	84159	877	133102
江　苏	10918	3998641	4341	1655451	3763	1217602
浙　江	16538	6306322	6100	1641105	2995	795952
福　建	2915	608840	2350	463177	483	169185
山　东	26221	4786237	5501	968079	9872	1089824
广　东	7904	4773712	1925	372575	911	363809
海　南	340	6609	144	3430	147	2724
东北地区	**7861**	**2101340**	**2433**	**491277**	**2267**	**560291**
辽　宁	4103	782149	1134	202452	1015	209377
吉　林	859	131513	626	14472	613	12530
黑龙江	2899	1187678	673	274353	639	338384
中部地区	**32556**	**11115149**	**11320**	**1651116**	**11406**	**2325950**
山　西	1822	458210	73	19429	356	312196
安　徽	5305	1603148	2102	377123	1579	289796
江　西	4048	2073218	1052	215816	1313	323427
河　南	7302	3583969	1950	315955	2157	153331
湖　北	4741	1324286	2422	297029	865	144660
湖　南	9338	2072318	3721	425764	5136	1102540
西部地区	**26622**	**6950972**	**9783**	**1123066**	**7030**	**928069**
内蒙古	1928	358859	249	98845	277	83017
广　西	3147	645091	761	131587	684	55362
重　庆	3651	1100038	1605	268366	1785	284128
四　川	5613	860111	1689	95530	1749	150447
贵　州	1934	471755	683	173891	449	149335
云　南	1071	450808	1394	116095	442	38267
西　藏						
陕　西	1313	77447	2022	87301	89	2523
甘　肃	1235	289630	421	57314	524	106020
青　海	29	1300	15	388	12	388
宁　夏	2134	425400	314	32899	246	7918
新　疆	4567	2270533	630	60850	773	50664

2-12 续表 3

地　区	服装、鞋帽、针纺织品类		服装类		鞋帽类	
	摊位数（个）	成交额（万元）	摊位数（个）	成交额（万元）	摊位数（个）	成交额（万元）
全　国	**984199**	**153194117**	**604156**	**68706312**	**146618**	**15192200**
东部地区	**508008**	**110951843**	**290907**	**41402855**	**69939**	**8459811**
北　京	28139	799376	20387	552381	3639	104792
天　津	9507	633073	6378	419521	2030	144905
河　北	50807	8614519	35318	5739154	7250	696982
上　海	10949	938577	8216	793050	921	25853
江　苏	90393	39904600	42895	11483801	14922	2367212
浙　江	139300	36256556	64543	10524079	13845	1720956
福　建	14850	2683837	11274	2076399	2451	155910
山　东	85562	10220521	52623	5009002	15116	1963031
广　东	77747	10861557	48651	4770033	9661	1276694
海　南	754	39227	622	35435	104	3476
东北地区	**123129**	**14129719**	**73063**	**9455752**	**19305**	**1357765**
辽　宁	77605	11970502	44269	7824461	12414	1173277
吉　林	16064	612322	12761	521530	1793	48841
黑龙江	29460	1546895	16033	1109761	5098	135647
中部地区	**172653**	**12586050**	**117074**	**8099364**	**28079**	**2327374**
山　西	17434	852890	13674	591166	2427	180928
安　徽	24207	2158987	13057	1218976	4684	475324
江　西	15723	2469425	9511	1426965	3069	448577
河　南	38462	2345251	24311	1549169	6395	400402
湖　北	21976	1672266	17868	1277677	2456	232971
湖　南	54851	3087231	38653	2035411	9048	589172
西部地区	**180409**	**15526505**	**123112**	**9748341**	**29295**	**3047250**
内蒙古	12185	418349	7534	281297	2477	83929
广　西	26409	907835	18699	674834	3244	94591
重　庆	20732	4907158	12697	2361478	4216	1362875
四　川	40266	3250816	28114	2076099	7582	661605
贵　州	9139	982797	7261	810432	1495	105897
云　南	29321	2601282	19821	1867350	3643	266553
西　藏						
陕　西	9819	493844	6801	229199	1556	191309
甘　肃	8523	570755	6521	503552	958	27132
青　海	2684	81787	1480	43920	502	19246
宁　夏	6237	225141	3639	123578	1073	37798
新　疆	15094	1086741	10545	776602	2549	196315

2-12 续表 4

地 区	针纺织品类		化妆品类		金银珠宝类	
	摊位数（个）	成交额（万元）	摊位数（个）	成交额（万元）	摊位数（个）	成交额（万元）
全 国	**233425**	**69295605**	**31853**	**3223491**	**20461**	**5617969**
东部地区	**147162**	**61089177**	**14632**	**1767896**	**13960**	**4752170**
北 京	4113	142203	1226	69950	1041	287294
天 津	1099	68647	369	29764	7	816
河 北	8239	2178383	1666	317021	896	134148
上 海	1812	119674	48	5132	46	5727
江 苏	32576	26053587	2011	293155	1666	769224
浙 江	60912	24011521	2396	415477	1771	1995165
福 建	1125	451528	258	30603	1887	950708
山 东	17823	3248488	3520	413858	1802	339886
广 东	19435	4814830	3088	191713	4844	269202
海 南	28	316	50	1223		
东北地区	**30761**	**3316202**	**2981**	**425525**	**2336**	**111547**
辽 宁	20922	2972764	1812	383439	2256	99793
吉 林	1510	41951	328	6425	26	1494
黑龙江	8329	301487	841	35661	54	10260
中部地区	**27500**	**2159312**	**8224**	**616356**	**2017**	**486289**
山 西	1333	80796	202	11132	15	7901
安 徽	6466	464687	813	100688	1651	319878
江 西	3143	593883	827	92086	60	9421
河 南	7756	395680	4228	150965	167	96979
湖 北	1652	161618	546	103721	37	35233
湖 南	7150	462648	1608	157764	87	16877
西部地区	**28002**	**2730914**	**6016**	**413714**	**2148**	**267963**
内蒙古	2174	53123	397	8054	29	40345
广 西	4466	138410	802	24965	63	829
重 庆	3819	1182805	816	159610	20	10695
四 川	4570	513112	1451	32012	461	14509
贵 州	383	66468	97	19854	1	80
云 南	5857	467379	779	35834	452	36295
西 藏						
陕 西	1462	73336	151	4711	50	1100
甘 肃	1044	40071	429	65582	35	4873
青 海	702	18621	76	4252	3	72
宁 夏	1525	63765	308	20202	43	2060
新 疆	2000	113824	710	38638	991	157105

2-12 续表 5

地　区	日用品类		#洗涤用品类		#儿童玩具类	
	摊位数(个)	成交额(万元)	摊位数(个)	成交额(万元)	摊位数(个)	成交额(万元)
全　国	**184642**	**28787907**	**43036**	**5044088**	**33017**	**4152723**
东部地区	**118050**	**21141525**	**23139**	**2905313**	**22410**	**3199070**
北　京	9814	800806	861	109366	1351	69075
天　津	2307	232247	518	26003	71	6674
河　北	17118	3241315	5889	1517381	9294	1514733
上　海	1517	1956746	254	40424	55	8347
江　苏	22431	3885020	4676	502377	3122	622211
浙　江	24704	5190424	3538	293178	3189	485606
福　建	1791	335786	267	11951	76	6444
山　东	21706	2785773	5533	287451	4009	313377
广　东	16610	2711972	1594	116886	1235	172483
海　南	52	1436	9	296	8	120
东北地区	**15696**	**2425000**	**3580**	**303215**	**1669**	**100565**
辽　宁	11282	2247886	1974	234675	1114	79716
吉　林	1313	74122	186	6729	85	1055
黑龙江	3101	102992	1420	61811	470	19794
中部地区	**23933**	**2734961**	**9261**	**946644**	**4093**	**454536**
山　西	1527	493034	337	14593	85	2190
安　徽	4744	386799	1225	128555	554	48454
江　西	2951	459735	1146	196854	614	127783
河　南	4505	352849	1724	89532	1440	76938
湖　北	2915	358338	1421	233019	396	44673
湖　南	7291	684206	3408	284091	1004	154498
西部地区	**26963**	**2486421**	**7056**	**888916**	**4845**	**398552**
内蒙古	852	38476	138	4715	285	7136
广　西	2195	119042	712	65495	484	28681
重　庆	5457	937399	1623	361389	644	165087
四　川	4084	421081	1578	56147	1518	86164
贵　州	1612	195067	295	150851	53	4530
云　南	6444	309830	266	5419	745	37781
西　藏						
陕　西	1070	28908	567	18943	477	9657
甘　肃	1426	196934	502	72186	204	44965
青　海	150	3203	26	323	124	1080
宁　夏	688	34694	126	7241	39	756
新　疆	2985	201787	1223	146207	272	12715

2-12 续表 6

地区	五金、电料类		体育、娱乐用品类		书报杂志类	
	摊位数（个）	成交额（万元）	摊位数（个）	成交额（万元）	摊位数（个）	成交额（万元）
全国	**113639**	**22157706**	**12946**	**1743871**	**5210**	**751016**
东部地区	**69821**	**15485442**	**8027**	**1363696**	**2205**	**280936**
北京	2011	172684	1027	150263	216	23469
天津	2686	946807	93	15178	14	178
河北	6217	1547223	1629	447675	270	51093
上海	4282	252551	251	40307	3	356
江苏	15594	3636983	816	53020	428	62467
浙江	18770	4828213	1397	302293	263	53675
福建	781	149671	78	3160	24	882
山东	13256	2520805	1749	220243	861	56836
广东	6218	1430327	983	131457	126	31980
海南	6	178	4	100		
东北地区	**7759**	**506905**	**594**	**20330**	**198**	**16482**
辽宁	3965	363228	464	13575	146	15305
吉林	3195	77366	38	1360	11	229
黑龙江	599	66311	92	5395	41	948
中部地区	**19436**	**3875578**	**2358**	**204620**	**2040**	**422502**
山西	719	238956	83	3677	5	45
安徽	3714	544590	281	16035	371	180138
江西	1448	400804	103	6789	113	6543
河南	3409	699147	810	60272	777	143996
湖北	3371	455025	141	21864	236	16673
湖南	6775	1537056	940	95983	538	75107
西部地区	**16623**	**2289781**	**1967**	**155225**	**767**	**31096**
内蒙古	539	124826	65	3682	30	150
广西	1754	161983	292	9922	18	169
重庆	4411	1042840	327	62467	46	970
四川	2831	534723	282	17499	135	7452
贵州	151	29966	39	3476	11	547
云南	626	23051	228	14829	9	82
西藏						
陕西	839	34359	109	2937	6	56
甘肃	1202	42536	299	28493	288	886
青海	277	6724	32	508	1	32
宁夏	191	7908	12	1303	30	8801
新疆	3802	280865	282	10109	193	11951

2-12 续表 7

地区	电子出版物及音像制品类		家用电器和音像器材类		中西药品类	
	摊位数（个）	成交额（万元）	摊位数（个）	成交额（万元）	摊位数（个）	成交额（万元）
全　国	**9193**	**2060196**	**38724**	**7570468**	**27934**	**12192630**
东部地区	**4167**	**1524927**	**16984**	**3275458**	**10566**	**2172663**
北　京	86	18809	1622	169307	44	6027
天　津	18	2066	154	16019	14	117
河　北	2106	1274273	950	105791	7163	1412326
上　海	31	3832	336	56610	306	61636
江　苏	711	73927	3207	848879	119	228152
浙　江	93	28625	3725	726312	909	226406
福　建	47	4221	548	103414	108	38756
山　东	915	44167	3669	962920	1050	59961
广　东	160	75007	2767	285916	851	139216
海　南			6	290	2	66
东北地区	**1194**	**204883**	**2800**	**596498**	**1975**	**1583145**
辽　宁	587	125418	1888	411944	497	936309
吉　林	514	72567	313	27585	1453	637820
黑龙江	93	6898	599	156969	25	9016
中部地区	**2730**	**281926**	**11264**	**2546104**	**10582**	**4026265**
山　西	16	534	108	7788		
安　徽	231	7105	2645	869782	4842	2671446
江　西	233	22930	1662	302673	485	202321
河　南	759	38972	2835	484425	2951	276876
湖　北	107	12237	1031	107643	39	31631
湖　南	1384	200148	2983	773793	2265	843991
西部地区	**1102**	**48460**	**7676**	**1152408**	**4811**	**4410557**
内蒙古	57	1096	249	26456	212	41534
广　西	145	3419	508	22858	1145	740096
重　庆	78	9544	627	342435	105	18653
四　川	99	4267	1378	204822	1991	3300427
贵　州	24	909	913	92741	6	578
云　南	88	1987	1621	63281	431	174268
西　藏						
陕　西	105	9361	332	34760	430	57800
甘　肃	207	7191	649	193274	169	18283
青　海	3	65	56	797	52	40101
宁　夏	97	3205	26	10274	10	66
新　疆	199	7416	1317	160710	260	18751

2-12 续表 8

地 区	#西药类		#中草药及中成药类		文化办公用品类	
	摊位数（个）	成交额（万元）	摊位数（个）	成交额（万元）	摊位数（个）	成交额（万元）
全 国	**1226**	**317033**	**26230**	**11706733**	**67202**	**11624767**
东部地区	**411**	**159747**	**10034**	**1895535**	**36443**	**5921261**
北 京	24	3896	7	720	5111	979899
天 津	9	78	2	6	511	43603
河 北	111	10680	7052	1401634	3123	598051
上 海	6	1287	299	60341	762	209531
江 苏	74	130242	38	3508	3880	940066
浙 江	6	284	850	211596	11244	1654422
福 建	18	1025	75	34529	1037	153834
山 东	121	5473	915	52252	4751	746411
广 东	40	6716	796	130949	5724	566844
海 南	2	66			300	28600
东北地区	**80**	**20084**	**1885**	**1558152**	**7145**	**1521575**
辽 宁	50	14481	445	921776	3188	856291
吉 林	18	842	1431	632642	898	172860
黑龙江	12	4761	9	3734	3059	492424
中部地区	**362**	**89583**	**10017**	**3896119**	**11685**	**2014003**
山 西					672	36372
安 徽	31	33555	4794	2632565	468	57459
江 西	35	5136	381	183529	1152	288010
河 南	169	5201	2770	271243	4177	359929
湖 北	26	16316	3	447	2221	581894
湖 南	101	29375	2069	808335	2995	690339
西部地区	**373**	**47619**	**4294**	**4356927**	**11929**	**2167928**
内蒙古	21	565	188	40684	426	23835
广 西	20	6485	1058	732445	889	95252
重 庆	50	9722	41	6812	2767	566391
四 川	1	10	1986	3300207	2259	813095
贵 州	1	560	5	18	560	88226
云 南	39	2984	392	171284	607	34675
西 藏						
陕 西			430	57800	1208	123988
甘 肃	163	17730	6	553	790	169502
青 海	1	80	51	40021	268	2312
宁 夏	8	63	2	3	394	34828
新 疆	69	9420	135	7100	1761	215824

2-12 续表 9

地 区	家具类		通讯器材类		煤炭及制品类	
	摊位数(个)	成交额(万元)	摊位数(个)	成交额(万元)	摊位数(个)	成交额(万元)
全 国	**95553**	**19088397**	**26133**	**3138455**	**2739**	**6429554**
东部地区	**52485**	**11904007**	**18672**	**1850949**	**1687**	**5567684**
北 京	4390	743519	1745	326307	1	2
天 津	817	49366	90	34823	1131	2416726
河 北	7883	3401505	1180	166024	238	498063
上 海	2537	227997	1047	33811		
江 苏	13813	2647468	1563	183342	151	705231
浙 江	13310	2677526	2104	254792	81	1930855
福 建	890	320094	172	17857		
山 东	8049	1753822	1193	204123	85	16807
广 东	796	82710	9578	629870		
海 南						
东北地区	**9929**	**1042256**	**1508**	**118744**	**122**	**6685**
辽 宁	6582	675304	654	40324	3	200
吉 林	2245	190023	739	62484		
黑 龙 江	1102	176929	115	15936	119	6485
中部地区	**13260**	**2979639**	**2827**	**811604**	**158**	**174813**
山 西	841	51473	6	327	7	79613
安 徽	2618	1218797	54	8363	7	350
江 西	2674	362321	145	45539		
河 南	2360	534208	627	348907	98	1728
湖 北	1696	275188	1133	288282	3	90550
湖 南	3071	537652	862	120186	43	2572
西部地区	**19879**	**3162495**	**3126**	**357158**	**772**	**680372**
内 蒙 古	1410	216710	22	599	31	640515
广 西	970	173753	67	3336		
重 庆	3671	1714109	816	236752	3	390
四 川	6487	326235	71	1196		
贵 州	730	35921	15	1003		
云 南	835	130873	1056	15756	5	155
西 藏						
陕 西	74	3903	265	37490		
甘 肃	1267	96246	60	12091	6	663
青 海	159	10613	4	75		
宁 夏	793	55603	142	5087	547	19539
新 疆	3483	398529	608	43773	180	19110

2-12　续表 10

地　区	木材及制品类		石油及制品类		化工材料及制品类	
	摊位数（个）	成交额（万元）	摊位数（个）	成交额（万元）	摊位数（个）	成交额（万元）
全　国	**33038**	**10019208**	**3874**	**16498751**	**39880**	**32663024**
东部地区	**22742**	**7972342**	**610**	**9601852**	**32803**	**30918628**
北　京	513	44541			145	22884
天　津	93	11645			326	319546
河　北	931	269025	27	7931	13120	2144623
上　海	1500	432499	418	8333813	807	1351886
江　苏	6736	1366820	23	18288	5216	13196246
浙　江	5046	1300823	47	1127166	4518	8408791
福　建	393	57177	3	89	337	75318
山　东	5792	3412459	82	111095	3224	1386883
广　东	1738	1077353	10	3470	5110	4012451
海　南						
东北地区	**2097**	**215006**	**180**	**6500000**	**1685**	**166285**
辽　宁	1518	159443	180	6500000	453	92824
吉　林	434	19602			1180	53666
黑龙江	145	35961			52	19795
中部地区	**4952**	**1131882**	**1081**	**124323**	**3053**	**559462**
山　西	150	13000			4	1000
安　徽	1688	534283	2	150	743	228955
江　西	441	40853			297	40577
河　南	348	207440	989	101105	522	37067
湖　北	861	180640	71	15323	238	63793
湖　南	1464	155666	19	7745	1249	188070
西部地区	**3247**	**699978**	**2003**	**272576**	**2339**	**1018649**
内蒙古	409	285405			44	28845
广　西	388	85602			163	68494
重　庆	615	180856	12	100	266	67296
四　川	819	40674	1979	270000	453	256427
贵　州						
云　南	152	10750	1	685	128	165499
西　藏						
陕　西					21	181670
甘　肃	70	76945			46	423
青　海						
宁　夏	53	3888	10	1765	28	1865
新　疆	741	15858	1	26	1190	248130

2-12 续表 11

地区	#化肥类		金属材料类		建筑及装潢材料类	
	摊位数(个)	成交额(万元)	摊位数(个)	成交额(万元)	摊位数(个)	成交额(万元)
全　国	**3747**	**1079480**	**102371**	**234802035**	**247377**	**47356525**
东部地区	**1024**	**455354**	**64727**	**181790538**	**132180**	**27596942**
北　京			333	50648	5068	766809
天　津	7	2725	2577	11745232	2843	286229
河　北	354	132432	14930	3623347	7486	1307563
上　海			3855	67426150	14227	1866886
江　苏	234	154433	17660	47381672	43439	8404867
浙　江	2	1250	14480	22434663	26983	5265248
福　建			374	2621737	3246	1923372
山　东	426	164502	7834	20884750	23954	6905722
广　东	1	12	2684	5622339	4934	870246
海　南						
东北地区	**1196**	**63656**	**8600**	**6745845**	**15979**	**2220085**
辽　宁	8	770	6475	4937555	7812	1528168
吉　林	1139	43666	1101	145990	3179	316405
黑龙江	49	19220	1024	1662300	4988	375512
中部地区	**423**	**103396**	**12820**	**22474888**	**56794**	**10821380**
山　西			210	546171	2275	696131
安　徽	68	15180	2267	8324654	12908	2377343
江　西	41	9001	1377	882663	9063	1418103
河　南	196	22848	2637	5445549	5737	1641302
湖　北	34	18536	3382	2830928	10094	2126048
湖　南	84	37831	2947	4444923	16717	2562453
西部地区	**1104**	**457074**	**16224**	**23790764**	**42424**	**6718118**
内蒙古	42	28000	701	1219662	1192	448163
广　西	70	54192	1177	4525125	5605	1085398
重　庆	109	13820	4079	7974175	9394	2344871
四　川	52	610	3251	2563256	11940	1365342
贵　州			1343	656868	1726	303575
云　南	52	136811	345	163437	2579	409306
西　藏						
陕　西			45	297969	1726	87564
甘　肃	30	198	1762	1257652	1607	219756
青　海			22	10248	384	19879
宁　夏	23	1511	1768	982124	1654	49455
新　疆	726	221932	1731	4140248	4617	384809

2-12 续表 12

地区	机电产品及设备类		#农机类		汽车类	
	摊位数（个）	成交额（万元）	摊位数（个）	成交额（万元）	摊位数（个）	成交额（万元）
全　国	**51568**	**13837316**	**5793**	**1905345**	**80286**	**64383985**
东部地区	**25620**	**7929341**	**3192**	**1241104**	**41846**	**41739434**
北　京	299	150978			4492	8265392
天　津	701	324675			1904	3239531
河　北	3618	934057	1469	720046	4685	1658614
上　海	526	89684	20	3624	2304	2883626
江　苏	7242	2139252	965	217810	4902	5951396
浙　江	6582	2440749	11	4700	12614	10776701
福　建	122	11772	1	220	585	501765
山　东	5356	1485201	726	294704	5046	3326354
广　东	1174	352973			5314	5136055
海　南						
东北地区	**1434**	**175077**	**152**	**59054**	**9050**	**6278251**
辽　宁	1040	150235	23	41050	4575	3498400
吉　林	355	23902	129	18004	3213	2748273
黑龙江	39	940			1262	31578
中部地区	**9352**	**2129092**	**1683**	**381034**	**19647**	**10549138**
山　西	153	78502			452	366522
安　徽	1791	459866	515	106097	1972	859835
江　西	1480	388810	686	154626	2341	1616053
河　南	1160	107483	339	64117	3932	1603857
湖　北	863	114430	70	50000	3213	3047467
湖　南	3905	980001	73	6194	7737	3055404
西部地区	**15162**	**3603806**	**766**	**224153**	**9743**	**5817162**
内蒙古	148	123196	97	114171		
广　西	774	125367	1	5	731	216660
重　庆	3882	1185729	57	815	2707	2840369
四　川	5356	950159	54	301	648	529945
贵　州	225	6956			636	204951
云　南	513	23762	159	6950	1150	548311
西　藏						
陕　西	780	158000			1879	698516
甘　肃	168	33620				
青　海					1	12
宁　夏	447	90709	174	46598	851	28225
新　疆	2869	906308	224	55313	1140	750173

2-12 续表 13

地　区	种子饲料类		棉麻类		其他类	
	摊位数（个）	成交额（万元）	摊位数（个）	成交额（万元）	摊位数（个）	成交额（万元）
全　国	**8428**	**1438250**	**5333**	**5222294**	**184738**	**30676087**
东部地区	**4559**	**734649**	**4538**	**5068380**	**106624**	**21179096**
北　京	7	215	114	1377	5711	373048
天　津	34	18944	650	861123	1409	93812
河　北	2790	100728	930	42596	28539	5313555
上　海	9	447	14	919	4294	856114
江　苏	360	73543	860	1461999	13667	4500277
浙　江	175	62561	179	759700	30420	6569454
福　建	204	290870			2592	443618
山　东	943	186328	1791	1940666	11610	1774465
广　东	37	1013			8313	1252614
海　南					69	2139
东北地区	**386**	**37284**	**222**	**2521**	**15981**	**2181660**
辽　宁	21	1309	3	65	10710	1789539
吉　林	263	9653	203	2140	4456	294981
黑龙江	102	26322	16	316	815	97140
中部地区	**1675**	**224816**	**346**	**99493**	**32433**	**2867520**
山　西					1623	76783
安　徽	227	21807	48	27541	13061	928872
江　西	142	18868	82	2951	4103	155009
河　南	830	64056	134	59557	6999	986353
湖　北	102	8395			1113	49015
湖　南	374	111690	82	9444	5534	671488
西部地区	**1808**	**441501**	**227**	**51900**	**29700**	**4447811**
内蒙古	158	47100	12	385	6478	1296494
广　西	515	130533			2595	317936
重　庆	431	204099	93	3348	4375	1215052
四　川	93	1813			3761	242326
贵　州	5	16	49	401	215	6643
云　南	125	13352			4349	663053
西　藏						
陕　西	7	122			354	18649
甘　肃	11	1677	5	75	1371	59303
青　海					636	50940
宁　夏	37	8769	7	319	249	36345
新　疆	426	34020	61	47372	5317	541070

（三）36城市

2-13 商品交易市场总体情况

地区	市场数量（个）	总摊位数（个）	年末出租摊位数（个）	营业面积（平方米）	成交额（万元）
36城市合计	**1987**	**1568120**	**1395486**	**113943341**	**480650401**
北京	140	129132	113914	7249819	33527247
天津	75	48609	43403	5212689	27488030
石家庄	55	69384	64314	5599438	13730703
太原	13	13590	13130	1028833	706361
呼和浩特	8	4256	4250	204600	403838
沈阳	56	58269	50666	2685030	15382449
大连	42	36024	35249	1748256	15969109
长春	29	31551	27684	2280295	4718839
哈尔滨	51	43770	42230	2404420	7724288
上海	164	77710	73196	7287730	94719572
南京	46	38223	36630	2944892	9114203
杭州	187	98785	92319	4349877	37968548
宁波	136	76999	70281	4461265	27314444
合肥	36	28331	24242	2961589	9485509
福州	51	14755	14441	1295885	8181463
厦门	19	6396	6396	449632	1583786
南昌	33	28607	27277	1450486	9662463
济南	35	21198	20134	1848165	4976404
青岛	64	65373	63088	5766179	12556200
郑州	44	41291	37037	3024331	9803978
武汉	60	35228	33003	2552900	8861688
长沙	64	46746	45664	5017208	16249773
广州	155	107274	90425	8948012	22248376
深圳	38	58811	38383	1713637	6136467
南宁	34	26097	23179	1983885	4830401
海口	2	706	700	68300	40125
重庆	144	97100	91490	7429990	33072063
成都	42	94485	61660	6600887	15945066
贵阳	17	13463	13281	1261846	2769858
昆明	30	56629	49983	2989858	5773132
拉萨					
西安	33	21781	20026	1175762	2864395
兰州	28	19072	17364	1371401	4073224
西宁	5	4628	4396	241368	212402
银川	21	17727	14665	1840100	2215927
乌鲁木齐	30	36120	31386	6494776	10340070

2-14 商品交易市场情况(按市场类别分)

(综合市场)

地 区	市场数量(个)	总摊位数(个)	年末出租摊位数(个)	营业面积(平方米)	成交额(万元)
36城市总计	**460**	**458086**	**414949**	**23904776**	**93237384**
北 京	38	54533	51336	3123952	16701341
天 津	25	25002	22601	1677194	5134496
石家庄	11	31196	28291	1867380	5757183
太 原	2	2850	2545	271500	253251
呼和浩特	1	580	580	96000	186358
沈 阳	7	4581	4417	69853	318414
大 连	20	23049	22585	917822	5395055
长 春	9	9537	9537	305272	335667
哈尔滨	15	11834	11679	644600	2611620
上 海	48	23587	22681	1314345	4635479
南 京	15	11102	10923	695345	1346942
杭 州	48	27339	25650	963010	5609741
宁 波	48	28482	25333	1001604	5078969
合 肥	6	6912	5701	574480	2075938
福 州	18	5207	5021	348876	469414
厦 门	7	3252	3252	219226	317030
南 昌	8	14532	14156	356571	5286364
济 南	6	5737	5333	318850	714254
青 岛	9	8678	8086	781160	2159477
郑 州	2	1795	1445	42000	147000
武 汉	10	7163	7155	627939	810562
长 沙	11	17152	16989	1826294	7865462
广 州	16	12797	11379	407353	1231097
深 圳	11	39829	21239	1236925	4555579
南 宁	5	3113	2358	139100	487390
海 口					
重 庆	43	51082	47768	2451099	9857661
成 都	2	4016	4016	196860	1348395
贵 阳	2	1833	1833	46000	104554
昆 明	1	782	782	11772	35309
拉 萨					
西 安	2	1273	1209	38300	36086
兰 州	5	4075	4066	261500	554279
西 宁					
银 川	4	2847	2753	108670	192169
乌鲁木齐	5	12339	12250	963924	1624848

2-14 续表 1

(生产资料综合市场)

地 区	市场数量 (个)	总摊位数 (个)	年末出租摊位数 (个)	营业面积 (平方米)	成交额 (万元)
36城市总计	**16**	**20529**	**20400**	**2410751**	**3830480**
北 京					
天 津					
石家庄	1	830	830	400000	635091
太 原					
呼和浩特					
沈 阳					
大 连	1	610	610	11990	72000
长 春					
哈尔滨					
上 海	2	6959	6959	608000	1016707
南 京					
杭 州	2	1350	1350	104087	417301
宁 波	4	1218	1212	106118	510388
合 肥					
福 州					
厦 门					
南 昌					
济 南					
青 岛	1	110	109	30000	18500
郑 州					
武 汉	1	3235	3235	519100	304126
长 沙					
广 州					
深 圳					
南 宁					
海 口					
重 庆	2	2115	2056	280000	592010
成 都	1	1800	1800	97700	237795
贵 阳					
昆 明					
拉 萨					
西 安					
兰 州					
西 宁					
银 川					
乌鲁木齐	1	2302	2239	253756	26562

2-14 续表 2

(工业消费品综合市场)

地　区	市场数量(个)	总摊位数(个)	年末出租摊位数(个)	营业面积(平方米)	成交额(万元)
36城市总计	**115**	**193586**	**167021**	**7958793**	**29074571**
北　京	12	13477	13083	215339	916726
天　津	5	9519	8938	200371	675756
石家庄	6	17556	16325	1080203	4335509
太　原	1	1500	1195	51500	18251
呼和浩特					
沈　阳	2	2007	1843	26193	67330
大　连	11	10924	10628	264319	1316865
长　春	4	6020	6020	191489	230527
哈尔滨	4	3972	3972	169800	200359
上　海	2	1846	1846	42478	66477
南　京	3	1950	1950	62679	249305
杭　州	7	8139	7756	185497	1218411
宁　波	7	9142	8255	447973	1561331
合　肥	2	4378	3167	300000	276304
福　州	3	802	802	278491	190238
厦　门					
南　昌	4	11199	11105	235980	3229116
济　南	4	4157	3977	142850	89512
青　岛	4	5402	5220	450160	1543967
郑　州	1	1450	1100	36000	132000
武　汉	2	518	518	22000	26227
长　沙	4	11053	10920	807561	4943140
广　州	8	6463	5688	225948	901449
深　圳	4	32900	14322	938260	1271941
南　宁					
海　口					
重　庆	9	24581	23769	1262202	5005343
成　都					
贵　阳					
昆　明					
拉　萨					
西　安	1	980	971	30000	23340
兰　州	4	3175	3175	251500	537459
西　宁					
银　川	1	476	476	40000	47688
乌鲁木齐					

2-14 续表 3

(农产品综合市场)

地 区	市场数量（个）	总摊位数（个）	年末出租摊位数（个）	营业面积（平方米）	成交额（万元）
36城市总计	**240**	**167593**	**154291**	**8646496**	**44692498**
北 京	21	32193	30069	2598349	13531765
天 津	7	5875	4949	578739	2467366
石家庄	4	12810	11136	387177	786583
太 原	1	1350	1350	220000	235000
呼和浩特	1	580	580	96000	186358
沈 阳	3	1445	1445	18360	197545
大 连	3	2056	2056	82980	359350
长 春	1	404	404	2195	12560
哈尔滨	7	4570	4415	431000	2335298
上 海	36	11651	10876	527324	3340126
南 京	8	3980	3945	57666	214394
杭 州	31	11998	10776	221011	1155204
宁 波	35	17627	15371	419193	2939836
合 肥	2	1969	1969	206480	1770359
福 州	13	3996	3854	60389	248361
厦 门	4	1587	1587	45516	163475
南 昌	3	2595	2372	108905	1620048
济 南	2	1580	1356	176000	624742
青 岛	2	1628	1500	116000	526510
郑 州	1	345	345	6000	15000
武 汉	6	2808	2800	40250	129369
长 沙	2	4498	4498	874000	2619476
广 州	7	5824	5283	177425	314120
深 圳	5	5743	5743	275615	3249041
南 宁	5	3113	2358	139100	487390
海 口					
重 庆	21	15929	13973	471006	3443267
成 都	1	2216	2216	99160	1110600
贵 阳	1	1510	1510	18000	86943
昆 明	1	782	782	11772	35309
拉 萨					
西 安	1	293	238	8300	12746
兰 州	1	900	891	10000	16820
西 宁					
银 川	2	1611	1517	31020	37311
乌鲁木齐	2	2127	2127	131564	420226

2-14 续表 4

(其他综合市场)

地　　区	市场数量(个)	总摊位数(个)	年末出租摊位数(个)	营业面积(平方米)	成交额(万元)
36城市总计	**89**	**76378**	**73237**	**4888736**	**15639835**
北　京	5	8863	8184	310264	2252850
天　津	13	9608	8714	898084	1991374
石家庄					
太　原					
呼和浩特					
沈　阳	2	1129	1129	25300	53539
大　连	5	9459	9291	558533	3646840
长　春	4	3113	3113	111588	92580
哈尔滨	4	3292	3292	43800	75963
上　海	8	3131	3000	136543	212169
南　京	4	5172	5028	575000	883243
杭　州	8	5852	5768	452415	2818825
宁　波	2	495	495	28320	67414
合　肥	2	565	565	68000	29275
福　州	2	409	365	9996	30815
厦　门	3	1665	1665	173710	153555
南　昌	1	738	679	11686	437200
济　南					
青　岛	2	1538	1257	185000	70500
郑　州					
武　汉	1	602	602	46589	350840
长　沙	5	1601	1571	144733	302846
广　州	1	510	408	3980	15528
深　圳	2	1186	1174	23050	34597
南　宁					
海　口					
重　庆	11	8457	7970	437891	817041
成　都					
贵　阳	1	323	323	28000	17611
昆　明					
拉　萨					
西　安					
兰　州					
西　宁					
银　川	1	760	760	37650	107170
乌鲁木齐	2	7910	7884	578604	1178060

2-14 续表 5

(专业市场)

地 区	市场数量（个）	总摊位数（个）	年末出租摊位数（个）	营业面积（平方米）	成交额（万元）
36城市总计	**1527**	**1110034**	**980537**	**90038565**	**387413017**
北 京	102	74599	62578	4125867	16825906
天 津	50	23607	20802	3535495	22353534
石家庄	44	38188	36023	3732058	7973520
太 原	11	10740	10585	757333	453110
呼和浩特	7	3676	3670	108600	217480
沈 阳	49	53688	46249	2615177	15064035
大 连	22	12975	12664	830434	10574054
长 春	20	22014	18147	1975023	4383172
哈尔滨	36	31936	30551	1759820	5112668
上 海	116	54123	50515	5973385	90084093
南 京	31	27121	25707	2249547	7767261
杭 州	139	71446	66669	3386867	32358807
宁 波	88	48517	44948	3459661	22235475
合 肥	30	21419	18541	2387109	7409571
福 州	33	9548	9420	947009	7712049
厦 门	12	3144	3144	230406	1266756
南 昌	25	14075	13121	1093915	4376099
济 南	29	15461	14801	1529315	4262150
青 岛	55	56695	55002	4985019	10396723
郑 州	42	39496	35592	2982331	9656978
武 汉	50	28065	25848	1924961	8051126
长 沙	53	29594	28675	3190914	8384311
广 州	139	94477	79046	8540659	21017279
深 圳	27	18982	17144	476712	1580888
南 宁	29	22984	20821	1844785	4343011
海 口	2	706	700	68300	40125
重 庆	101	46018	43722	4978891	23214402
成 都	40	90469	57644	6404027	14596671
贵 阳	15	11630	11448	1215846	2665304
昆 明	29	55847	49201	2978086	5737823
拉 萨					
西 安	31	20508	18817	1137462	2828309
兰 州	23	14997	13298	1109901	3518945
西 宁	5	4628	4396	241368	212402
银 川	17	14880	11912	1731430	2023758
乌鲁木齐	25	23781	19136	5530852	8715222

2-14 续表 6

(生产资料市场)

地 区	市场数量(个)	总摊位数(个)	年末出租摊位数(个)	营业面积(平方米)	成交额(万元)
36城市总计	**282**	**155371**	**119060**	**27583258**	**185557884**
北 京	10	3933	3536	329825	633970
天 津	19	6583	5547	1159175	14567021
石家庄	3	917	917	395216	149308
太 原	1	160	107	80001	124000
呼和浩特					
沈 阳	10	6723	5929	719014	4470215
大 连	4	595	540	116400	6869028
长 春	4	3420	3186	465000	245430
哈尔滨	6	4736	4673	898000	2035330
上 海	30	8445	7557	3497917	77828683
南 京	5	9927	9538	626252	1609110
杭 州	22	6612	5836	297396	12934862
宁 波	27	11557	10416	1897521	16657938
合 肥	6	3106	2735	425819	4262178
福 州	5	735	735	236294	3455543
厦 门	1	287	287	48000	40498
南 昌	5	2950	2825	168545	1419770
济 南	5	1247	1145	219000	427200
青 岛	8	2665	2203	1746960	2074631
郑 州	3	426	356	563288	154100
武 汉	8	3381	3041	346300	2225896
长 沙	14	6171	5677	1337104	3217820
广 州	8	3231	3010	828410	4716571
深 圳	1	104	104	50000	13000
南 宁	8	3326	3326	371891	2885039
海 口					
重 庆	29	11651	10815	1788793	10232333
成 都	13	33310	10717	3625550	3435000
贵 阳	4	1532	1455	186279	667897
昆 明	5	1077	917	236407	244576
拉 萨					
西 安	4	1443	1340	245500	671478
兰 州	4	1801	1801	229066	1362911
西 宁					
银 川	5	2816	2316	479941	1079571
乌鲁木齐	5	10504	6473	3968394	4846977

2-14 续表 7

(农业生产用具市场)

地 区	市场数量（个）	总摊位数（个）	年末出租摊位数（个）	营业面积（平方米）	成交额（万元）
36城市总计	**7**	**1772**	**1312**	**234644**	**441520**
北 京					
天 津					
石家庄	1	7	7	3500	14595
太 原					
呼和浩特					
沈 阳					
大 连					
长 春					
哈尔滨					
上 海					
南 京					
杭 州					
宁 波					
合 肥	1	800	487	60000	102295
福 州					
厦 门					
南 昌	1	457	332	8000	118936
济 南					
青 岛	2	240	218	129000	89020
郑 州					
武 汉	1	70	70	18000	50000
长 沙					
广 州					
深 圳					
南 宁					
海 口					
重 庆					
成 都					
贵 阳					
昆 明					
拉 萨					
西 安					
兰 州					
西 宁					
银 川	1	198	198	16144	66674
乌鲁木齐					

2-14 续表 8

(农用生产资料市场)

地　区	市场数量（个）	总摊位数（个）	年末出租摊位数（个）	营业面积（平方米）	成交额（万元）
36城市总计	**7**	**1465**	**1345**	**109697**	**509211**
北　京					
天　津					
石家庄					
太　原					
呼和浩特					
沈　阳					
大　连					
长　春					
哈尔滨	1	39	39	1000	13220
上　海					
南　京					
杭　州					
宁　波	1	185	145	6880	34469
合　肥					
福　州					
厦　门					
南　昌					
济　南					
青　岛					
郑　州					
武　汉					
长　沙					
广　州					
深　圳					
南　宁	3	784	784	58900	221852
海　口					
重　庆	1	380	300	35017	180000
成　都					
贵　阳					
昆　明	1	77	77	7900	59670
拉　萨					
西　安					
兰　州					
西　宁					
银　川					
乌鲁木齐					

2-14　续表 9

(煤炭市场)

地　区	市场数量 (个)	总摊位数 (个)	年末出租摊位数 (个)	营业面积 (平方米)	成交额 (万元)
36城市总计	**5**	**1201**	**1200**	**616900**	**4326171**
北　京					
天　津	4	1132	1131	211900	2416726
石家庄					
太　原					
呼和浩特					
沈　阳					
大　连					
长　春					
哈尔滨					
上　海					
南　京					
杭　州					
宁　波	1	69	69	405000	1909445
合　肥					
福　州					
厦　门					
南　昌					
济　南					
青　岛					
郑　州					
武　汉					
长　沙					
广　州					
深　圳					
南　宁					
海　口					
重　庆					
成　都					
贵　阳					
昆　明					
拉　萨					
西　安					
兰　州					
西　宁					
银　川					
乌鲁木齐					

2-14 续表 10

(木材市场)

地　区	市场数量（个）	总摊位数（个）	年末出租摊位数（个）	营业面积（平方米）	成交额（万元）
36城市总计	**17**	**4338**	**4090**	**1432656**	**1599340**
北　京	1	400	220	20000	10736
天　津					
石家庄					
太　原					
呼和浩特					
沈　阳	1	200	200	2800	62350
大　连					
长　春	1	168	156	225000	11859
哈尔滨					
上　海	5	331	331	117396	204807
南　京					
杭　州	2	285	266	53000	63046
宁　波	1	800	800	143000	146197
合　肥					
福　州					
厦　门					
南　昌					
济　南					
青　岛	2	615	595	477960	109845
郑　州					
武　汉					
长　沙					
广　州	1	900	900	123500	800000
深　圳	1	104	104	50000	13000
南　宁					
海　口					
重　庆	2	535	518	220000	177500
成　都					
贵　阳					
昆　明					
拉　萨					
西　安					
兰　州					
西　宁					
银　川					
乌鲁木齐					

2-14　续表 11

(建材市场)

地　区	市场数量(个)	总摊位数(个)	年末出租摊位数(个)	营业面积(平方米)	成交额(万元)
36城市总计	**70**	**67983**	**40747**	**12955550**	**8229909**
北　京	6	2587	2505	232250	370791
天　津	3	2282	2011	215803	230009
石家庄					
太　原					
呼和浩特					
沈　阳	2	618	437	79171	710025
大　连					
长　春					
哈尔滨	1	3600	3600	450000	250000
上　海	5	1133	1080	2770460	338053
南　京	4	9227	9105	326252	531110
杭　州	2	275	267	12285	59135
宁　波	5	1859	1785	221246	486647
合　肥	3	1066	1015	114481	89883
福　州	2	428	428	105158	1038253
厦　门	1	287	287	48000	40498
南　昌	2	1662	1662	107624	509643
济　南	1	520	520	50000	230000
青　岛	1	680	680	230000	430000
郑　州	1	70	24	400000	16000
武　汉	1	260	260	5000	13059
长　沙	7	1854	1835	99780	371873
广　州	1	967	828	180010	200806
深　圳					
南　宁	2	1286	1286	138500	48332
海　口					
重　庆	7	2421	2114	406664	928656
成　都	7	26685	4529	2794000	801000
贵　阳	1	121	121	20000	11189
昆　明	1	250	250	15000	13600
拉　萨					
西　安	2	528	494	60000	33839
兰　州	1	32	32	11066	30005
西　宁					
银　川					
乌鲁木齐	1	7285	3592	3862800	447503

2-14 续表 12

(化工材料及制品市场)

地　　区	市场数量 (个)	总摊位数 (个)	年末出租摊位数 (个)	营业面积 (平方米)	成交额 (万元)
36城市总计	**13**	**6219**	**5563**	**592810**	**8386140**
北　　京					
天　　津	1	311	311	7250	316267
石 家 庄					
太　　原					
呼和浩特					
沈　　阳					
大　　连	1	115	115	6400	13543
长　　春					
哈 尔 滨					
上　　海	1	495	495	13000	520200
南　　京					
杭　　州	1	82	82	2000	181593
宁　　波	3	3055	2834	389600	6880300
合　　肥					
福　　州	1	85	85	12500	36098
厦　　门					
南　　昌					
济　　南					
青　　岛					
郑　　州	1	300	300	30000	13100
武　　汉					
长　　沙	2	1169	734	60600	120039
广　　州	1	241	241	6000	50000
深　　圳					
南　　宁					
海　　口					
重　　庆					
成　　都	1	366	366	65460	255000
贵　　阳					
昆　　明					
拉　　萨					
西　　安					
兰　　州					
西　　宁					
银　　川					
乌鲁木齐					

2-14 续表 13

(金属材料市场)

地 区	市场数量（个）	总摊位数（个）	年末出租摊位数（个）	营业面积（平方米）	成交额（万元）
36城市总计	**122**	**49815**	**43958**	**9909681**	**141336293**
北 京	1	269	269	23600	28656
天 津	11	2858	2094	724222	11604019
石家庄	1	110	110	201716	49337
太 原	1	160	107	80001	124000
呼和浩特					
沈 阳	6	5357	5010	633500	3649840
大 连	1	175	120	80000	330000
长 春	2	2457	2430	140000	190371
哈尔滨	3	947	914	327000	1696110
上 海	14	4666	3864	505353	67524063
南 京	1	700	433	300000	1078000
杭 州	13	3943	3410	198608	12189631
宁 波	14	4934	4382	700995	6032675
合 肥	2	1240	1233	251338	4070000
福 州	2	222	222	118636	2381192
厦 门					
南 昌	2	831	831	52921	791191
济 南	4	727	625	169000	197200
青 岛	3	1130	710	910000	1445766
郑 州	1	56	32	133288	125000
武 汉	6	3051	2711	323300	2162837
长 沙	1	1600	1600	1080000	2420000
广 州	4	787	705	506200	3612065
深 圳					
南 宁	2	756	756	144491	2517005
海 口					
重 庆	11	4563	4150	745342	8290310
成 都	2	1950	1700	548726	1580000
贵 阳	3	1411	1334	166279	656708
昆 明	2	290	200	150000	156606
拉 萨					
西 安	1	115	66	5500	479639
兰 州	3	1769	1769	218000	1332906
西 宁					
银 川	3	2322	1822	429071	981166
乌鲁木齐	2	419	349	42594	3640000

2-14 续表 14

(机械设备市场)

地 区	市场数量(个)	总摊位数(个)	年末出租摊位数(个)	营业面积(平方米)	成交额(万元)
36城市总计	**24**	**14929**	**14230**	**1201524**	**3349597**
北 京	1	377	262	33000	135000
天 津					
石 家 庄	1	800	800	190000	85376
太 原					
呼和浩特					
沈 阳					
大 连					
长 春					
哈 尔 滨					
上 海	1	187	155	45000	78087
南 京					
杭 州	4	2027	1811	31503	441457
宁 波					
合 肥					
福 州					
厦 门					
南 昌					
济 南					
青 岛					
郑 州					
武 汉					
长 沙	3	918	878	74724	285908
广 州	1	336	336	12700	53700
深 圳					
南 宁	1	500	500	30000	97850
海 口					
重 庆	5	2719	2700	240000	568788
成 都	3	4309	4122	217364	799000
贵 阳					
昆 明	1	460	390	63507	14700
拉 萨					
西 安	1	800	780	180000	158000
兰 州					
西 宁					
银 川	1	296	296	34726	31731
乌鲁木齐	1	1200	1200	49000	600000

2-14 续表 15

(其他生产资料市场)

地 区	市场数量(个)	总摊位数(个)	年末出租摊位数(个)	营业面积(平方米)	成交额(万元)
36城市总计	**17**	**7649**	**6615**	**529796**	**17379703**
北 京	1	300	280	20975	88787
天 津					
石 家 庄					
太 原					
呼和浩特					
沈 阳	1	548	282	3543	48000
大 连	2	305	305	30000	6525485
长 春	1	795	600	100000	43200
哈 尔 滨	1	150	120	120000	76000
上 海	4	1633	1632	46708	9163473
南 京					
杭 州					
宁 波	2	655	401	30800	1168205
合 肥					
福 州					
厦 门					
南 昌					
济 南					
青 岛					
郑 州					
武 汉					
长 沙	1	630	630	22000	20000
广 州					
深 圳					
南 宁					
海 口					
重 庆	3	1033	1033	141770	87079
成 都					
贵 阳					
昆 明					
拉 萨					
西 安					
兰 州					
西 宁					
银 川					
乌鲁木齐	1	1600	1332	14000	159474

2-14 续表 16

(农产品市场)

地　区	市场数量(个)	总摊位数(个)	年末出租摊位数(个)	营业面积(平方米)	成交额(万元)
36城市总计	**320**	**219086**	**190536**	**13581860**	**65006307**
北　京	21	22338	12439	980910	4474437
天　津	11	7717	7343	834432	3464147
石家庄	13	5142	4942	256428	572812
太　原	2	205	205	22000	81000
呼和浩特	1	120	120	10000	13989
沈　阳	10	5151	3645	433900	1457480
大　连	5	1374	1374	170200	1416330
长　春	3	2362	2362	351017	740664
哈尔滨	6	1467	1301	81444	473320
上　海	26	14449	13298	616740	4500372
南　京	8	3672	2812	360235	1137565
杭　州	34	19085	16602	717340	5638464
宁　波	15	21391	20551	361004	2057981
合　肥	7	3811	2444	324398	673240
福　州	4	1417	1306	118403	1800951
厦　门	9	2736	2736	148406	1053081
南　昌	4	1418	1328	94400	949340
济　南	8	5285	5227	252000	1461500
青　岛	22	36498	35693	2011745	5061307
郑　州	10	9298	8048	1073818	5727448
武　汉	8	3955	3769	351378	2752657
长　沙	5	2178	2157	229760	1096177
广　州	21	6737	5725	539855	4064238
深　圳	8	3390	3120	75516	409104
南　宁	3	3711	3588	134157	471015
海　口					
重　庆	17	7574	7153	389841	3839582
成　都	7	7685	7031	328639	2732364
贵　阳	1	265	265	8900	659100
昆　明	4	2390	2390	261603	1267604
拉　萨					
西　安	7	4059	3560	199597	662161
兰　州	7	4158	2613	189200	1078265
西　宁	1	356	356	116203	45200
银　川	4	4724	2367	551721	646784
乌鲁木齐	8	2968	2666	986670	2526628

2-14 续表 17

（粮油市场）

地 区	市场数量（个）	总摊位数（个）	年末出租摊位数（个）	营业面积（平方米）	成交额（万元）
36城市总计	**41**	**16468**	**13434**	**1165165**	**7648055**
北 京	3	2143	2089	200000	1715710
天 津	2	853	769	61000	329500
石家庄	1	200	184	35000	58012
太 原	1	145	145	17000	66000
呼和浩特					
沈 阳	1	288	288	37000	233750
大 连					
长 春					
哈尔滨	1	79	79	8604	220514
上 海	4	429	428	25420	352813
南 京	2	168	159	12855	260726
杭 州	3	2866	1790	133000	1129048
宁 波	1	272	86	23000	154771
合 肥	1	565	327	45000	127600
福 州	1	310	263	32824	53200
厦 门					
南 昌					
济 南					
青 岛	3	339	324	218751	382999
郑 州	4	3972	2822	97700	580110
武 汉					
长 沙	1	385	385	11220	10010
广 州	3	980	891	68600	303428
深 圳					
南 宁					
海 口					
重 庆	1	1000	1000	8000	83416
成 都	1	217	195	15000	154000
贵 阳	1	265	265	8900	659100
昆 明	1	22	22	4931	239650
拉 萨					
西 安	1	232	232	5496	274799
兰 州	2	465	460	63000	209969
西 宁					
银 川	1	65	58	7864	13930
乌鲁木齐	1	208	173	25000	35000

2-14 续表 18

(肉禽蛋市场)

地　区	市场数量(个)	总摊位数(个)	年末出租摊位数(个)	营业面积(平方米)	成交额(万元)
36城市总计	**44**	**16426**	**13929**	**1423912**	**6556895**
北　京	2	595	475	30501	51813
天　津					
石家庄	3	679	644	36826	137632
太　原					
呼和浩特	1	120	120	10000	13989
沈　阳	2	1988	530	42000	105372
大　连					
长　春					
哈尔滨	1	27	27	7340	175000
上　海	5	693	618	28223	489539
南　京	1	62	62	1500	15000
杭　州	5	1156	1131	63277	889672
宁　波	1	350	350	17500	126354
合　肥	1	463	463	61748	196414
福　州					
厦　门	2	615	615	16100	233883
南　昌	3	508	508	51400	666886
济　南					
青　岛	2	280	190	23500	23510
郑　州					
武　汉	1	1	1	10000	25531
长　沙					
广　州	5	1087	810	84575	553861
深　圳	1	469	469	8000	12829
南　宁	1	3000	2957	66000	332096
海　口					
重　庆	3	1524	1260	98872	1802958
成　都	1	1504	1493	55880	533864
贵　阳					
昆　明					
拉　萨					
西　安	1	1200	1111	32000	19923
兰　州					
西　宁					
银　川					
乌鲁木齐	2	105	95	678670	150769

2-14 续表 19

（水产品市场）

地 区	市场数量（个）	总摊位数（个）	年末出租摊位数（个）	营业面积（平方米）	成交额（万元）
36城市总计	**59**	**61152**	**56664**	**2390206**	**16308291**
北 京	3	1978	1545	67000	1051827
天 津	1	220	220	8000	450000
石家庄	1	300	300	7000	34723
太 原					
呼和浩特					
沈 阳	3	929	929	99000	656750
大 连	2	451	451	63200	1346517
长 春	1	1202	1202	120601	600000
哈尔滨					
上 海	4	2632	2197	198300	1712692
南 京	2	2295	1650	285000	721715
杭 州	2	2618	2543	123568	658751
宁 波	6	18539	17897	141471	925860
合 肥					
福 州	2	795	731	81579	1728336
厦 门	3	955	955	28400	323424
南 昌	1	910	820	43000	282454
济 南	2	1260	1210	38000	670000
青 岛	5	17819	17799	612972	2250303
郑 州	2	687	687	64800	167600
武 汉	2	1201	1058	51447	199449
长 沙	1	313	300	13340	439670
广 州	7	1372	954	58299	543085
深 圳	2	918	788	33000	218000
南 宁	1	486	406	2106	18919
海 口					
重 庆	2	672	592	88066	905694
成 都					
贵 阳					
昆 明					
拉 萨					
西 安	1	750	402	23000	20530
兰 州	1	91	91	1200	11251
西 宁					
银 川	1	1259	437	37857	170741
乌鲁木齐	1	500	500	100000	200000

2-14 续表 20

(蔬菜市场)

地　区	市场数量(个)	总摊位数(个)	年末出租摊位数(个)	营业面积(平方米)	成交额(万元)
36城市总计	**79**	**65220**	**54584**	**4036765**	**12976320**
北　京	6	9818	2424	200400	300769
天　津	5	4500	4210	438206	530428
石家庄	4	3008	3008	142602	212331
太　原					
呼和浩特					
沈　阳	2	1010	972	102000	250370
大　连					
长　春	1	500	500	165516	120000
哈尔滨	1	310	300	1000	11766
上　海	5	2217	2166	122610	853578
南　京	2	247	203	48000	88876
杭　州	7	4341	4256	166886	710130
宁　波	4	1087	1075	109733	435613
合　肥	1	402	402	50000	56620
福　州					
厦　门	2	690	690	84706	412014
南　昌					
济　南	4	2475	2473	111500	585257
青　岛	7	15318	14978	874322	1447114
郑　州	2	949	849	231318	739738
武　汉	3	1868	1825	265156	2289130
长　沙	2	1280	1280	135200	617997
广　州	3	2112	1889	88096	239322
深　圳					
南　宁	1	225	225	66051	120000
海　口					
重　庆	6	2248	2171	59376	348340
成　都	3	3530	3364	198357	1247000
贵　阳					
昆　明	1	968	968	106672	347275
拉　萨					
西　安	2	1147	1147	92058	285306
兰　州	2	2590	1050	49000	140095
西　宁					
银　川	1	1100	1100	35000	196762
乌鲁木齐	2	1280	1059	93000	390489

2-14 续表 21

(干鲜果品市场)

地 区	市场数量(个)	总摊位数(个)	年末出租摊位数(个)	营业面积(平方米)	成交额(万元)
36城市总计	**38**	**20540**	**16337**	**2051890**	**8152260**
北 京	3	2819	1279	270774	184118
天 津					
石家庄	3	555	406	19000	103696
太 原	1	60	60	5000	15000
呼和浩特					
沈 阳	1	500	500	150000	190000
大 连	1	289	289	27000	24156
长 春					
哈尔滨					
上 海	3	2627	2627	26487	231569
南 京					
杭 州	5	1838	1589	121989	917643
宁 波	1	500	500	53000	202796
合 肥	1	320	320	33350	58000
福 州					
厦 门	1	130	130	16000	57649
南 昌					
济 南	1	1000	994	100000	173000
青 岛	2	603	433	128600	352752
郑 州	1	700	700	20000	40000
武 汉	1	365	365	12775	178387
长 沙	1	200	192	70000	28500
广 州	3	1186	1181	240285	2424542
深 圳					
南 宁					
海 口					
重 庆	2	1168	1168	60787	393518
成 都	1	950	500	24000	37500
贵 阳					
昆 明	1	500	500	90000	400000
拉 萨					
西 安	2	730	668	47043	61603
兰 州	1	372	372	34800	116950
西 宁					
银 川	1	2300	772	471000	265351
乌鲁木齐	1	828	792	30000	1695530

2-14 续表 22

(棉麻土畜、烟叶市场)

地　区	市场数量(个)	总摊位数(个)	年末出租摊位数(个)	营业面积(平方米)	成交额(万元)
36城市总计	**2**	**865**	**865**	**11000**	**1059206**
北　京					
天　津	1	650	650	1000	861123
石家庄					
太　原					
呼和浩特					
沈　阳					
大　连					
长　春					
哈尔滨					
上　海					
南　京					
杭　州					
宁　波	1	215	215	10000	198083
合　肥					
福　州					
厦　门					
南　昌					
济　南					
青　岛					
郑　州					
武　汉					
长　沙					
广　州					
深　圳					
南　宁					
海　口					
重　庆					
成　都					
贵　阳					
昆　明					
拉　萨					
西　安					
兰　州					
西　宁					
银　川					
乌鲁木齐					

2-14　续表 23

(其他农产品市场)

地　区	市场数量 (个)	总摊位数 (个)	年末出租摊位数 (个)	营业面积 (平方米)	成交额 (万元)
36城市总计	**57**	**38415**	**34723**	**2502922**	**12305280**
北　京	4	4985	4627	212235	1170200
天　津	2	1494	1494	326226	1293096
石家庄	1	400	400	16000	26418
太　原					
呼和浩特					
沈　阳	1	436	426	3900	21238
大　连	2	634	634	80000	45657
长　春	1	660	660	64900	20664
哈尔滨	3	1051	895	64500	66040
上　海	5	5851	5262	215700	860181
南　京	1	900	738	12880	51248
杭　州	12	6266	5293	108620	1333220
宁　波	1	428	428	6300	14504
合　肥	3	2061	932	134300	234606
福　州	1	312	312	4000	19415
厦　门	1	346	346	3200	26111
南　昌					
济　南	1	550	550	2500	33243
青　岛	3	2139	1969	153600	604629
郑　州	1	2990	2990	660000	4200000
武　汉	1	520	520	12000	60160
长　沙					
广　州					
深　圳	5	2003	1863	34516	178275
南　宁					
海　口					
重　庆	3	962	962	74740	305656
成　都	1	1484	1479	35402	760000
贵　阳					
昆　明	1	900	900	60000	280679
拉　萨					
西　安					
兰　州	1	640	640	41200	600000
西　宁	1	356	356	116203	45200
银　川					
乌鲁木齐	1	47	47	60000	54840

2-14 续表 24

(食品、饮料及烟酒市场)

地 区	市场数量(个)	总摊位数(个)	年末出租摊位数(个)	营业面积(平方米)	成交额(万元)
36城市总计	**44**	**28711**	**26439**	**1842951**	**8373776**
北 京	1	109	109	7000	23800
天 津	3	1946	1339	273300	450131
石家庄					
太 原					
呼和浩特					
沈 阳	1	1550	1380	30500	376999
大 连	1	2339	2339	45000	376359
长 春	1	101	101	1300	14657
哈尔滨	1	737	737	20000	956545
上 海	2	652	648	38000	58733
南 京	1	2700	2674	500000	2712000
杭 州	3	728	720	41600	333710
宁 波	4	2910	2753	185000	694398
合 肥					
福 州					
厦 门					
南 昌	1	732	732	7600	152064
济 南	2	800	800	90000	179700
青 岛	1	360	246	17000	240000
郑 州	1	180	120	3000	10000
武 汉	2	385	325	18000	42840
长 沙	1	175	175	7300	13500
广 州	4	1207	1201	125000	175200
深 圳	1	1570	1550	28335	27753
南 宁	3	2145	1579	42520	183039
海 口	1	406	400	57800	11525
重 庆	3	1632	1572	27066	173682
成 都	1	1125	717	78750	285000
贵 阳	1	940	940	21256	477295
昆 明	2	716	716	61624	65464
拉 萨					
西 安	1	1616	1616	51000	71482
兰 州	1	950	950	65000	267900
西 宁					
银 川					
乌鲁木齐					

2-14　续表 25

（食品饮料市场）

地　区	市场数量（个）	总摊位数（个）	年末出租摊位数（个）	营业面积（平方米）	成交额（万元）
36城市总计	**16**	**15886**	**14529**	**853871**	**4942427**
北　京					
天　津	1	212	212	500	23794
石家庄					
太　原					
呼和浩特					
沈　阳	1	1550	1380	30500	376999
大　连	1	2339	2339	45000	376359
长　春					
哈尔滨					
上　海					
南　京	1	2700	2674	500000	2712000
杭　州	1	208	208	5100	193480
宁　波	2	1360	1319	43000	501881
合　肥					
福　州					
厦　门					
南　昌	1	732	732	7600	152064
济　南					
青　岛					
郑　州					
武　汉	1	250	190	8000	25100
长　沙					
广　州	1	308	302	50000	12030
深　圳	1	1570	1550	28335	27753
南　宁	1	1900	1334	30020	82285
海　口					
重　庆	3	1632	1572	27066	173682
成　都	1	1125	717	78750	285000
贵　阳					
昆　明					
拉　萨					
西　安					
兰　州					
西　宁					
银　川					
乌鲁木齐					

2-14 续表 26

(茶叶市场)

地　区	市场数量（个）	总摊位数（个）	年末出租摊位数（个）	营业面积（平方米）	成交额（万元）
36城市总计	**17**	**5872**	**5800**	**384624**	**831073**
北　京	1	109	109	7000	23800
天　津					
石家庄					
太　原					
呼和浩特					
沈　阳					
大　连					
长　春					
哈尔滨					
上　海	2	652	648	38000	58733
南　京					
杭　州	2	520	512	36500	140230
宁　波					
合　肥					
福　州					
厦　门					
南　昌					
济　南	2	800	800	90000	179700
青　岛					
郑　州	1	180	120	3000	10000
武　汉	1	135	135	10000	17740
长　沙					
广　州	3	899	899	75000	163170
深　圳					
南　宁	2	245	245	12500	100754
海　口					
重　庆					
成　都					
贵　阳					
昆　明	2	716	716	61624	65464
拉　萨					
西　安	1	1616	1616	51000	71482
兰　州					
西　宁					
银　川					
乌鲁木齐					

2-14 续表 27

(烟酒市场)

地 区	市场数量(个)	总摊位数(个)	年末出租摊位数(个)	营业面积(平方米)	成交额(万元)
36城市总计	**3**	**935**	**753**	**144300**	**313100**
北 京					
天 津					
石 家 庄					
太 原					
呼和浩特					
沈 阳					
大 连					
长 春					
哈 尔 滨					
上 海					
南 京					
杭 州					
宁 波	1	400	332	120000	59600
合 肥					
福 州					
厦 门					
南 昌					
济 南					
青 岛	1	360	246	17000	240000
郑 州					
武 汉					
长 沙	1	175	175	7300	13500
广 州					
深 圳					
南 宁					
海 口					
重 庆					
成 都					
贵 阳					
昆 明					
拉 萨					
西 安					
兰 州					
西 宁					
银 川					
乌鲁木齐					

2-14 续表 28

(其他食品饮料及烟酒市场)

地 区	市场数量 (个)	总摊位数 (个)	年末出租摊位数 (个)	营业面积 (平方米)	成交额 (万元)
36城市总计	**8**	**6018**	**5357**	**460156**	**2287176**
北 京					
天 津	2	1734	1127	272800	426337
石家庄					
太 原					
呼和浩特					
沈 阳					
大 连					
长 春	1	101	101	1300	14657
哈尔滨	1	737	737	20000	956545
上 海					
南 京					
杭 州					
宁 波	1	1150	1102	22000	132917
合 肥					
福 州					
厦 门					
南 昌					
济 南					
青 岛					
郑 州					
武 汉					
长 沙					
广 州					
深 圳					
南 宁					
海 口	1	406	400	57800	11525
重 庆					
成 都					
贵 阳	1	940	940	21256	477295
昆 明					
拉 萨					
西 安					
兰 州	1	950	950	65000	267900
西 宁					
银 川					
乌鲁木齐					

2-14　续表 29

（纺织、服装、鞋帽市场）

地　　区	市场数量（个）	总摊位数（个）	年末出租摊位数（个）	营业面积（平方米）	成交额（万元）
36城市总计	**237**	**354098**	**326868**	**13829879**	**38957839**
北　　京	14	16753	16500	459954	420726
天　　津	2	1225	1225	58000	117609
石 家 庄	7	24615	22650	1404300	5664579
太　　原	2	7791	7791	286000	79860
呼和浩特	3	2703	2697	41000	111257
沈　　阳	9	26597	23281	636130	4543768
大　　连	5	4575	4502	162234	318891
长　　春	4	6443	6171	164206	289436
哈 尔 滨	15	20919	19905	441817	967384
上　　海	10	9643	9358	160384	893937
南　　京	2	3980	3980	80000	647926
杭　　州	22	22307	21954	568576	4576592
宁　　波	6	4614	4386	173205	814413
合　　肥	2	4454	4454	165000	517354
福　　州	7	2758	2758	144359	806511
厦　　门					
南　　昌	2	1008	994	39734	38210
济　　南	3	4195	4195	257941	549790
青　　岛	5	9512	9299	289190	2119096
郑　　州	7	9114	8841	218885	512035
武　　汉	12	13165	12095	546403	919148
长　　沙	8	6814	6784	180500	272609
广　　州	49	53711	41568	3303963	6183845
深　　圳					
南　　宁	7	9994	8832	393329	274054
海　　口					
重　　庆	6	3740	3513	241177	1280256
成　　都	6	7697	6643	372000	766030
贵　　阳	1	6900	6807	266411	524751
昆　　明	3	39592	37489	1603897	2910000
拉　　萨					
西　　安	7	8166	7665	352182	445500
兰　　州	2	5159	5019	425000	443000
西　　宁	2	3610	3378	105000	93524
银　　川	2	4817	4817	100000	157330
乌鲁木齐	5	7527	7317	189102	698418

2-14 续表 30

(布料及纺织品市场)

地 区	市场数量(个)	总摊位数(个)	年末出租摊位数(个)	营业面积(平方米)	成交额(万元)
36城市总计	**21**	**38418**	**28230**	**2889009**	**5901349**
北 京					
天 津					
石家庄	1	1750	1600	8000	329040
太 原					
呼和浩特					
沈 阳					
大 连					
长 春					
哈尔滨	3	3217	3217	98137	73777
上 海					
南 京					
杭 州	4	2996	2873	181009	2100344
宁 波	1	1650	1460	35700	296960
合 肥	1	2600	2600	60000	87350
福 州					
厦 门					
南 昌					
济 南					
青 岛	1	354	350	20000	218141
郑 州	3	1601	1478	91700	63600
武 汉	2	196	196	7163	31841
长 沙					
广 州	4	23054	13756	2367300	2664596
深 圳					
南 宁					
海 口					
重 庆					
成 都					
贵 阳					
昆 明					
拉 萨					
西 安	1	1000	700	20000	35700
兰 州					
西 宁					
银 川					
乌鲁木齐					

2-14 续表 31

(服装市场)

地 区	市场数量（个）	总摊位数（个）	年末出租摊位数（个）	营业面积（平方米）	成交额（万元）
36城市总计	**168**	**229262**	**217250**	**8764775**	**22855661**
北 京	13	16003	15750	439954	392208
天 津	1	909	909	19000	78209
石 家 庄	6	22865	21050	1396300	5335539
太 原	1	7200	7200	275000	64800
呼和浩特	1	1822	1822	30000	88021
沈 阳	6	8363	7833	272630	554918
大 连	3	3385	3312	134200	296394
长 春	3	5913	5913	145206	276260
哈 尔 滨	9	9937	9013	239680	423433
上 海	8	7460	7175	143224	719332
南 京	1	1898	1898	5000	257592
杭 州	16	17771	17646	348363	2436599
宁 波	4	2609	2595	133705	491025
合 肥	1	1854	1854	105000	430004
福 州	7	2758	2758	144359	806511
厦 门					
南 昌	1	508	508	17234	17210
济 南	1	3417	3417	208000	372000
青 岛	2	7988	7794	236690	1800513
郑 州	3	7093	7093	119985	436535
武 汉	8	12249	11209	489240	835307
长 沙	8	6814	6784	180500	272609
广 州	37	24227	22200	690075	2512358
深 圳					
南 宁	6	9144	7982	356548	248900
海 口					
重 庆	2	1178	1123	101391	143085
成 都	6	7697	6643	372000	766030
贵 阳	1	6900	6807	266411	524751
昆 明	2	16592	14803	1175000	1090000
拉 萨					
西 安	5	5039	4838	182000	145600
兰 州	2	5159	5019	425000	443000
西 宁					
银 川					
乌鲁木齐	4	4510	4302	113080	596918

2-14 续表 32

(鞋帽市场)

地　区	市场数量(个)	总摊位数(个)	年末出租摊位数(个)	营业面积(平方米)	成交额(万元)
36城市总计	**23**	**18778**	**16811**	**708011**	**2503653**
北　京					
天　津	1	316	316	39000	39400
石家庄					
太　原	1	591	591	11000	15060
呼和浩特					
沈　阳	2	2750	1900	16500	88844
大　连					
长　春					
哈尔滨	2	3300	3210	24000	48950
上　海					
南　京					
杭　州					
宁　波					
合　肥					
福　州					
厦　门					
南　昌	1	500	486	22500	21000
济　南	2	778	778	49941	177790
青　岛	1	310	295	11000	68262
郑　州	1	420	270	7200	11900
武　汉	2	720	690	50000	52000
长　沙					
广　州	8	6430	5612	246588	1006891
深　圳					
南　宁					
海　口					
重　庆	1	536	536	80100	709356
成　都					
贵　阳					
昆　明					
拉　萨					
西　安	1	2127	2127	150182	264200
兰　州					
西　宁					
银　川					
乌鲁木齐					

2-14 续表 33

(其他纺织服装鞋帽市场)

地 区	市场数量（个）	总摊位数（个）	年末出租摊位数（个）	营业面积（平方米）	成交额（万元）
36城市总计	**25**	**67640**	**64577**	**1468084**	**7697176**
北 京	1	750	750	20000	28518
天 津					
石家庄					
太 原					
呼和浩特	2	881	875	11000	23236
沈 阳	1	15484	13548	347000	3900006
大 连	2	1190	1190	28034	22497
长 春	1	530	258	19000	13176
哈尔滨	1	4465	4465	80000	421224
上 海	2	2183	2183	17160	174605
南 京	1	2082	2082	75000	390334
杭 州	2	1540	1435	39204	39649
宁 波	1	355	331	3800	26428
合 肥					
福 州					
厦 门					
南 昌					
济 南					
青 岛	1	860	860	21500	32180
郑 州					
武 汉					
长 沙					
广 州					
深 圳					
南 宁	1	850	850	36781	25154
海 口					
重 庆	3	2026	1854	59686	427815
成 都					
贵 阳					
昆 明	1	23000	22686	428897	1820000
拉 萨					
西 安					
兰 州					
西 宁	2	3610	3378	105000	93524
银 川	2	4817	4817	100000	157330
乌鲁木齐	1	3017	3015	76022	101500

2-14 续表 34

(日用品及文化用品市场)

地 区	市场数量(个)	总摊位数(个)	年末出租摊位数(个)	营业面积(平方米)	成交额(万元)
36城市总计	**52**	**37838**	**34080**	**1563683**	**6062482**
北 京	5	8340	8046	163962	478133
天 津					
石家庄					
太 原					
呼和浩特					
沈 阳	1	1495	1495	45000	17899
大 连	1	62	39	6900	13000
长 春					
哈尔滨					
上 海	1	48	48	5000	1788981
南 京	1	88	86	5000	31000
杭 州	3	929	906	38773	59380
宁 波					
合 肥					
福 州	1	41	41	5000	38013
厦 门					
南 昌					
济 南					
青 岛	2	2038	2038	56544	49010
郑 州	4	5168	3124	122000	162800
武 汉	5	1632	1444	164776	497202
长 沙	3	598	598	44100	132655
广 州	19	15381	14285	858767	2395598
深 圳	1	205	205	2000	35000
南 宁					
海 口					
重 庆	3	1053	1053	27861	232681
成 都					
贵 阳					
昆 明					
拉 萨					
西 安					
兰 州	1	400	400	12000	120000
西 宁					
银 川					
乌鲁木齐	1	360	272	6000	11130

2-14 续表 35

（小商品市场）

地　区	市场数量（个）	总摊位数（个）	年末出租摊位数（个）	营业面积（平方米）	成交额（万元）
36城市总计	**22**	**22335**	**19464**	**551582**	**923872**
北　京	3	7090	7052	96562	299653
天　津					
石家庄					
太　原					
呼和浩特					
沈　阳					
大　连					
长　春					
哈尔滨					
上　海					
南　京					
杭　州					
宁　波					
合　肥					
福　州	1	41	41	5000	38013
厦　门					
南　昌					
济　南					
青　岛	1	1833	1833	47220	28856
郑　州	1	4723	2700	95000	16800
武　汉	1	500	314	50000	85706
长　沙	1	110	110	18000	19030
广　州	13	7678	7142	233800	424684
深　圳					
南　宁					
海　口					
重　庆					
成　都					
贵　阳					
昆　明					
拉　萨					
西　安					
兰　州					
西　宁					
银　川					
乌鲁木齐	1	360	272	6000	11130

2-14 续表 36

(箱包市场)

地　区	市场数量(个)	总摊位数(个)	年末出租摊位数(个)	营业面积(平方米)	成交额(万元)
36城市总计	**2**	**4400**	**4087**	**505000**	**1706247**
北　京					
天　津					
石家庄					
太　原					
呼和浩特					
沈　阳					
大　连					
长　春					
哈尔滨					
上　海					
南　京					
杭　州					
宁　波					
合　肥					
福　州					
厦　门					
南　昌					
济　南					
青　岛					
郑　州	1	170	150	5000	14000
武　汉					
长　沙					
广　州	1	4230	3937	500000	1692247
深　圳					
南　宁					
海　口					
重　庆					
成　都					
贵　阳					
昆　明					
拉　萨					
西　安					
兰　州					
西　宁					
银　川					
乌鲁木齐					

2-14 续表 37

(文具市场)

地　区	市场数量 (个)	总摊位数 (个)	年末出租摊位数 (个)	营业面积 (平方米)	成交额 (万元)
36城市总计	**3**	**1439**	**1093**	**81200**	**206160**
北　京	1	1050	798	55400	159660
天　津					
石家庄					
太　原					
呼和浩特					
沈　阳					
大　连					
长　春					
哈尔滨					
上　海					
南　京					
杭　州					
宁　波					
合　肥					
福　州					
厦　门					
南　昌					
济　南					
青　岛					
郑　州					
武　汉					
长　沙	1	65	65	13000	28000
广　州	1	324	230	12800	18500
深　圳					
南　宁					
海　口					
重　庆					
成　都					
贵　阳					
昆　明					
拉　萨					
西　安					
兰　州					
西　宁					
银　川					
乌鲁木齐					

2-14 续表 38

(图书、报刊杂志市场)

地　区	市场数量(个)	总摊位数(个)	年末出租摊位数(个)	营业面积(平方米)	成交额(万元)
36城市总计	**9**	**1598**	**1538**	**89413**	**355377**
北　京	1	200	196	12000	18820
天　津					
石家庄					
太　原					
呼和浩特					
沈　阳					
大　连	1	62	39	6900	13000
长　春					
哈尔滨					
上　海					
南　京	1	88	86	5000	31000
杭　州	1	91	68	10000	18150
宁　波					
合　肥					
福　州					
厦　门					
南　昌					
济　南					
青　岛	1	205	205	9324	20154
郑　州	1	155	154	16000	120000
武　汉	1	277	277	4100	18828
长　沙	1	423	423	13100	85625
广　州	1	97	90	12989	29800
深　圳					
南　宁					
海　口					
重　庆					
成　都					
贵　阳					
昆　明					
拉　萨					
西　安					
兰　州					
西　宁					
银　川					
乌鲁木齐					

2-14　续表 39

(音像制品及电子出版物市场)

地　区	市场数量（个）	总摊位数（个）	年末出租摊位数（个）	营业面积（平方米）	成交额（万元）
36城市总计					
北　京					
天　津					
石家庄					
太　原					
呼和浩特					
沈　阳					
大　连					
长　春					
哈尔滨					
上　海					
南　京					
杭　州					
宁　波					
合　肥					
福　州					
厦　门					
南　昌					
济　南					
青　岛					
郑　州					
武　汉					
长　沙					
广　州					
深　圳					
南　宁					
海　口					
重　庆					
成　都					
贵　阳					
昆　明					
拉　萨					
西　安					
兰　州					
西　宁					
银　川					
乌鲁木齐					

2-14 续表 40

(体育用品市场)

地　　区	市场数量(个)	总摊位数(个)	年末出租摊位数(个)	营业面积(平方米)	成交额(万元)
36城市总计	**1**	**80**	**80**	**6700**	**14572**
北　　京					
天　　津					
石 家 庄					
太　　原					
呼和浩特					
沈　　阳					
大　　连					
长　　春					
哈 尔 滨					
上　　海					
南　　京					
杭　　州					
宁　　波					
合　　肥					
福　　州					
厦　　门					
南　　昌					
济　　南					
青　　岛					
郑　　州					
武　　汉					
长　　沙					
广　　州	1	80	80	6700	14572
深　　圳					
南　　宁					
海　　口					
重　　庆					
成　　都					
贵　　阳					
昆　　明					
拉　　萨					
西　　安					
兰　　州					
西　　宁					
银　　川					
乌鲁木齐					

2-14　续表 41

(其他日用品及文化用品市场)

地　区	市场数量（个）	总摊位数（个）	年末出租摊位数（个）	营业面积（平方米）	成交额（万元）
36城市总计	**15**	**7986**	**7818**	**329788**	**2856254**
北　京					
天　津					
石家庄					
太　原					
呼和浩特					
沈　阳	1	1495	1495	45000	17899
大　连					
长　春					
哈尔滨					
上　海	1	48	48	5000	1788981
南　京					
杭　州	2	838	838	28773	41230
宁　波					
合　肥					
福　州					
厦　门					
南　昌					
济　南					
青　岛					
郑　州	1	120	120	6000	12000
武　汉	3	855	853	110676	392668
长　沙					
广　州	2	2972	2806	92478	215795
深　圳	1	205	205	2000	35000
南　宁					
海　口					
重　庆	3	1053	1053	27861	232681
成　都					
贵　阳					
昆　明					
拉　萨					
西　安					
兰　州	1	400	400	12000	120000
西　宁					
银　川					
乌鲁木齐					

2-14 续表 42

(黄金、珠宝、玉器等首饰市场)

地区	市场数量(个)	总摊位数(个)	年末出租摊位数(个)	营业面积(平方米)	成交额(万元)
36城市总计	**13**	**7088**	**6783**	**400998**	**2393717**
北京	3	1213	1058	45677	279832
天津					
石家庄					
太原					
呼和浩特					
沈阳					
大连					
长春					
哈尔滨					
上海					
南京					
杭州	1	360	360	20000	1060000
宁波					
合肥					
福州	4	1279	1279	27580	676541
厦门					
南昌					
济南					
青岛	2	1869	1869	258579	229910
郑州	1	60	58	8000	21050
武汉					
长沙					
广州	1	1200	1052	10000	80758
深圳	1	1107	1107	31162	45626
南宁					
海口					
重庆					
成都					
贵阳					
昆明					
拉萨					
西安					
兰州					
西宁					
银川					
乌鲁木齐					

2-14　续表 43

（电器、通讯器材、电子设备市场）

地　区	市场数量（个）	总摊位数（个）	年末出租摊位数（个）	营业面积（平方米）	成交额（万元）
36城市总计	**106**	**55429**	**50815**	**2699370**	**7959328**
北　京	10	5401	5036	173969	1007380
天　津					
石家庄	2	359	359	54000	53260
太　原	2	448	448	13000	28300
呼和浩特					
沈　阳	1	728	500	24000	16668
大　连					
长　春	2	1096	1096	4930	233803
哈尔滨	3	2547	2504	102559	448343
上　海	7	2217	2006	75934	286769
南　京	1	249	245	4770	51432
杭　州	9	2358	2238	95807	427562
宁　波	3	1062	1047	42000	137419
合　肥	1	3902	3417	875253	978203
福　州	3	1157	1157	58000	190297
厦　门					
南　昌	3	1339	1301	58694	90609
济　南	2	381	350	17500	171605
青　岛	2	738	733	45000	102622
郑　州	2	3370	3310	267000	326495
武　汉	5	1768	1604	73400	292785
长　沙	5	1952	1643	50750	316984
广　州	8	2997	2825	90064	344097
深　圳	11	12269	10749	171499	614863
南　宁	1	732	732	20259	90000
海　口	1	300	300	10500	28600
重　庆	8	2716	2586	136535	610262
成　都	4	1625	1361	70000	720953
贵　阳	2	257	257	19000	26580
昆　明					
拉　萨					
西　安	4	2086	1636	110699	196830
兰　州					
西　宁					
银　川	1	317	317	8200	32083
乌鲁木齐	3	1058	1058	26048	134524

2-14 续表 44

(家电市场)

地　区	市场数量(个)	总摊位数(个)	年末出租摊位数(个)	营业面积(平方米)	成交额(万元)
36城市总计	**19**	**9460**	**8337**	**1125673**	**1492652**
北　京					
天　津					
石家庄					
太　原					
呼和浩特					
沈　阳	1	728	500	24000	16668
大　连					
长　春					
哈尔滨					
上　海	1	220	200	20000	45500
南　京					
杭　州	4	657	582	44628	126377
宁　波					
合　肥	1	3902	3417	875253	978203
福　州					
厦　门					
南　昌	2	1239	1229	53994	79753
济　南					
青　岛	1	145	140	9000	13600
郑　州					
武　汉	1	280	225	8400	15000
长　沙					
广　州	3	906	902	35500	123217
深　圳	2	1140	899	18199	30434
南　宁					
海　口					
重　庆	1	25	25	15000	36300
成　都					
贵　阳	1	112	112	16000	11000
昆　明					
拉　萨					
西　安	1	106	106	5699	16600
兰　州					
西　宁					
银　川					
乌鲁木齐					

2-14　续表 45

(通讯器材市场)

地　　区	市场数量(个)	总摊位数(个)	年末出租摊位数(个)	营业面积(平方米)	成交额(万元)
36城市总计	**22**	**13521**	**12324**	**290478**	**960042**
北　　京	1	622	552	11989	12042
天　　津					
石 家 庄	2	359	359	54000	53260
太　　原					
呼和浩特					
沈　　阳					
大　　连					
长　　春	1	398	398	2130	12215
哈 尔 滨					
上　　海	2	985	973	22000	37846
南　　京					
杭　　州	1	300	300	11003	23670
宁　　波					
合　　肥					
福　　州					
厦　　门					
南　　昌					
济　　南					
青　　岛					
郑　　州	1	360	300	7000	54000
武　　汉	1	435	435	25000	187000
长　　沙	2	291	251	2750	29092
广　　州	2	1319	1266	27506	86704
深　　圳	7	7848	6886	95100	334544
南　　宁					
海　　口					
重　　庆	2	604	604	32000	129669
成　　都					
贵　　阳					
昆　　明					
拉　　萨					
西　　安					
兰　　州					
西　　宁					
银　　川					
乌鲁木齐					

2-14 续表 46

(照相、摄像器材市场)

地　区	市场数量(个)	总摊位数(个)	年末出租摊位数(个)	营业面积(平方米)	成交额(万元)
36城市总计	**2**	**562**	**485**	**20866**	**71266**
北　京	1	315	315	13066	39009
天　津					
石家庄					
太　原					
呼和浩特					
沈　阳					
大　连					
长　春					
哈尔滨					
上　海	1	247	170	7800	32257
南　京					
杭　州					
宁　波					
合　肥					
福　州					
厦　门					
南　昌					
济　南					
青　岛					
郑　州					
武　汉					
长　沙					
广　州					
深　圳					
南　宁					
海　口					
重　庆					
成　都					
贵　阳					
昆　明					
拉　萨					
西　安					
兰　州					
西　宁					
银　川					
乌鲁木齐					

2-14 续表 47

(计算机及辅助设备市场)

地　区	市场数量(个)	总摊位数(个)	年末出租摊位数(个)	营业面积(平方米)	成交额(万元)
36城市总计	**59**	**30539**	**28357**	**1226453**	**5247473**
北　京	6	3734	3474	131714	829117
天　津					
石家庄					
太　原	2	448	448	13000	28300
呼和浩特					
沈　阳					
大　连					
长　春	1	698	698	2800	221588
哈尔滨	3	2547	2504	102559	448343
上　海	3	765	663	26134	171166
南　京	1	249	245	4770	51432
杭　州	4	1401	1356	40176	277515
宁　波	3	1062	1047	42000	137419
合　肥					
福　州	3	1157	1157	58000	190297
厦　门					
南　昌	1	100	72	4700	10856
济　南	2	381	350	17500	171605
青　岛	1	593	593	36000	89022
郑　州	1	3010	3010	260000	272495
武　汉	3	1053	944	40000	90785
长　沙	3	1661	1392	48000	287892
广　州	3	772	657	27058	134176
深　圳	2	3281	2964	58200	249885
南　宁	1	732	732	20259	90000
海　口					
重　庆	5	2087	1957	89535	444293
成　都	4	1625	1361	70000	720953
贵　阳	1	145	145	3000	15580
昆　明					
拉　萨					
西　安	3	1980	1530	105000	180230
兰　州					
西　宁					
银　川					
乌鲁木齐	3	1058	1058	26048	134524

2-14 续表 48

(其他电器、通讯器材、电子设备市场)

地 区	市场数量(个)	总摊位数(个)	年末出租摊位数(个)	营业面积(平方米)	成交额(万元)
36城市总计	**4**	**1347**	**1312**	**35900**	**187895**
北 京	2	730	695	17200	127212
天 津					
石家庄					
太 原					
呼和浩特					
沈 阳					
大 连					
长 春					
哈尔滨					
上 海					
南 京					
杭 州					
宁 波					
合 肥					
福 州					
厦 门					
南 昌					
济 南					
青 岛					
郑 州					
武 汉					
长 沙					
广 州					
深 圳					
南 宁					
海 口	1	300	300	10500	28600
重 庆					
成 都					
贵 阳					
昆 明					
拉 萨					
西 安					
兰 州					
西 宁					
银 川	1	317	317	8200	32083
乌鲁木齐					

2-14 续表 49

地 区	市场数量（个）	总摊位数（个）	年末出租摊位数（个）	营业面积（平方米）	成交额（万元）
36城市总计	**6**	**31483**	**23928**	**910064**	**5624157**
北 京					
天 津					
石 家 庄					
太 原					
呼和浩特					
沈 阳					
大 连					
长 春					
哈 尔 滨					
上 海	1	324	298	8000	60000
南 京					
杭 州					
宁 波					
合 肥					
福 州					
厦 门					
南 昌					
济 南					
青 岛					
郑 州					
武 汉					
长 沙					
广 州	1	438	375	4971	10656
深 圳					
南 宁					
海 口					
重 庆					
成 都	1	30181	22775	875093	5455701
贵 阳					
昆 明					
拉 萨					
西 安	2	490	430	14000	57800
兰 州					
西 宁	1	50	50	8000	40000
银 川					
乌鲁木齐					

2-14 续表 50

(中药材市场)

地　区	市场数量 (个)	总摊位数 (个)	年末出租摊位数 (个)	营业面积 (平方米)	成交额 (万元)
36城市总计	**6**	**31483**	**23928**	**910064**	**5624157**
北　京					
天　津					
石家庄					
太　原					
呼和浩特					
沈　阳					
大　连					
长　春					
哈尔滨					
上　海	1	324	298	8000	60000
南　京					
杭　州					
宁　波					
合　肥					
福　州					
厦　门					
南　昌					
济　南					
青　岛					
郑　州					
武　汉					
长　沙					
广　州	1	438	375	4971	10656
深　圳					
南　宁					
海　口					
重　庆					
成　都	1	30181	22775	875093	5455701
贵　阳					
昆　明					
拉　萨					
西　安	2	490	430	14000	57800
兰　州					
西　宁	1	50	50	8000	40000
银　川					
乌鲁木齐					

2-14 续表 51

(家具、五金及装饰材料市场)

地 区	市场数量（个）	总摊位数（个）	年末出租摊位数（个）	营业面积（平方米）	成交额（万元）
36城市总计	**257**	**126322**	**119722**	**15941322**	**17835868**
北 京	19	8122	7743	934928	1149389
天 津	8	2651	2379	782928	479715
石家庄	16	6574	6574	1381114	978047
太 原	3	1710	1608	286332	126250
呼和浩特	3	853	853	57600	92234
沈 阳	8	5858	5382	378843	579339
大 连	4	2580	2420	203700	148771
长 春	4	3166	2781	407000	211262
哈尔滨	4	1268	1169	196000	219544
上 海	20	14189	13202	1254803	1319368
南 京	9	6136	6036	601090	1108611
杭 州	24	10476	10101	1148243	1670771
宁 波	18	4075	3524	514604	593999
合 肥	6	2464	2029	326629	477146
福 州	6	1756	1739	318390	611449
厦 门					
南 昌	3	2902	2680	458442	86336
济 南	4	1236	1196	219036	125637
青 岛	10	2647	2556	481001	267454
郑 州	5	4079	4041	508020	601330
武 汉	5	1918	1724	217504	226349
长 沙	9	4588	4579	553577	833937
广 州	6	3231	2986	331066	230091
深 圳	1	214	198	26000	15062
南 宁	4	2370	2058	306333	245564
海 口					
重 庆	27	14103	13511	1757948	3511988
成 都	6	8001	7555	933282	883602
贵 阳	3	1246	1246	251000	173892
昆 明	8	2928	2881	494981	510515
拉 萨					
西 安	2	691	691	57000	24542
兰 州	7	2433	2423	179195	219979
西 宁	1	612	612	12165	33678
银 川	4	1245	1245	362568	80017
乌鲁木齐					

2-14 续表 52

(家具市场)

地 区	市场数量(个)	总摊位数(个)	年末出租摊位数(个)	营业面积(平方米)	成交额(万元)
36城市总计	**74**	**29572**	**27448**	**5481342**	**4333286**
北 京	8	3735	3579	549859	556828
天 津	1	382	382	51309	20000
石家庄	3	1584	1584	342000	271560
太 原	2	660	558	166332	40750
呼和浩特	2	648	648	45600	74578
沈 阳	2	931	916	150343	115844
大 连	2	980	840	66700	43386
长 春	2	613	613	97000	121000
哈尔滨	2	729	630	145000	79534
上 海	5	1118	907	317271	113111
南 京	3	1195	1155	195088	191647
杭 州	5	1146	1059	288177	143297
宁 波	9	1671	1274	280704	132674
合 肥					
福 州	1	310	307	53000	11500
厦 门					
南 昌	2	928	706	180000	65665
济 南	2	726	686	86536	88687
青 岛	3	793	793	177471	87422
郑 州	1	1667	1666	300000	284420
武 汉	1	316	132	48621	37679
长 沙	2	386	386	65000	33196
广 州	1	512	510	64892	30728
深 圳	1	214	198	26000	15062
南 宁	1	550	238	61333	25382
海 口					
重 庆	4	2691	2606	763000	1407700
成 都	3	3508	3496	523282	172526
贵 阳					
昆 明	3	783	783	266824	113521
拉 萨					
西 安					
兰 州	1	147	147	25000	10353
西 宁					
银 川	2	649	649	145000	45236
乌鲁木齐					

2-14 续表 53

(装饰材料市场)

地区	市场数量（个）	总摊位数（个）	年末出租摊位数（个）	营业面积（平方米）	成交额（万元）
36城市总计	**105**	**49886**	**47800**	**5602873**	**6210741**
北京	7	2089	2035	152126	269153
天津	4	1088	1076	106800	87506
石家庄	9	2690	2690	581114	472670
太原	1	1050	1050	120000	85500
呼和浩特	1	205	205	12000	17656
沈阳	4	2091	1726	137500	214580
大连	2	1600	1580	137000	105385
长春	1	1187	802	150000	72262
哈尔滨	1	76	76	30000	20010
上海	8	7772	7595	631651	959105
南京	3	1451	1391	151002	75459
杭州	9	3219	2988	356275	326636
宁波	5	730	640	148955	178403
合肥	3	1199	1199	173629	223082
福州	2	703	689	39100	347151
厦门					
南昌	1	1974	1974	278442	20671
济南	1	330	330	64500	20950
青岛	3	832	782	171600	45528
郑州	2	1577	1573	152000	152310
武汉	3	1030	1030	132989	135158
长沙	5	2606	2597	238577	600653
广州	4	2319	2185	253174	177779
深圳					
南宁	1	704	704	100000	22280
海口					
重庆	16	6154	5683	713539	879209
成都	1	2200	2200	160000	160000
贵阳	2	982	982	184000	144050
昆明	2	964	964	138000	273400
拉萨					
西安					
兰州	4	1064	1054	88900	124195
西宁					
银川					
乌鲁木齐					

2-14 续表 54

(灯具市场)

地 区	市场数量(个)	总摊位数(个)	年末出租摊位数(个)	营业面积(平方米)	成交额(万元)
36城市总计	**10**	**3568**	**3409**	**529310**	**563942**
北 京	1	350	314	35000	10754
天 津					
石 家 庄					
太 原					
呼和浩特					
沈 阳	1	276	180	54000	68936
大 连					
长 春					
哈 尔 滨					
上 海					
南 京					
杭 州	1	980	980	48000	33000
宁 波					
合 肥					
福 州					
厦 门					
南 昌					
济 南	1	180	180	68000	16000
青 岛	1	120	120	50000	35124
郑 州					
武 汉					
长 沙					
广 州					
深 圳					
南 宁					
海 口					
重 庆	3	679	675	138129	188563
成 都	1	473	473	120000	162000
贵 阳					
昆 明	1	510	487	16181	49565
拉 萨					
西 安					
兰 州					
西 宁					
银 川					
乌鲁木齐					

2-14　续表 55

(厨具、盥洗设备市场)

地　　区	市场数量（个）	总摊位数（个）	年末出租摊位数（个）	营业面积（平方米）	成交额（万元）
36城市总计	**3**	**1006**	**988**	**58608**	**169427**
北　　京					
天　　津					
石 家 庄					
太　　原					
呼和浩特					
沈　　阳					
大　　连					
长　　春					
哈 尔 滨					
上　　海					
南　　京					
杭　　州					
宁　　波	1	500	500	13000	133811
合　　肥					
福　　州					
厦　　门					
南　　昌					
济　　南					
青　　岛	1	366	348	21608	23616
郑　　州					
武　　汉					
长　　沙					
广　　州					
深　　圳					
南　　宁					
海　　口					
重　　庆					
成　　都					
贵　　阳					
昆　　明					
拉　　萨					
西　　安	1	140	140	24000	12000
兰　　州					
西　　宁					
银　　川					
乌鲁木齐					

2-14 续表 56

(五金材料市场)

地　区	市场数量（个）	总摊位数（个）	年末出租摊位数（个）	营业面积（平方米）	成交额（万元）
36城市总计	**30**	**23793**	**22558**	**2134006**	**3782906**
北　京	1	536	536	8794	16328
天　津	3	1181	921	624819	372209
石家庄	1	1200	1200	120000	130000
太　原					
呼和浩特					
沈　阳					
大　连					
长　春	1	1366	1366	160000	18000
哈尔滨					
上　海	3	3700	3417	194379	156002
南　京	1	948	948	150000	128820
杭　州	4	2323	2313	93620	808581
宁　波	2	1134	1070	68000	112326
合　肥					
福　州	1	213	213	3900	45346
厦　门					
南　昌					
济　南					
青　岛	1	215	215	24300	29564
郑　州	2	835	802	56020	164600
武　汉	1	572	562	35894	53512
长　沙	1	1520	1520	230000	187900
广　州	1	400	291	13000	21584
深　圳					
南　宁	1	700	700	45000	100000
海　口					
重　庆	4	4579	4547	143280	1036516
成　都	1	1820	1386	130000	389076
贵　阳					
昆　明					
拉　萨					
西　安	1	551	551	33000	12542
兰　州					
西　宁					
银　川					
乌鲁木齐					

2-14 续表 57

(其他装修市场)

地 区	市场数量(个)	总摊位数(个)	年末出租摊位数(个)	营业面积(平方米)	成交额(万元)
36城市总计	**35**	**18497**	**17519**	**2135183**	**2775566**
北 京	2	1412	1279	189149	296326
天 津					
石家庄	3	1100	1100	338000	103817
太 原					
呼和浩特					
沈 阳	1	2560	2560	37000	179979
大 连					
长 春					
哈尔滨	1	463	463	21000	120000
上 海	4	1599	1283	111502	91150
南 京	2	2542	2542	105000	712685
杭 州	5	2808	2761	362171	359257
宁 波	1	40	40	3945	36785
合 肥	3	1265	830	153000	254064
福 州	2	530	530	222390	207452
厦 门					
南 昌					
济 南					
青 岛	1	321	298	36022	46200
郑 州					
武 汉					
长 沙	1	76	76	20000	12188
广 州					
深 圳					
南 宁	1	416	416	100000	97902
海 口					
重 庆					
成 都					
贵 阳	1	264	264	67000	29842
昆 明	2	671	647	73976	74029
拉 萨					
西 安					
兰 州	2	1222	1222	65295	85431
西 宁	1	612	612	12165	33678
银 川	2	596	596	217568	34781
乌鲁木齐					

2-14 续表 58

(汽车、摩托车及零配件市场)

地 区	市场数量 (个)	总摊位数 (个)	年末出租摊位数 (个)	营业面积 (平方米)	成交额 (万元)
36城市总计	**162**	**60789**	**54856**	**8332830**	**43951903**
北 京	15	4751	4492	891483	8265392
天 津	4	1905	1889	339660	3225121
石 家 庄	3	581	581	241000	555514
太 原	1	426	426	70000	13700
呼和浩特					
沈 阳	5	2986	2548	283790	1863451
大 连	2	1450	1450	126000	1431675
长 春	2	5426	2450	581570	2647920
哈 尔 滨					
上 海	13	2314	2304	225057	2883626
南 京	4	369	336	72200	469617
杭 州	18	6547	6136	343270	5343489
宁 波	9	1618	993	215366	652384
合 肥	6	2000	1780	165010	386550
福 州	1	200	200	7128	38727
厦 门	2	121	121	34000	173177
南 昌	6	2976	2511	251500	1622159
济 南	4	1117	1081	237838	1320218
青 岛	3	368	365	79000	252693
郑 州	5	3114	3114	144200	1324720
武 汉	5	1861	1846	207200	1094249
长 沙	7	6690	6634	654483	2332349
广 州	18	3944	3835	506177	2281791
深 圳	3	123	111	92200	420480
南 宁	3	706	706	576296	194300
海 口					
重 庆	8	3549	3519	609670	3333618
成 都	1	357	357	100713	267000
贵 阳	3	490	478	463000	135789
昆 明	3	1022	1022	213457	236270
拉 萨					
西 安	4	1957	1879	107484	698516
兰 州	1	96	92	10440	26890
西 宁					
银 川	1	961	850	229000	27973
乌鲁木齐	2	764	750	254638	432545

2-14 续表 59

(汽车市场)

地区	市场数量 (个)	总摊位数 (个)	年末出租摊位数 (个)	营业面积 (平方米)	成交额 (万元)
36城市总计	**552**	**182389**	**161566**	**30476302**	**148602039**
北京	9	1520	1333	646033	7667410
天津	4	1905	1889	339660	3225121
石家庄	2	81	81	141000	281893
太原					
呼和浩特					
沈阳	2	1418	1418	117790	1151717
大连	2	1450	1450	126000	1431675
长春	2	5426	2450	581570	2647920
哈尔滨					
上海	9	559	549	132178	2185239
南京	4	369	336	72200	469617
杭州	14	3946	3557	168745	4289946
宁波	8	1018	393	182366	640614
合肥	3	311	196	105347	199650
福州					
厦门	2	121	121	34000	173177
南昌	3	1329	1164	143000	282621
济南	1	74	74	130000	780698
青岛	1	50	50	30000	63000
郑州	1	36	36	40786	580000
武汉	3	381	371	187000	1064563
长沙	2	649	624	414483	1917750
广州	7	428	372	281876	1789910
深圳	3	123	111	92200	420480
南宁	3	706	706	576296	194300
海口					
重庆	7	2869	2863	569670	2843618
成都	1	357	357	100713	267000
贵阳	2	230	218	420000	106829
昆明	1	112	112	53333	109920
拉萨					
西安	2	1060	982	85140	520516
兰州					
西宁					
银川	1	961	850	229000	27973
乌鲁木齐	2	764	750	254638	432545

2-14 续表 60

(摩托车市场)

地　区	市场数量（个）	总摊位数（个）	年末出租摊位数（个）	营业面积（平方米）	成交额（万元）
36城市总计	**4**	**1053**	**995**	**69240**	**587616**
北　京					
天　津					
石家庄					
太　原					
呼和浩特					
沈　阳					
大　连					
长　春					
哈尔滨					
上　海					
南　京					
杭　州					
宁　波					
合　肥	1	150	145	16000	50000
福　州					
厦　门					
南　昌					
济　南					
青　岛					
郑　州					
武　汉					
长　沙	1	127	102	2800	20726
广　州					
深　圳					
南　宁					
海　口					
重　庆	1	680	656	40000	490000
成　都					
贵　阳					
昆　明					
拉　萨					
西　安					
兰　州	1	96	92	10440	26890
西　宁					
银　川					
乌鲁木齐					

2-14 续表 61

(机动车零配件市场)

地 区	市场数量(个)	总摊位数(个)	年末出租摊位数(个)	营业面积(平方米)	成交额(万元)
36城市总计	**57**	**31483**	**30448**	**2008566**	**7598585**
北 京	6	3231	3159	245450	597982
天 津					
石家庄	1	500	500	100000	273621
太 原	1	426	426	70000	13700
呼和浩特					
沈 阳	3	1568	1130	166000	711734
大 连					
长 春					
哈尔滨					
上 海	4	1755	1755	92879	698387
南 京					
杭 州	4	2601	2579	174525	1053543
宁 波	1	600	600	33000	11770
合 肥	2	1539	1439	43663	136900
福 州	1	200	200	7128	38727
厦 门					
南 昌	3	1647	1347	108500	1339538
济 南	3	1043	1007	107838	539520
青 岛	2	318	315	49000	189693
郑 州	4	3078	3078	103414	744720
武 汉	2	1480	1475	20200	29686
长 沙	4	5914	5908	237200	393873
广 州	11	3516	3463	224301	491881
深 圳					
南 宁					
海 口					
重 庆					
成 都					
贵 阳	1	260	260	43000	28960
昆 明	2	910	910	160124	126350
拉 萨					
西 安	2	897	897	22344	178000
兰 州					
西 宁					
银 川					
乌鲁木齐					

2-14 续表 62

(花鸟鱼虫市场)

地区	市场数量(个)	总摊位数(个)	年末出租摊位数(个)	营业面积(平方米)	成交额(万元)
36城市总计	**19**	**13808**	**13225**	**2585553**	**1712004**
北京	1	200	180	3000	18200
天津	2	1400	900	80000	34790
石家庄					
太原					
呼和浩特					
沈阳					
大连					
长春					
哈尔滨	1	262	262	20000	12202
上海	2	557	557	51150	29656
南京					
杭州	2	1244	1232	59208	249540
宁波					
合肥	2	1682	1682	105000	114900
福州	2	205	205	31855	94017
厦门					
南昌					
济南					
青岛					
郑州	1	2000	2000	50000	150000
武汉					
长沙	1	428	428	133340	168280
广州	2	1742	1706	1918000	324898
深圳					
南宁					
海口					
重庆					
成都	1	488	488	20000	51021
贵阳					
昆明	1	3000	2985	14000	399500
拉萨					
西安					
兰州					
西宁					
银川					
乌鲁木齐	1	600	600	100000	65000

2-14 续表 63

（花卉市场）

地　区	市场数量（个）	总摊位数（个）	年末出租摊位数（个）	营业面积（平方米）	成交额（万元）
36城市总计	**16**	**12998**	**12419**	**2537998**	**1581912**
北　京	1	200	180	3000	18200
天　津	2	1400	900	80000	34790
石家庄					
太　原					
呼和浩特					
沈　阳					
大　连					
长　春					
哈尔滨	1	262	262	20000	12202
上　海	1	177	177	15350	11506
南　京					
杭　州	1	944	936	53828	220440
宁　波					
合　肥	2	1682	1682	105000	114900
福　州	1	75	75	25480	11175
厦　门					
南　昌					
济　南					
青　岛					
郑　州	1	2000	2000	50000	150000
武　汉					
长　沙	1	428	428	133340	168280
广　州	2	1742	1706	1918000	324898
深　圳					
南　宁					
海　口					
重　庆					
成　都	1	488	488	20000	51021
贵　阳					
昆　明	1	3000	2985	14000	399500
拉　萨					
西　安					
兰　州					
西　宁					
银　川					
乌鲁木齐	1	600	600	100000	65000

2-14 续表 64

(其他花鸟鱼虫市场)

地　区	市场数量(个)	总摊位数(个)	年末出租摊位数(个)	营业面积(平方米)	成交额(万元)
36城市总计	**3**	**810**	**806**	**47555**	**130092**
北　京					
天　津					
石家庄					
太　原					
呼和浩特					
沈　阳					
大　连					
长　春					
哈尔滨					
上　海	1	380	380	35800	18150
南　京					
杭　州	1	300	296	5380	29100
宁　波					
合　肥					
福　州	1	130	130	6375	82842
厦　门					
南　昌					
济　南					
青　岛					
郑　州					
武　汉					
长　沙					
广　州					
深　圳					
南　宁					
海　口					
重　庆					
成　都					
贵　阳					
昆　明					
拉　萨					
西　安					
兰　州					
西　宁					
银　川					
乌鲁木齐					

2-14 续表 65

(旧货市场)

地　区	市场数量(个)	总摊位数(个)	年末出租摊位数(个)	营业面积(平方米)	成交额(万元)
36城市总计	**10**	**5747**	**5615**	**173708**	**578653**
北　京	1	3258	3258	26000	27823
天　津					
石家庄					
太　原					
呼和浩特					
沈　阳					
大　连					
长　春					
哈尔滨					
上　海					
南　京					
杭　州					
宁　波	5	1110	1098	70161	449333
合　肥					
福　州					
厦　门					
南　昌	1	750	750	15000	17611
济　南					
青　岛					
郑　州	1	507	400	13120	10000
武　汉					
长　沙					
广　州					
深　圳					
南　宁					
海　口					
重　庆					
成　都					
贵　阳					
昆　明	2	122	109	49427	73886
拉　萨					
西　安					
兰　州					
西　宁					
银　川					
乌鲁木齐					

2-14 续表 66

(古玩、古董、字画市场)

地　区	市场数量(个)	总摊位数(个)	年末出租摊位数(个)	营业面积(平方米)	成交额(万元)
36城市总计	**1**	**507**	**400**	**13120**	**10000**
北　京					
天　津					
石家庄					
太　原					
呼和浩特					
沈　阳					
大　连					
长　春					
哈尔滨					
上　海					
南　京					
杭　州					
宁　波					
合　肥					
福　州					
厦　门					
南　昌					
济　南					
青　岛					
郑　州	1	507	400	13120	10000
武　汉					
长　沙					
广　州					
深　圳					
南　宁					
海　口					
重　庆					
成　都					
贵　阳					
昆　明					
拉　萨					
西　安					
兰　州					
西　宁					
银　川					
乌鲁木齐					

2-14 续表 67

(其他旧货市场)

地 区	市场数量(个)	总摊位数(个)	年末出租摊位数(个)	营业面积(平方米)	成交额(万元)
36城市总计	**9**	**5240**	**5215**	**160588**	**568653**
北 京	1	3258	3258	26000	27823
天 津					
石家庄					
太 原					
呼和浩特					
沈 阳					
大 连					
长 春					
哈尔滨					
上 海					
南 京					
杭 州					
宁 波	5	1110	1098	70161	449333
合 肥					
福 州					
厦 门					
南 昌	1	750	750	15000	17611
济 南					
青 岛					
郑 州					
武 汉					
长 沙					
广 州					
深 圳					
南 宁					
海 口					
重 庆					
成 都					
贵 阳					
昆 明	2	122	109	49427	73886
拉 萨					
西 安					
兰 州					
西 宁					
银 川					
乌鲁木齐					

2-14 续表 68

(其他专业市场)

地　区	市场数量(个)	总摊位数(个)	年末出租摊位数(个)	营业面积(平方米)	成交额(万元)
36城市总计	**19**	**14264**	**8610**	**593089**	**3399099**
北　京	2	181	181	109159	46824
天　津	1	180	180	8000	15000
石家庄					
太　原					
呼和浩特					
沈　阳	4	2600	2089	64000	1738216
大　连					
长　春					
哈尔滨					
上　海	4	1285	1239	40400	433968
南　京					
杭　州	1	800	584	56654	64437
宁　波	1	180	180	800	177610
合　肥					
福　州					
厦　门					
南　昌					
济　南	1	1200	807	236000	26500
青　岛					
郑　州	2	2180	2180	11000	657000
武　汉					
长　沙					
广　州	2	658	478	24386	209536
深　圳					
南　宁					
海　口					
重　庆					
成　都					
贵　阳					
昆　明	1	5000	692	42690	30008
拉　萨					
西　安					
兰　州					
西　宁					
银　川					
乌鲁木齐					

2-15　商品交易市场情况(按营业状态分)

(常年营业)

地　　区	市场数量(个)	总摊位数(个)	年末出租摊位数(个)	营业面积(平方米)	成交额(万元)
总　　计	**1973**	**1560258**	**1389720**	**113259180**	**478596765**
北　　京	137	124976	111400	6970819	33375721
天　　津	75	48609	43403	5212689	27488030
石 家 庄	54	68982	63927	5577638	13719036
太　　原	13	13590	13130	1028833	706361
呼和浩特	8	4256	4250	204600	403838
沈　　阳	56	58269	50666	2685030	15382449
大　　连	41	35574	34799	1698256	14709109
长　　春	29	31551	27684	2280295	4718839
哈 尔 滨	51	43770	42230	2404420	7724288
上　　海	163	77619	73105	7251664	94619863
南　　京	46	38223	36630	2944892	9114203
杭　　州	186	98617	92206	4346377	37944435
宁　　波	135	76539	69821	4363820	27131544
合　　肥	35	28011	23922	2928239	9427509
福　　州	51	14755	14441	1295885	8181463
厦　　门	19	6396	6396	449632	1583786
南　　昌	33	28607	27277	1450486	9662463
济　　南	34	20888	19826	1829165	4944478
青　　岛	61	63993	62090	5628179	12371894
郑　　州	44	41291	37037	3024331	9803978
武　　汉	60	35228	33003	2552900	8861688
长　　沙	64	46746	45664	5017208	16249773
广　　州	155	107274	90425	8948012	22248376
深　　圳	38	58811	38383	1713637	6136467
南　　宁	33	25972	23054	1977885	4780912
海　　口	2	706	700	68300	40125
重　　庆	144	97100	91490	7429990	33072063
成　　都	42	94485	61660	6600887	15945066
贵　　阳	17	13463	13281	1261846	2769858
昆　　明	30	56629	49983	2989858	5773132
拉　　萨					
西　　安	33	21781	20026	1175762	2864395
兰　　州	28	19072	17364	1371401	4073224
西　　宁	5	4628	4396	241368	212402
银　　川	21	17727	14665	1840100	2215927
乌鲁木齐	30	36120	31386	6494776	10340070

2-15 续表 1

(季节性营业)

地 区	市场数量(个)	总摊位数(个)	年末出租摊位数(个)	营业面积(平方米)	成交额(万元)
总 计	**11**	**6919**	**4838**	**576295**	**682260**
北 京	3	4156	2514	279000	151526
天 津					
石家庄					
太 原					
呼和浩特					
沈 阳					
大 连					
长 春					
哈尔滨					
上 海					
南 京					
杭 州	1	168	113	3500	24113
宁 波	1	460	460	97445	182900
合 肥	1	320	320	33350	58000
福 州					
厦 门					
南 昌					
济 南	1	310	308	19000	31926
青 岛	3	1380	998	138000	184306
郑 州					
武 汉					
长 沙					
广 州					
深 圳					
南 宁	1	125	125	6000	49489
海 口					
重 庆					
成 都					
贵 阳					
昆 明					
拉 萨					
西 安					
兰 州					
西 宁					
银 川					
乌鲁木齐					

2-15　续表 2

(其他)

地　区	市场数量(个)	总摊位数(个)	年末出租摊位数(个)	营业面积(平方米)	成交额(万元)
总　计	**3**	**943**	**928**	**107866**	**1371376**
北　京					
天　津					
石 家 庄	1	402	387	21800	11667
太　原					
呼和浩特					
沈　阳					
大　连	1	450	450	50000	1260000
长　春					
哈 尔 滨					
上　海	1	91	91	36066	99709
南　京					
杭　州					
宁　波					
合　肥					
福　州					
厦　门					
南　昌					
济　南					
青　岛					
郑　州					
武　汉					
长　沙					
广　州					
深　圳					
南　宁					
海　口					
重　庆					
成　都					
贵　阳					
昆　明					
拉　萨					
西　安					
兰　州					
西　宁					
银　川					
乌鲁木齐					

2-16 商品交易市场情况(按经营方式分)

(批发为主)

地 区	市场数量(个)	总摊位数(个)	年末出租摊位数(个)	营业面积(平方米)	成交额(万元)
总 计	**1167**	**1131621**	**991987**	**86953658**	**414414206**
北 京	62	83712	71555	4707952	21886362
天 津	52	34760	31101	4195160	26498815
石家庄	37	51401	47582	4509435	12406968
太 原	8	11432	11074	729501	551811
呼和浩特	4	1313	1307	126000	228349
沈 阳	34	37979	33888	1954414	13656635
大 连	21	15112	14879	995470	13891590
长 春	13	16412	14904	1490693	2782850
哈尔滨	16	20742	20589	1296081	5000340
上 海	88	51850	48908	5862147	89880746
南 京	15	20940	19786	1685607	6408536
杭 州	103	64442	60199	2855425	31130636
宁 波	69	50817	47835	3259009	24224965
合 肥	22	22395	18993	2346313	8643365
福 州	20	5267	5155	573541	6910532
厦 门	7	1986	1986	153152	982287
南 昌	21	20460	19667	994801	8868564
济 南	27	16228	15349	1436779	3957156
青 岛	46	53963	52281	4881678	11422335
郑 州	37	33752	29605	2634025	8194773
武 汉	43	28417	26520	2061946	7750276
长 沙	35	32440	31756	3841805	13017431
广 州	119	92965	78148	8164744	19527142
深 圳	20	47406	28837	1374038	5130055
南 宁	22	17026	14665	1050512	3990660
海 口	1	406	400	57800	11525
重 庆	78	67825	64355	5185061	27771573
成 都	31	85170	52839	5634892	14492616
贵 阳	12	12192	12022	621846	2497607
昆 明	20	52896	46277	2444649	5196795
拉 萨					
西 安	22	14475	13503	789936	1646615
兰 州	23	16488	14780	1261901	3942135
西 宁	2	3356	3227	216203	111880
银 川	13	11917	9060	1239312	2029143
乌鲁木齐	24	33679	28955	6321830	9771138

2-16 续表

(零售为主)

地区	市场数量（个）	总摊位数（个）	年末出租摊位数（个）	营业面积（平方米）	成交额（万元）
总计	**820**	**436499**	**403499**	**26989683**	**66236195**
北京	78	45420	42359	2541867	11640885
天津	23	13849	12302	1017529	989215
石家庄	18	17983	16732	1090003	1323735
太原	5	2158	2056	299332	154550
呼和浩特	4	2943	2943	78600	175489
沈阳	22	20290	16778	730616	1725814
大连	21	20912	20370	752786	2077519
长春	16	15139	12780	789602	1935989
哈尔滨	35	23028	21641	1108339	2723948
上海	76	25860	24288	1425583	4838826
南京	31	17283	16844	1259285	2705667
杭州	84	34343	32120	1494452	6837912
宁波	67	26182	22446	1202256	3089479
合肥	14	5936	5249	615276	842144
福州	31	9488	9286	722344	1270931
厦门	12	4410	4410	296480	601499
南昌	12	8147	7610	455685	793899
济南	8	4970	4785	411386	1019248
青岛	18	11410	10807	884501	1133865
郑州	7	7539	7432	390306	1609205
武汉	17	6811	6483	490954	1111412
长沙	29	14306	13908	1175403	3232342
广州	36	14309	12277	783268	2721234
深圳	18	11405	9546	339599	1006412
南宁	12	9071	8514	933373	839741
海口	1	300	300	10500	28600
重庆	66	29275	27135	2244929	5300490
成都	11	9315	8821	965995	1452450
贵阳	5	1271	1259	640000	272251
昆明	10	3733	3706	545209	576337
拉萨					
西安	11	7306	6523	385826	1217780
兰州	5	2584	2584	109500	131089
西宁	3	1272	1169	25165	100522
银川	8	5810	5605	600788	186784
乌鲁木齐	6	2441	2431	172946	568932

2-17 商品交易市场情况(按经营环境分)

(露天式)

地　区	市场数量(个)	总摊位数(个)	年末出租摊位数(个)	营业面积(平方米)	成交额(万元)
总　计	**278**	**191215**	**163645**	**20367603**	**72562248**
北　京	22	26744	17177	2554400	13041614
天　津	19	12583	9937	2063259	3115877
石家庄	10	10620	9743	677283	771187
太　原	1	160	107	80001	124000
呼和浩特	2	325	325	22000	31645
沈　阳	14	9510	8700	989300	6783076
大　连	3	1975	1920	206000	888136
长　春	3	1702	1663	349900	62523
哈尔滨	4	4486	4486	772000	1750330
上　海	9	3378	3358	286859	4095340
南　京	5	1642	1489	192200	435965
杭　州	16	3310	2824	228822	3542901
宁　波	14	22211	21816	807322	4765791
合　肥	5	2592	2472	344080	2060399
福　州					
厦　门	5	922	922	59600	252553
南　昌	6	3434	3144	233384	2422983
济　南	9	4520	4205	491438	1475111
青　岛	18	6920	5911	1981692	2429134
郑　州	12	8524	8460	431917	1364223
武　汉	16	7355	6626	524462	3360507
长　沙	5	3609	3596	1301560	3527548
广　州	11	5533	4961	369054	690705
深　圳	5	4431	4284	132100	1100748
南　宁	6	2412	1859	773768	2815835
海　口	1	406	400	57800	11525
重　庆	10	5829	5144	517776	3311572
成　都	6	7257	6173	780639	2190576
贵　阳	3	828	739	520000	616847
昆　明	7	7162	2751	360561	643084
拉　萨					
西　安	10	5661	5489	314282	1264881
兰　州	9	6881	5322	396800	1925671
西　宁	1	356	356	116203	45200
银　川	4	3606	3272	533071	727106
乌鲁木齐	7	4331	4014	898070	917655

2-17 续表 1

(封闭式)

地 区	市场数量(个)	总摊位数(个)	年末出租摊位数(个)	营业面积(平方米)	成交额(万元)
总 计	**1503**	**1218111**	**1090823**	**73373927**	**346382796**
北 京	108	88456	83668	4099292	16755187
天 津	51	34429	31910	2983124	23917995
石家庄	34	50361	47507	4104090	12085041
太 原	10	10880	10778	777332	478610
呼和浩特	6	3931	3925	182600	372193
沈 阳	41	48559	41766	1690730	8432057
大 连	36	28153	27537	1244256	11988641
长 春	23	25713	22270	1540395	4405683
哈尔滨	47	39284	37744	1632420	5973958
上 海	118	55099	51387	2956231	77462888
南 京	39	35584	34167	2694692	8257398
杭 州	155	89416	83566	3791404	25862686
宁 波	113	51922	45708	3441863	21678881
合 肥	19	13337	11557	972280	5023072
福 州	41	12282	11968	1120421	5643663
厦 门	10	3471	3471	294322	976947
南 昌	26	24955	23915	1199102	6811851
济 南	23	14678	14362	1065227	3380473
青 岛	40	50037	48999	3142846	8953326
郑 州	23	20593	19883	1877406	6919780
武 汉	43	27301	25815	1992544	5447669
长 沙	50	32637	31959	2501707	9282140
广 州	137	98760	82714	6326147	18572837
深 圳	27	49245	29329	1489187	4548174
南 宁	23	21454	19371	1116211	1530754
海 口	1	300	300	10500	28600
重 庆	120	81202	76679	6019305	23305966
成 都	32	81975	50309	5566024	12217095
贵 阳	11	10537	10444	686946	1389357
昆 明	23	49467	47232	2629297	5130048
拉 萨					
西 安	19	14327	12808	771780	1447428
兰 州	15	11113	10964	881740	1990833
西 宁	4	4272	4040	125165	167202
银 川	16	11821	10621	836029	1223470
乌鲁木齐	19	22560	22150	1611312	4720893

2-17 续表 2

(其他)

地 区	市场数量（个）	总摊位数（个）	年末出租摊位数（个）	营业面积（平方米）	成交额（万元）
总 计	**206**	**158794**	**141018**	**20201811**	**61705357**
北 京	10	13932	13069	596127	3730446
天 津	5	1597	1556	166306	454158
石家庄	11	8403	7064	818065	874475
太 原	2	2550	2245	171500	103751
呼和浩特					
沈 阳	1	200	200	5000	167316
大 连	3	5896	5792	298000	3092332
长 春	3	4136	3751	390000	250633
哈尔滨					
上 海	37	19233	18451	4044640	13161344
南 京	2	997	974	58000	420840
杭 州	16	6059	5929	329651	8562961
宁 波	9	2866	2757	212080	869772
合 肥	12	12402	10213	1645229	2402038
福 州	10	2473	2473	175464	2537800
厦 门	4	2003	2003	95710	354286
南 昌	1	218	218	18000	427629
济 南	3	2000	1567	291500	120820
青 岛	6	8416	8178	641641	1173740
郑 州	9	12174	8694	715008	1519975
武 汉	1	572	562	35894	53512
长 沙	9	10500	10109	1213941	3440085
广 州	7	2981	2750	2252811	2984834
深 圳	6	5135	4770	92350	487545
南 宁	5	2231	1949	93906	483812
海 口					
重 庆	14	10069	9667	892909	6454525
成 都	4	5253	5178	254224	1537395
贵 阳	3	2098	2098	54900	763654
昆 明					
拉 萨					
西 安	4	1793	1729	89700	152086
兰 州	4	1078	1078	92861	156720
西 宁					
银 川	1	2300	772	471000	265351
乌鲁木齐	4	9229	5222	3985394	4701522

2-18 商品交易市场成交情况(按摊位分)

地区	粮油、食品、饮料、烟酒类		粮油、食品类		#粮油类	
	摊位数(个)	成交额(万元)	摊位数(个)	成交额(万元)	摊位数(个)	成交额(万元)
总计	**380412**	**122987253**	**346556**	**114060825**	**30752**	**14807109**
北京	40759	19303643	37688	17564051	3157	2365311
天津	15148	6166510	14072	5725744	1711	1063246
石家庄	17896	1609350	13911	1371805	1987	135408
太原	1587	316655	1585	316605	550	151000
呼和浩特	714	200968	607	152886	30	29200
沈阳	7335	2280343	7119	2210913	716	291380
大连	7886	3589337	7178	3297526	611	268050
长春	3335	624412	2879	615082	141	17402
哈尔滨	8346	3774443	7452	3208464	908	316006
上海	23127	7684735	21498	7467474	1430	772275
南京	9605	4090715	8965	3087725	1530	1190034
杭州	28026	8098943	26170	7610969	1824	1466664
宁波	37413	5492641	36538	5240125	979	451778
合肥	4982	2456335	4816	2443259	717	466994
福州	5107	2080431	4923	2071580	699	92227
厦门	4959	1266815	4842	1238065	203	12177
南昌	4942	3215179	4621	3088762	473	420241
济南	7355	2256191	6474	2070965	202	318814
青岛	36917	5745883	34305	5321247	838	534132
郑州	7744	5639778	7565	5626425	1414	488965
武汉	7638	3186853	7165	3130204	971	355976
长沙	11231	5438698	8950	4593298	815	241875
广州	11446	4498397	10334	4234829	1108	291713
深圳	10157	3581508	9650	3360839	1520	166946
南宁	5117	1099742	4798	996971	413	103290
海口	284	8090	98	2940		
重庆	25760	7046755	22370	6494261	2680	556552
成都	9883	4083764	9673	4002564	1033	673092
贵阳	2720	1057236	1973	807893	309	684177
昆明	3375	1332849	2328	1252435	283	308926
拉萨						
西安	5461	747544	3438	665717	445	294496
兰州	4047	1310954	3401	1162705	619	217015
西宁	61	1985	55	1640		
银川	3395	723570	3219	692726	154	17725
乌鲁木齐	6654	2976001	5896	2932131	282	44022

2-18 续表 1

地区	#肉禽蛋类		#水产品类		#蔬菜类	
	摊位数（个）	成交额（万元）	摊位数（个）	成交额（万元）	摊位数（个）	成交额（万元）
总计	**46393**	**16249606**	**69278**	**26015585**	**123797**	**27900916**
北京	5147	2176032	4209	2448217	11460	5135884
天津	1006	464437	1626	1832508	7264	1285769
石家庄	1715	197767	611	59042	6554	494395
太原					532	110000
呼和浩特	290	56609	30	1210	230	64462
沈阳	1211	227025	1222	713543	1683	463503
大连	1248	397688	1482	1550775	2221	459764
长春	361	15764	711	418895	915	136865
哈尔滨	1215	617050	1516	926082	2155	612384
上海	3715	1810057	4132	2280847	6710	1408143
南京	1596	172110	1686	687738	3270	401405
杭州	5023	1513031	4459	1428404	10140	969722
宁波	3042	685967	21605	1977700	8256	1354967
合肥	926	476439	690	557516	1381	431667
福州	926	79308	1750	1807537	1049	59806
厦门	867	268974	1369	346676	1876	509936
南昌	826	903963	508	249158	1558	602790
济南	347	112762	1384	698047	3261	709349
青岛	2144	419755	7370	1710885	20578	1931699
郑州	251	34022	2593	550632	1644	2310048
武汉	534	83216	1686	1431782	2546	878808
长沙	710	469152	620	577527	2791	963463
广州	2212	655643	1606	596939	3966	1063652
深圳	1698	799375	1663	428192	2841	1096338
南宁	1064	468989	717	35311	1924	261459
海口						
重庆	3813	1683660	1903	1581662	7777	1235827
成都	2144	743788	466	481367	2602	1520777
贵阳	65	30966			780	44818
昆明	211	37148	57	3185	656	313815
拉萨						
西安	983	88287	316	16378	868	200032
兰州	493	247040	422	264172	796	134569
西宁	5	180	5	242	40	980
银川	175	71890	316	147618	1593	208216
乌鲁木齐	430	241512	548	205798	1880	525604

2-18　续表 2

地　区	#干鲜果品类		饮料类		烟酒类	
	摊位数（个）	成交额（万元）	摊位数（个）	成交额（万元）	摊位数（个）	成交额（万元）
总　计	**58179**	**24927902**	**17248**	**3827969**	**16608**	**5098459**
北　京	9912	4772957	1372	627942	1699	1111650
天　津	1812	909353	603	180203	473	260563
石家庄	2718	373616	1607	108733	2378	128812
太　原	503	19605			2	50
呼和浩特	27	1405	106	48060	1	22
沈　阳	1089	277551	107	43125	109	26305
大　连	1151	345458	377	130792	331	161019
长　春	109	4126	283	4790	173	4540
哈尔滨	1381	734172	482	254364	412	311615
上　海	4396	1061507	752	84159	877	133102
南　京	847	235903	375	447541	265	555449
杭　州	3816	2144482	1183	295082	673	192892
宁　波	1857	589775	251	104342	624	148174
合　肥	1046	506723	72	4856	94	8220
福　州	438	25979	110	3181	74	5670
厦　门	457	72902	53	17570	64	11180
南　昌	1186	833669	105	29993	216	96424
济　南	1217	207514	815	180668	66	4558
青　岛	3304	715361	88	59314	2524	365322
郑　州	1663	2242758	152	11600	27	1753
武　汉	792	236230	440	52173	33	4476
长　沙	2287	1532724	490	119332	1791	726068
广　州	914	1571157	913	186788	199	76780
深　圳	1928	860018	390	53183	117	167486
南　宁	679	127392	289	101899	30	872
海　口			100	3000	86	2150
重　庆	3651	1100038	1605	268366	1785	284128
成　都	3093	520130	40	16600	170	64600
贵　阳	736	42217	472	127407	275	121936
昆　明	623	411175	986	79085	61	1329
拉　萨						
西　安	788	65844	1935	79345	88	2482
兰　州	560	251269	268	49776	378	98473
西　宁	5	238	1	95	5	250
银　川	972	246915	136	28987	40	1857
乌鲁木齐	2222	1887739	290	25618	468	18252

2-18 续表 3

地 区	服装、鞋帽、针纺织品类		服装类		鞋帽类	
	摊位数（个）	成交额（万元）	摊位数（个）	成交额（万元）	摊位数（个）	成交额（万元）
总 计	**422420**	**50155154**	**291880**	**32042829**	**57451**	**6741343**
北 京	28139	799376	20387	552381	3639	104792
天 津	9507	633073	6378	419521	2030	144905
石家庄	24400	5288980	21067	4391297	2033	353604
太 原	8066	81966	7366	65796	642	15320
呼和浩特	2095	96242	1542	75186	186	10862
沈 阳	22084	3904130	11632	2692547	4226	303935
大 连	12995	1645674	7562	840075	2348	284986
长 春	9449	367388	7406	310159	1182	33708
哈尔滨	20706	1025464	10378	705294	3929	88802
上 海	10949	938577	8216	793050	921	25853
南 京	6583	783630	4073	555182	991	109546
杭 州	26137	5301105	18526	2764307	2166	71224
宁 波	8068	1479186	5161	779177	1058	344114
合 肥	8105	890182	4143	608640	741	129700
福 州	3124	763698	2885	692124	143	31081
厦 门	160	8064	114	5261	36	2693
南 昌	8298	1890726	5251	1188567	1466	258959
济 南	4995	573230	3488	336190	1255	226547
青 岛	14583	2542791	10241	1575933	2027	345817
郑 州	9245	541214	7209	437556	276	11995
武 汉	12620	941624	11444	839565	753	53967
长 沙	7472	529162	6225	378183	801	93487
广 州	44033	6315552	27520	3241096	6122	1043214
深 圳	6163	234540	3664	121281	1147	35615
南 宁	9877	273076	7807	222506	814	17218
海 口	6	144				
重 庆	20732	4907158	12697	2361478	4216	1362875
成 都	23969	2544300	17544	1623166	4260	535549
贵 阳	5308	476988	4237	364401	913	89748
昆 明	27280	2470041	18664	1808235	3054	228100
拉 萨						
西 安	7053	426626	4832	179249	1095	180174
兰 州	5782	480840	4974	451130	378	8120
西 宁	2300	73587	1220	37530	430	18246
银 川	5116	187407	2981	102374	831	28324
乌鲁木齐	7021	739413	5046	524392	1342	148263

2-18 续表 4

地区	针纺织品类		化妆品类		金银珠宝类	
	摊位数（个）	成交额（万元）	摊位数（个）	成交额（万元）	摊位数（个）	成交额（万元）
总计	**73089**	**11370982**	**14667**	**1290827**	**8287**	**2692715**
北京	4113	142203	1226	69950	1041	287294
天津	1099	68647	369	29764	7	816
石家庄	1300	544079	713	241623	462	110390
太原	58	850	22	1100		
呼和浩特	367	10194	170	1825	3	2109
沈阳	6226	907648	302	28166		
大连	3085	520613	541	115834	181	26741
长春	861	23521	145	3835	2	802
哈尔滨	6399	231368	407	21429	43	7082
上海	1812	119674	48	5132	46	5727
南京	1519	118902	82	12732	26	5034
杭州	5445	2465574	292	19254	364	1060513
宁波	1849	355895	162	30272	124	3168
合肥	3221	151842	60	19128	1	50
福州	96	40493	58	15235	1297	682438
厦门	10	110	8	6000	37	8589
南昌	1581	443200	330	59576		
济南	252	10493	310	7359	16	2000
青岛	2315	621041	376	55174	1353	190399
郑州	1760	91663	2803	25917	79	23484
武汉	423	48092	14	392		
长沙	446	57492	253	38105	4	15
广州	10391	2031242	2525	143225	933	73010
深圳	1352	77644	145	2741	687	38838
南宁	1256	33352	527	15544	20	275
海口	6	144				
重庆	3819	1182805	816	159610	20	10695
成都	2165	385585	299	7239	266	2620
贵阳	158	22839	40	15985		
昆明	5562	433706	754	35064	438	32820
拉萨						
西安	1126	67203	96	2487	50	1100
兰州	430	21590	251	56325	12	1740
西宁	650	17811	68	3912		
银川	1304	56709	229	17918	41	1760
乌鲁木齐	633	66758	226	22975	734	113206

2-18 续表 5

地 区	日用品类		#洗涤用品类		#儿童玩具类	
	摊位数(个)	成交额(万元)	摊位数(个)	成交额(万元)	摊位数(个)	成交额(万元)
总 计	**79007**	**13644507**	**14562**	**2622160**	**9163**	**1682659**
北 京	9814	800806	861	109366	1351	69075
天 津	2307	232247	518	26003	71	6674
石 家 庄	4791	1713298	1996	808185	2135	882729
太 原	195	2715	165	2475	30	240
呼和浩特	174	5756	24	340	10	153
沈 阳	4372	857954	705	157941	403	62347
大 连	1984	529720	259	23082	73	3435
长 春	678	28057	74	3327	61	785
哈 尔 滨	2196	72922	898	48490	225	9623
上 海	1517	1956746	254	40424	55	8347
南 京	2700	414848	337	53304	188	32126
杭 州	5251	772029	943	38436	158	16324
宁 波	2751	380156	819	63909	39	7215
合 肥	612	108777	238	44760	112	10353
福 州	388	131117	92	2236	22	4226
厦 门	327	32364	23	1700	7	305
南 昌	1665	368581	364	151444	329	116090
济 南	837	32269	112	5188	167	6060
青 岛	1559	225589	757	96590	606	67105
郑 州	734	174784	101	16500	63	12284
武 汉	413	117643	244	77618	3	147
长 沙	652	236644	383	85689	152	62560
广 州	12709	2319317	156	13804	23	693
深 圳	1620	65755	412	8588	417	11199
南 宁	538	19151	148	8866	105	3160
海 口	32	896				
重 庆	5457	937399	1623	361389	644	165087
成 都	967	228774	157	21289	318	29885
贵 阳	1266	175532	110	142454	9	2003
昆 明	6063	303023	35	1483	606	35089
拉 萨						
西 安	1012	28128	548	18580	450	9240
兰 州	599	174777	257	59551	135	42043
西 宁	140	3000	20	200	120	1000
银 川	609	30408	75	6705	13	420
乌鲁木齐	2078	163325	854	122244	63	4637

2-18 续表 6

地 区	五金、电料类		体育、娱乐用品类		书报杂志类	
	摊位数（个）	成交额（万元）	摊位数（个）	成交额（万元）	摊位数（个）	成交额（万元）
总 计	**45791**	**9172171**	**4701**	**724961**	**2115**	**500953**
北 京	2011	172684	1027	150263	216	23469
天 津	2686	946807	93	15178	14	178
石家庄	2658	669082	416	119933	132	44150
太 原	192	5405	30	750		
呼和浩特	18	292	15	234	26	115
沈 阳	833	17942				
大 连	1069	231649	98	2199	73	13271
长 春	2429	49013	26	1087	10	225
哈尔滨	288	10553	71	4590	35	399
上 海	4282	252551	251	40307	3	356
南 京	1118	304125	41	4956	98	41810
杭 州	4245	1476643	170	53577	70	18156
宁 波	2217	348968	135	10315	5	16
合 肥	360	123068	36	7772	267	95710
福 州	301	74783	9	992	9	34
厦 门	33	3814				
南 昌	468	233916				
济 南	454	5118	125	3791	7	130
青 岛	1177	551919	110	59286	176	15666
郑 州	896	170400	50	5000	152	119600
武 汉	1192	117008	20	3245	201	13662
长 沙	2631	900540	121	31562	330	64162
广 州	3188	610948	94	26551	103	29990
深 圳	337	4520	660	67766		
南 宁	796	102027	48	2495	3	11
海 口			4	100		
重 庆	4411	1042840	327	62467	46	970
成 都	2228	510788	50	730		
贵 阳						
昆 明	575	19561	228	14829	6	32
拉 萨						
西 安	654	18124	80	1700	3	40
兰 州	474	24160	209	26800		
西 宁	258	5642	28	433		
银 川	129	7479	4	173	30	8801
乌鲁木齐	1183	159802	125	5880	100	10000

2-18 续表 7

地　区	电子出版物及音像制品类		家用电器和音像器材类		中西药品类	
	摊位数（个）	成交额（万元）	摊位数（个）	成交额（万元）	摊位数（个）	成交额（万元）
总　计	**3435**	**1493893**	**17234**	**3131417**	**3887**	**3685357**
北　京	86	18809	1622	169307	44	6027
天　津	18	2066	154	16019	14	117
石家庄	1815	1261982	525	19652	25	1851
太　原	1	5	55	990		
呼和浩特	23	119	33	1620		
沈　阳	5	136	500	16668		
大　连	340	54222	855	220062	11	461
长　春	208	58553	299	20749	26	5649
哈尔滨	53	1479	508	154860	3	271
上　海	31	3832	336	56610	306	61636
南　京	19	6365	67	15583		
杭　州	5	362	690	148145	15	1073
宁　波			203	35085		
合　肥	5	356	1027	594203	4	411
福　州	31	3710	174	65631	5	234
厦　门			5	85	4	228
南　昌	65	7434	1203	159094		
济　南			310	1824		
青　岛	25	876	283	37176	11	93
郑　州	27	5400	504	121847		
武　汉	63	4230	537	17567	5	15438
长　沙	172	35046	646	282716	282	150481
广　州	9	710	1260	185525	413	12107
深　圳	10	100	1166	55901	3	66
南　宁	9	180			5	1643
海　口			3	90	2	66
重　庆	78	9544	627	342435	105	18653
成　都	41	1055	292	37980	1982	3300000
贵　阳			462	40225		
昆　明	15	203	1544	61585	20	3927
拉　萨						
西　安	103	9341	128	17345	430	57800
兰　州	49	4270	572	177825		
西　宁			52	709	50	40000
银　川	88	3110	19	300		
乌鲁木齐	41	398	573	56004	122	7125

2-18 续表 8

地区	#西药类		#中草药及中成药类		文化办公用品类	
	摊位数（个）	成交额（万元）	摊位数（个）	成交额（万元）	摊位数（个）	成交额（万元）
总计	**222**	**61200**	**3600**	**3613231**	**41496**	**7961130**
北京	24	3896	7	720	5111	979899
天津	9	78	2	6	511	43603
石家庄	22	1605	3	246	256	92013
太原					613	31930
呼和浩特					46	1024
沈阳						
大连	10	418			1245	780322
长春	18	842	4	471	626	162899
哈尔滨	3	271			2948	486293
上海	6	1287	299	60341	762	209531
南京					374	72825
杭州	3	205	1	101	2571	404088
宁波					1490	191607
合肥	3	361	1	50	250	10343
福州	1	35	1	19	858	136112
厦门	1	48	2	150	3	350
南昌					804	269116
济南					725	184841
青岛	11	93			821	167873
郑州					3095	284519
武汉	2	15196			1668	442337
长沙	36	25304	240	125000	1611	487878
广州	6	359	406	11268	1101	184636
深圳	3	66			4099	325569
南宁	4	943	1	700	758	91839
海口	2	66			300	28600
重庆	50	9722	41	6812	2767	566391
成都			1982	3300000	1381	740383
贵阳					306	26314
昆明	8	405	12	3522	602	34608
拉萨						
西安			430	57800	1147	121904
兰州					598	165942
西宁			50	40000	261	2062
银川					386	34695
乌鲁木齐			118	6025	1402	198784

2-18 续表 9

地区	家具类		通讯器材类		煤炭及制品类	
	摊位数(个)	成交额(万元)	摊位数(个)	成交额(万元)	摊位数(个)	成交额(万元)
总计	**40734**	**6741478**	**18569**	**1890352**	**1229**	**4330453**
北京	4390	743519	1745	326307	1	2
天津	817	49366	90	34823	1131	2416726
石家庄	2594	489360	738	66680	10	300
太原	658	45250				
呼和浩特	648	74578				
沈阳	1855	194371	2	243		
大连	1681	112171	277	9497		
长春	834	126558	455	15597		
哈尔滨	952	162414	42	2066		
上海	2537	227997	1047	33811		
南京	1478	366547	3	22		
杭州	1458	212297	438	89843		
宁波	1872	299469			69	1909445
合肥	71	7145	3	460		
福州	352	24709	129	16504		
厦门	104	17651	3	755		
南昌	633	57199	68	40597		
济南	804	97467	215	1606		
青岛	1334	292174	51	6506	9	3384
郑州	1311	181344	337	57800		
武汉	604	87937	519	192865		
长沙	1247	320599	508	65321	1	51
广州	385	29099	1194	86328		
深圳	198	15062	8084	505144		
南宁	503	73294	3	16		
海口						
重庆	3671	1714109	816	236752	3	390
成都	2962	157562	2	7		
贵阳	135	13429				
昆明	779	120695	1049	15718	5	155
拉萨						
西安			265	37490		
兰州	973	53518	48	11255		
西宁	158	10253				
银川	785	53153	133	4239		
乌鲁木齐	1951	311182	305	32100		

2-18　续表 10

地　区	木材及制品类		石油及制品类		化工材料及制品类	
	摊位数（个）	成交额（万元）	摊位数（个）	成交额（万元）	摊位数（个）	成交额（万元）
总　计	**9218**	**2736685**	**2649**	**16238881**	**9023**	**10891929**
北　京	513	44541			145	22884
天　津	93	11645			326	319546
石家庄	173	250121	7	621	98	101120
太　原	150	13000				
呼和浩特						
沈　阳	486	82950			336	64300
大　连	414	32742	180	6500000	108	13300
长　春	156	11859			30	4800
哈尔滨	112	15391			49	19220
上　海	1500	432499	418	8333813	807	1351886
南　京	279	190442				
杭　州	389	115766			198	378701
宁　波	805	167789	46	1126516	3423	7306448
合　肥	52	13456			6	682
福　州	111	28088			85	36098
厦　门	230	28155			3	517
南　昌	165	18832			102	11432
济　南						
青　岛	777	136004	3	3900	9	360
郑　州	1	210			166	11050
武　汉	335	34825			181	57632
长　沙	340	15050	1	69	911	122546
广　州	1085	827437	2	3177	272	105231
深　圳	52	7000			840	368108
南　宁					40	38725
海　口						
重　庆	615	180856	12	100	266	67296
成　都	13	357	1979	270000	366	255000
贵　阳						
昆　明			1	685	74	52070
拉　萨						
西　安					21	181670
兰　州	70	76945				
西　宁						
银　川					18	401
乌鲁木齐	302	725			143	906

2-18 续表 11

地　区	#化肥类		金属材料类		建筑及装潢材料类	
	摊位数（个）	成交额（万元）	摊位数（个）	成交额（万元）	摊位数（个）	成交额（万元）
总　计	**309**	**116197**	**42923**	**140407054**	**112403**	**19032862**
北　京			333	50648	5068	766809
天　津	7	2725	2577	11745232	2843	286229
石家庄	18	120	126	50310	4428	861865
太　原			107	124000	635	63000
呼和浩特					205	17656
沈　阳			4302	3628140	3454	991346
大　连			138	333285	2083	179324
长　春			986	115738	1668	160821
哈尔滨	49	19220	784	1539110	4091	326410
上　海			3855	67426150	14227	1866886
南　京			433	1078000	12802	1166115
杭　州	2	1250	3571	12257833	7372	1055310
宁　波			3712	5654935	4005	1071525
合　肥			1281	4073664	2674	444521
福　州			222	2381192	1338	1509837
厦　门			27	4140	283	25593
南　昌			926	800456	3614	610152
济　南			517	177800	850	250950
青　岛	9	360	724	1446836	2011	677720
郑　州	6	1050	32	125000	1597	168310
武　汉	34	18536	2769	2164642	2185	301279
长　沙	1	35	1677	2422731	5588	1482433
广　州			655	3585091	2209	228748
深　圳			18	1900	29	1250
南　宁	20	31540	758	2517041	2141	120602
海　口						
重　庆	109	13820	4079	7974175	9394	2344871
成　都			2210	1651675	7304	980380
贵　阳			1334	656708	1232	171652
昆　明	36	27140	200	156606	1601	337526
拉　萨						
西　安			45	297969	625	42148
兰　州			1699	1255961	1392	189476
西　宁					384	19879
银　川	18	401	1703	973897	460	26864
乌鲁木齐			1123	3736189	2611	285375

2-18　续表 12

地　区	机电产品及设备类		#农机类		汽车类	
	摊位数（个）	成交额（万元）	摊位数（个）	成交额（万元）	摊位数（个）	成交额（万元）
总　计	**22830**	**6025960**	**1621**	**436066**	**54286**	**43814916**
北　京	299	150978			4492	8265392
天　津	701	324675			1904	3239531
石家庄	1176	127486	12	14845	581	555514
太　原					426	13700
呼和浩特						
沈　阳	365	11185			2543	1863215
大　连	652	98000			1450	1431675
长　春	226	5898			2717	2691087
哈尔滨						
上　海	526	89684	20	3624	2304	2883626
南　京	40	7220	25	3500	336	469617
杭　州	2300	709928			6136	5343489
宁　波	145	58481			994	656385
合　肥	633	152439	487	102295	1635	336550
福　州					200	38727
厦　门					121	173177
南　昌	556	262572	332	118936	2311	1608052
济　南	146	21041	38	1641	1081	1320218
青　岛	227	90404	218	89020	365	252693
郑　州	81	1620	1	120	3114	1324720
武　汉	150	62457	70	50000	1846	1094249
长　沙	1425	575372	39	2867	6884	2646536
广　州	392	62513			3836	2285229
深　圳					111	420480
南　宁	501	97855	1	5	706	194300
海　口						
重　庆	3882	1185729	57	815	2707	2840369
成　都	4621	854431			357	267000
贵　阳					478	135789
昆　明	466	22615	150	6600	1092	245684
拉　萨						
西　安	780	158000			1879	698516
兰　州	150	29950				
西　宁						
银　川	444	85909	171	41798	850	27973
乌鲁木齐	1946	779518			830	491423

2-18 续表 13

地 区	种子饲料类		棉麻类		其他类	
	摊位数(个)	成交额(万元)	摊位数(个)	成交额(万元)	摊位数(个)	成交额(万元)
总 计	**1206**	**397204**	**1134**	**870900**	**55830**	**9831389**
北 京	7	215	114	1377	5711	373048
天 津	34	18944	650	861123	1409	93812
石家庄	9	628	9	188	276	54206
太 原					393	5895
呼和浩特					80	1300
沈 阳	13	974			1879	1440386
大 连					988	49623
长 春			203	2140	3176	261672
哈尔滨	80	22000	8	62	508	77830
上 海	9	447	14	919	4294	856114
南 京					546	83617
杭 州					2621	451493
宁 波	147	45123			2495	1046914
合 肥					2178	150257
福 州	3	157			640	191736
厦 门	6	230			83	7259
南 昌			39	963	1088	48586
济 南					1387	40569
青 岛	20	483	4	780	163	52231
郑 州	3	2000			5066	819981
武 汉	43	5803				
长 沙	3	106			1674	403950
广 州	13	366			2568	635189
深 圳					4004	440219
南 宁	321	77665			508	104920
海 口					69	2139
重 庆	431	204099	93	3348	4375	1215052
成 都					488	51021
贵 阳						
昆 明	9	8650			3807	504186
拉 萨						
西 安					194	16463
兰 州					439	32486
西 宁					636	50940
银 川	29	8713			197	19157
乌鲁木齐	26	601			1890	249138

（四）三大地带

2-19 商品交易市场总体情况

地 区	市场数量（个）	总摊位数（个）	年末出租摊位数（个）	营业面积（平方米）	成交额（万元）
三大地带	**1933**	**1345469**	**1204914**	**97467393**	**524043888**
环 渤 海	**432**	**374855**	**340011**	**25417483**	**112952612**
北 京	140	129132	113914	7249819	33527247
天 津	75	48609	43403	5212689	27488030
唐 山	20	16250	13557	907345	3053173
沈 阳	56	58269	50666	2685030	15382449
大 连	42	36024	35249	1748256	15969109
济 南	35	21198	20134	1848165	4976404
青 岛	64	65373	63088	5766179	12556200
长 三 角	**1193**	**738031**	**677324**	**54604207**	**362538108**
上 海	164	77710	73196	7287730	94719572
南 京	46	38223	36630	2944892	9114203
苏 州	87	81764	72669	5925586	55044565
无 锡	59	44395	39465	5096440	38361166
常 州	61	42466	38350	5161550	19474966
镇 江	17	7197	6907	1365416	4585803
南 通	82	47381	42615	3054122	14862713
扬 州	60	21280	20056	1651352	7057520
泰 州	26	20774	17915	1889531	2694081
杭 州	187	98785	92319	4349877	37968548
宁 波	136	76999	70281	4461265	27314444
嘉 兴	65	52903	47082	3135680	12184813
湖 州	39	23104	20879	1764319	5973371
绍 兴	51	50420	49358	4258559	22950813
舟 山	12	6283	5449	335491	1739161
台 州	101	48347	44153	1922397	8492369
珠 三 角	**308**	**232583**	**187579**	**17445703**	**48553168**
广 州	155	107274	90425	8948012	22248376
深 圳	38	58811	38383	1713637	6136467
珠 海	10	4672	4305	152359	1782224
佛 山	32	16999	15265	3090310	6338216
江 门	10	3675	3370	182647	925661
东 莞	41	29299	24404	2849200	9421746
中 山	3	2527	2169	60620	61502
惠 州	10	7206	7182	399042	1467543
肇 庆	9	2120	2076	49876	171433

2-20 商品交易市场情况(按市场类别分)

(综合市场)

地　区	市场数量(个)	总摊位数(个)	年末出租摊位数(个)	营业面积(平方米)	成交额(万元)
三大地带	**527**	**419762**	**371806**	**20407408**	**83261259**
环渤海	**112**	**129395**	**122173**	**7210871**	**32054660**
北　京	38	54533	51336	3123952	16701341
天　津	25	25002	22601	1677194	5134496
唐　山	7	7815	7815	322040	1631623
沈　阳	7	4581	4417	69853	318414
大　连	20	23049	22585	917822	5395055
济　南	6	5737	5333	318850	714254
青　岛	9	8678	8086	781160	2159477
长三角	**360**	**218625**	**199730**	**10443370**	**42064824**
上　海	48	23587	22681	1314345	4635479
南　京	15	11102	10923	695345	1346942
苏　州	23	11906	10539	401216	3272709
无　锡	14	23573	21531	1772132	5396962
常　州	17	10597	9658	1183268	4932955
镇　江	2	2091	2079	503500	420038
南　通	34	19684	18635	484319	2340102
扬　州	6	3109	3027	75754	1118174
泰　州	10	11167	9060	682100	1379559
杭　州	48	27339	25650	963010	5609741
宁　波	48	28482	25333	1001604	5078969
嘉　兴	18	10094	8608	172496	744308
湖　州	24	12143	10684	539962	1864134
绍　兴	10	4986	4896	270420	1580475
舟　山	5	2837	2037	44774	222170
台　州	38	15928	14389	339125	2122107
珠三角	**55**	**71742**	**49903**	**2753167**	**9141775**
广　州	16	12797	11379	407353	1231097
深　圳	11	39829	21239	1236925	4555579
珠　海	3	1663	1568	14659	49665
佛　山	7	4710	3818	159208	790193
江　门	6	2665	2380	96498	159042
东　莞	3	4835	4295	733231	1879000
中　山					
惠　州	3	4177	4177	70780	375867
肇　庆	6	1066	1047	34513	101332

2-20 续表 1

(生产资料综合市场)

地 区	市场数量(个)	总摊位数(个)	年末出租摊位数(个)	营业面积(平方米)	成交额(万元)
三大地带	**17**	**16360**	**15844**	**2294242**	**2871711**
环 渤 海	**2**	**720**	**719**	**41990**	**90500**
北 京					
天 津					
唐 山					
沈 阳					
大 连	1	610	610	11990	72000
济 南					
青 岛	1	110	109	30000	18500
长 三 角	**15**	**15640**	**15125**	**2252252**	**2781211**
上 海	2	6959	6959	608000	1016707
南 京					
苏 州					
无 锡	2	1955	1867	732130	214552
常 州					
镇 江	1	1896	1895	500000	392796
南 通					
扬 州					
泰 州					
杭 州	2	1350	1350	104087	417301
宁 波	4	1218	1212	106118	510388
嘉 兴					
湖 州	3	1357	937	176031	159467
绍 兴					
舟 山	1	905	905	25886	70000
台 州					
珠 三 角					
广 州					
深 圳					
珠 海					
佛 山					
江 门					
东 莞					
中 山					
惠 州					
肇 庆					

2-20 续表 2

(工业消费品综合市场)

地　　区	市场数量(个)	总摊位数(个)	年末出租摊位数(个)	营业面积(平方米)	成交额(万元)
三大地带	**99**	**142886**	**119486**	**4959642**	**18620007**
环 渤 海	**39**	**46110**	**44313**	**1331232**	**4982156**
北　　京	12	13477	13083	215339	916726
天　　津	5	9519	8938	200371	675756
唐　　山	1	624	624	32000	372000
沈　　阳	2	2007	1843	26193	67330
大　　连	11	10924	10628	264319	1316865
济　　南	4	4157	3977	142850	89512
青　　岛	4	5402	5220	450160	1543967
长 三 角	**43**	**52235**	**50078**	**2329094**	**10435822**
上　　海	2	1846	1846	42478	66477
南　　京	3	1950	1950	62679	249305
苏　　州	2	1487	1055	27000	37205
无　　锡	4	13681	13606	640000	2846624
常　　州	1	450	415	360000	755897
镇　　江					
南　　通	5	3378	3276	208564	683491
扬　　州	1	1384	1384	40000	919853
泰　　州	1	2400	2400	48000	85001
杭　　州	7	8139	7756	185497	1218411
宁　　波	7	9142	8255	447973	1561331
嘉　　兴					
湖　　州	3	1823	1774	45483	366859
绍　　兴	2	1442	1442	101217	810369
舟　　山					
台　　州	5	5113	4919	120203	834999
珠 三 角	**17**	**44541**	**25095**	**1299316**	**3202029**
广　　州	8	6463	5688	225948	901449
深　　圳	4	32900	14322	938260	1271941
珠　　海					
佛　　山	2	1612	1533	67678	650968
江　　门	2	317	303	17430	43181
东　　莞					
中　　山					
惠　　州	1	3249	3249	50000	334490
肇　　庆					

2-20　续表 3

（农产品综合市场）

地　区	市场数量（个）	总摊位数（个）	年末出租摊位数（个）	营业面积（平方米）	成交额（万元）
三大地带	**326**	**188065**	**169559**	**8620680**	**45550813**
环渤海	**40**	**45717**	**42315**	**3770428**	**18085348**
北　京	21	32193	30069	2598349	13531765
天　津	7	5875	4949	578739	2467366
唐　山	2	940	940	200000	378070
沈　阳	3	1445	1445	18360	197545
大　连	3	2056	2056	82980	359350
济　南	2	1580	1356	176000	624742
青　岛	2	1628	1500	116000	526510
长三角	**260**	**120574**	**107232**	**3541679**	**21737208**
上　海	36	11651	10876	527324	3340126
南　京	8	3980	3945	57666	214394
苏　州	18	9371	8538	349616	3013358
无　锡	8	7937	6058	400002	2335786
常　州	15	8847	7943	553268	3120828
镇　江					
南　通	24	11466	10989	170283	1486147
扬　州	4	1386	1304	30174	149756
泰　州	6	3676	2945	134100	406458
杭　州	31	11998	10776	221011	1155204
宁　波	35	17627	15371	419193	2939836
嘉　兴	18	10094	8608	172496	744308
湖　州	15	7250	6823	197948	1042358
绍　兴	7	3074	2984	90243	508035
舟　山	4	1932	1132	18888	152170
台　州	31	10285	8940	199467	1128444
珠三角	**26**	**21774**	**20012**	**1308573**	**5728257**
广　州	7	5824	5283	177425	314120
深　圳	5	5743	5743	275615	3249041
珠　海	3	1663	1568	14659	49665
佛　山	4	2348	1918	71530	128969
江　门	2	990	853	30049	52667
东　莞	3	4835	4295	733231	1879000
中　山					
惠　州					
肇　庆	2	371	352	6064	54795

2-20 续表 4

(其他综合市场)

地　区	市场数量（个）	总摊位数（个）	年末出租摊位数（个）	营业面积（平方米）	成交额（万元）
三大地带	**85**	**72451**	**66917**	**4532844**	**16218728**
环渤海	**31**	**36848**	**34826**	**2067221**	**8896656**
北　京	5	8863	8184	310264	2252850
天　津	13	9608	8714	898084	1991374
唐　山	4	6251	6251	90040	881553
沈　阳	2	1129	1129	25300	53539
大　连	5	9459	9291	558533	3646840
济　南					
青　岛	2	1538	1257	185000	70500
长三角	**42**	**30176**	**27295**	**2320345**	**7110583**
上　海	8	3131	3000	136543	212169
南　京	4	5172	5028	575000	883243
苏　州	3	1048	946	24600	222146
无　锡					
常　州	1	1300	1300	270000	1056230
镇　江	1	195	184	3500	27242
南　通	5	4840	4370	105472	170464
扬　州	1	339	339	5580	48565
泰　州	3	5091	3715	500000	888100
杭　州	8	5852	5768	452415	2818825
宁　波	2	495	495	28320	67414
嘉　兴					
湖　州	3	1713	1150	120500	295450
绍　兴	1	470	470	78960	262071
舟　山					
台　州	2	530	530	19455	158664
珠三角	**12**	**5427**	**4796**	**145278**	**211489**
广　州	1	510	408	3980	15528
深　圳	2	1186	1174	23050	34597
珠　海					
佛　山	1	750	367	20000	10256
江　门	2	1358	1224	49019	63194
东　莞					
中　山					
惠　州	2	928	928	20780	41377
肇　庆	4	695	695	28449	46537

2-20　续表 5

(专业市场)

地　区	市场数量(个)	总摊位数(个)	年末出租摊位数(个)	营业面积(平方米)	成交额(万元)
三大地带	**1406**	**925707**	**833108**	**77059985**	**440782629**
环 渤 海	**320**	**245460**	**217838**	**18206612**	**80897952**
北　京	102	74599	62578	4125867	16825906
天　津	50	23607	20802	3535495	22353534
唐　山	13	8435	5742	585305	1421550
沈　阳	49	53688	46249	2615177	15064035
大　连	22	12975	12664	830434	10574054
济　南	29	15461	14801	1529315	4262150
青　岛	55	56695	55002	4985019	10396723
长 三 角	**833**	**519406**	**477594**	**44160837**	**320473284**
上　海	116	54123	50515	5973385	90084093
南　京	31	27121	25707	2249547	7767261
苏　州	64	69858	62130	5524370	51771856
无　锡	45	20822	17934	3324308	32964204
常　州	44	31869	28692	3978282	14542011
镇　江	15	5106	4828	861916	4165765
南　通	48	27697	23980	2569803	12522611
扬　州	54	18171	17029	1575598	5939346
泰　州	16	9607	8855	1207431	1314522
杭　州	139	71446	66669	3386867	32358807
宁　波	88	48517	44948	3459661	22235475
嘉　兴	47	42809	38474	2963184	11440505
湖　州	15	10961	10195	1224357	4109237
绍　兴	41	45434	44462	3988139	21370338
舟　山	7	3446	3412	290717	1516991
台　州	63	32419	29764	1583272	6370262
珠 三 角	**253**	**160841**	**137676**	**14692536**	**39411393**
广　州	139	94477	79046	8540659	21017279
深　圳	27	18982	17144	476712	1580888
珠　海	7	3009	2737	137700	1732559
佛　山	25	12289	11447	2931102	5548023
江　门	4	1010	990	86149	766619
东　莞	38	24464	20109	2115969	7542746
中　山	3	2527	2169	60620	61502
惠　州	7	3029	3005	328262	1091676
肇　庆	3	1054	1029	15363	70101

2-20 续表 6

(生产资料市场)

地　　区	市场数量(个)	总摊位数(个)	年末出租摊位数(个)	营业面积(平方米)	成交额(万元)
三大地带	**265**	**120235**	**103791**	**19354197**	**212023498**
环 渤 海	**59**	**22286**	**19440**	**4426440**	**29505459**
北　　京	10	3933	3536	329825	633970
天　　津	19	6583	5547	1159175	14567021
唐　　山	3	540	540	136066	463394
沈　　阳	10	6723	5929	719014	4470215
大　　连	4	595	540	116400	6869028
济　　南	5	1247	1145	219000	427200
青　　岛	8	2665	2203	1746960	2074631
长 三 角	**184**	**87541**	**75239**	**12840009**	**173306753**
上　　海	30	8445	7557	3497917	77828683
南　　京	5	9927	9538	626252	1609110
苏　　州	20	12353	9001	1153851	20815995
无　　锡	17	10085	7765	1625349	27737080
常　　州	13	8646	7494	1139677	6372193
镇　　江	1	249	248	15196	3269841
南　　通	6	754	488	127420	212684
扬　　州	8	2248	1889	318897	612491
泰　　州	4	4033	3520	541927	438937
杭　　州	22	6612	5836	297396	12934862
宁　　波	27	11557	10416	1897521	16657938
嘉　　兴	6	2454	1947	284824	549634
湖　　州	4	4188	3998	400218	1298120
绍　　兴	10	3547	3139	637598	1865930
舟　　山	1	1	1	3200	488284
台　　州	10	2442	2402	272766	614971
珠 三 角	**22**	**10408**	**9112**	**2087748**	**9211286**
广　　州	8	3231	3010	828410	4716571
深　　圳	1	104	104	50000	13000
珠　　海					
佛　　山	6	1350	775	239838	560262
江　　门					
东　　莞	7	5723	5223	969500	3921453
中　　山					
惠　　州					
肇　　庆					

2-20 续表 7

(农业生产用具市场)

地 区	市场数量(个)	总摊位数(个)	年末出租摊位数(个)	营业面积(平方米)	成交额(万元)
三大地带	**4**	**880**	**798**	**262266**	**188640**
环渤海	**2**	**240**	**218**	**129000**	**89020**
北 京					
天 津					
唐 山					
沈 阳					
大 连					
济 南					
青 岛	2	240	218	129000	89020
长三角	**1**	**460**	**400**	**18251**	**55000**
上 海					
南 京					
苏 州					
无 锡					
常 州	1	460	400	18251	55000
镇 江					
南 通					
扬 州					
泰 州					
杭 州					
宁 波					
嘉 兴					
湖 州					
绍 兴					
舟 山					
台 州					
珠三角	**1**	**180**	**180**	**115015**	**44620**
广 州					
深 圳					
珠 海					
佛 山	1	180	180	115015	44620
江 门					
东 莞					
中 山					
惠 州					
肇 庆					

2-20 续表 8

(农用生产资料市场)

地　　区	市场数量(个)	总摊位数(个)	年末出租摊位数(个)	营业面积(平方米)	成交额(万元)
三大地带	**2**	**186**	**146**	**50836**	**46915**
环 渤 海					
北　　京					
天　　津					
唐　　山					
沈　　阳					
大　　连					
济　　南					
青　　岛					
长 三 角	**1**	**185**	**145**	**6880**	**34469**
上　　海					
南　　京					
苏　　州					
无　　锡					
常　　州					
镇　　江					
南　　通					
扬　　州					
泰　　州					
杭　　州					
宁　　波	1	185	145	6880	34469
嘉　　兴					
湖　　州					
绍　　兴					
舟　　山					
台　　州					
珠 三 角	**1**	**1**	**1**	**43956**	**12446**
广　　州					
深　　圳					
珠　　海					
佛　　山	1	1	1	43956	12446
江　　门					
东　　莞					
中　　山					
惠　　州					
肇　　庆					

2-20 续表 9

(煤炭市场)

地　　区	市场数量 (个)	总摊位数 (个)	年末出租摊位数 (个)	营业面积 (平方米)	成交额 (万元)
三大地带	**5**	**1201**	**1200**	**616900**	**4326171**
环 渤 海	**4**	**1132**	**1131**	**211900**	**2416726**
北　　京					
天　　津	4	1132	1131	211900	2416726
唐　　山					
沈　　阳					
大　　连					
济　　南					
青　　岛					
长 三 角	**1**	**69**	**69**	**405000**	**1909445**
上　　海					
南　　京					
苏　　州					
无　　锡					
常　　州					
镇　　江					
南　　通					
扬　　州					
泰　　州					
杭　　州					
宁　　波	1	69	69	405000	1909445
嘉　　兴					
湖　　州					
绍　　兴					
舟　　山					
台　　州					
珠 三 角					
广　　州					
深　　圳					
珠　　海					
佛　　山					
江　　门					
东　　莞					
中　　山					
惠　　州					
肇　　庆					

2-20 续表 10

(木材市场)

地　区	市场数量(个)	总摊位数(个)	年末出租摊位数(个)	营业面积(平方米)	成交额(万元)
三大地带	**25**	**12492**	**12099**	**1842345**	**3395970**
环 渤 海	**4**	**1215**	**1015**	**500760**	**182931**
北　京	1	400	220	20000	10736
天　津					
唐　山					
沈　阳	1	200	200	2800	62350
大　连					
济　南					
青　岛	2	615	595	477960	109845
长 三 角	**17**	**9778**	**9618**	**1072085**	**2190039**
上　海	5	331	331	117396	204807
南　京					
苏　州	1	474	350	32000	35150
无　锡					
常　州	2	3286	3286	282300	558228
镇　江					
南　通	1	120	115	6660	11920
扬　州	1	142	130	30000	85562
泰　州					
杭　州	2	285	266	53000	63046
宁　波	1	800	800	143000	146197
嘉　兴					
湖　州	2	3892	3892	336122	1047120
绍　兴	1	70	70	11607	22349
舟　山					
台　州	1	378	378	60000	15660
珠 三 角	**4**	**1499**	**1466**	**269500**	**1023000**
广　州	1	900	900	123500	800000
深　圳	1	104	104	50000	13000
珠　海					
佛　山					
江　门					
东　莞	2	495	462	96000	210000
中　山					
惠　州					
肇　庆					

2-20 续表 11

(建材市场)

地区	市场数量（个）	总摊位数（个）	年末出租摊位数（个）	营业面积（平方米）	成交额（万元）
三大地带	**55**	**28268**	**26701**	**5954052**	**5568235**
环渤海	**13**	**6687**	**6153**	**807224**	**1970825**
北京	6	2587	2505	232250	370791
天津	3	2282	2011	215803	230009
唐山					
沈阳	2	618	437	79171	710025
大连					
济南	1	520	520	50000	230000
青岛	1	680	680	230000	430000
长三角	**40**	**20480**	**19595**	**4923318**	**3319804**
上海	5	1133	1080	2770460	338053
南京	4	9227	9105	326252	531110
苏州	6	2694	2635	213311	392550
无锡	1	1200	1073	430800	300000
常州	4	1057	1051	432986	652369
镇江					
南通	2	139	139	21800	91900
扬州	3	868	780	178537	99988
泰州	2	910	608	123727	119035
杭州	2	275	267	12285	59135
宁波	5	1859	1785	221246	486647
嘉兴	2	386	362	131774	46292
湖州					
绍兴	2	560	548	45000	158835
舟山					
台州	2	172	162	15140	43890
珠三角	**2**	**1101**	**953**	**223510**	**277606**
广州	1	967	828	180010	200806
深圳					
珠海					
佛山					
江门					
东莞	1	134	125	43500	76800
中山					
惠州					
肇庆					

2-20 续表 12

(化工材料及制品市场)

地　区	市场数量(个)	总摊位数(个)	年末出租摊位数(个)	营业面积(平方米)	成交额(万元)
三大地带	**21**	**17271**	**13166**	**1564950**	**24951398**
环渤海	**2**	**426**	**426**	**13650**	**329810**
北　京					
天　津	1	311	311	7250	316267
唐　山					
沈　阳					
大　连	1	115	115	6400	13543
济　南					
青　岛					
长三角	**15**	**12235**	**8503**	**815300**	**21032615**
上　海	1	495	495	13000	520200
南　京					
苏　州	3	5735	2843	56700	7117977
无　锡	2	680	640	42000	3395025
常　州	2	1221	961	221000	2300000
镇　江					
南　通					
扬　州					
泰　州					
杭　州	1	82	82	2000	181593
宁　波	3	3055	2834	389600	6880300
嘉　兴					
湖　州					
绍　兴	2	633	326	36000	486720
舟　山					
台　州	1	334	322	55000	150800
珠三角	**4**	**4610**	**4237**	**736000**	**3588973**
广　州	1	241	241	6000	50000
深　圳					
珠　海					
佛　山					
江　门					
东　莞	3	4369	3996	730000	3538973
中　山					
惠　州					
肇　庆					

2-20 续表 13

(金属材料市场)

地 区	市场数量(个)	总摊位数(个)	年末出租摊位数(个)	营业面积(平方米)	成交额(万元)
三大地带	**124**	**49567**	**40907**	**8580333**	**154616786**
环渤海	**29**	**11056**	**9368**	**2676388**	**17718875**
北 京	1	269	269	23600	28656
天 津	11	2858	2094	724222	11604019
唐 山	3	540	540	136066	463394
沈 阳	6	5357	5010	633500	3649840
大 连	1	175	120	80000	330000
济 南	4	727	625	169000	197200
青 岛	3	1130	710	910000	1445766
长三角	**86**	**35830**	**29600**	**5216878**	**132686970**
上 海	14	4666	3864	505353	67524063
南 京	1	700	433	300000	1078000
苏 州	8	2600	2324	808840	13172338
无 锡	13	7965	5817	1143549	23863955
常 州	3	1802	1120	182140	2768075
镇 江	1	249	248	15196	3269841
南 通	2	195	54	59000	45064
扬 州	4	1238	979	110360	426941
泰 州	2	3123	2912	418200	319902
杭 州	13	3943	3410	198608	12189631
宁 波	14	4934	4382	700995	6032675
嘉 兴	2	646	567	74016	234542
湖 州	1	295	105	63861	236000
绍 兴	4	2102	2013	524600	1176776
舟 山					
台 州	4	1372	1372	112160	349167
珠三角	**9**	**2681**	**1939**	**687067**	**4210941**
广 州	4	787	705	506200	3612065
深 圳					
珠 海					
佛 山	4	1169	594	80867	503196
江 门					
东 莞	1	725	640	100000	95680
中 山					
惠 州					
肇 庆					

2-20 续表 14

(机械设备市场)

地 区	市场数量(个)	总摊位数(个)	年末出租摊位数(个)	营业面积(平方米)	成交额(万元)
三大地带	**15**	**4806**	**4155**	**253220**	**1573633**
环 渤 海	**1**	**377**	**262**	**33000**	**135000**
北 京	1	377	262	33000	135000
天 津					
唐 山					
沈 阳					
大 连					
济 南					
青 岛					
长 三 角	**13**	**4093**	**3557**	**207520**	**1384933**
上 海	1	187	155	45000	78087
南 京					
苏 州	1	150	149	25000	19980
无 锡	1	240	235	9000	178100
常 州	1	820	676	3000	38521
镇 江					
南 通	1	300	180	39960	63800
扬 州					
泰 州					
杭 州	4	2027	1811	31503	441457
宁 波					
嘉 兴					
湖 州					
绍 兴	1	182	182	20391	21250
舟 山	1	1	1	3200	488284
台 州	2	186	168	30466	55454
珠 三 角	**1**	**336**	**336**	**12700**	**53700**
广 州	1	336	336	12700	53700
深 圳					
珠 海					
佛 山					
江 门					
东 莞					
中 山					
惠 州					
肇 庆					

2-20 续表 15

(其他生产资料市场)

地 区	市场数量(个)	总摊位数(个)	年末出租摊位数(个)	营业面积(平方米)	成交额(万元)
三大地带	**14**	**5564**	**4619**	**229295**	**17355750**
环渤海	**4**	**1153**	**867**	**54518**	**6662272**
北 京	1	300	280	20975	88787
天 津					
唐 山					
沈 阳	1	548	282	3543	48000
大 连	2	305	305	30000	6525485
济 南					
青 岛					
长三角	**10**	**4411**	**3752**	**174777**	**10693478**
上 海	4	1633	1632	46708	9163473
南 京					
苏 州	1	700	700	18000	78000
无 锡					
常 州					
镇 江					
南 通					
扬 州					
泰 州					
杭 州					
宁 波	2	655	401	30800	1168205
嘉 兴	2	1422	1018	79034	268800
湖 州	1	1	1	235	15000
绍 兴					
舟 山					
台 州					
珠三角					
广 州					
深 圳					
珠 海					
佛 山					
江 门					
东 莞					
中 山					
惠 州					
肇 庆					

2-20 续表 16

(农产品市场)

地　　区	市场数量(个)	总摊位数(个)	年末出租摊位数(个)	营业面积(平方米)	成交额(万元)
三大地带	**332**	**206033**	**178463**	**11368206**	**57282968**
环 渤 海	**80**	**81844**	**66537**	**4854573**	**17595786**
北　　京	21	22338	12439	980910	4474437
天　　津	11	7717	7343	834432	3464147
唐　　山	3	3481	816	171386	260585
沈　　阳	10	5151	3645	433900	1457480
大　　连	5	1374	1374	170200	1416330
济　　南	8	5285	5227	252000	1461500
青　　岛	22	36498	35693	2011745	5061307
长 三 角	**193**	**99166**	**90034**	**4777723**	**29665446**
上　　海	26	14449	13298	616740	4500372
南　　京	8	3672	2812	360235	1137565
苏　　州	15	4429	3849	296879	1432476
无　　锡	5	1658	1458	143766	623516
常　　州	2	2498	2471	432764	2281415
镇　　江	4	1468	1330	87000	401487
南　　通	15	5482	4346	158184	731092
扬　　州	22	5574	5326	273790	3292355
泰　　州	4	565	561	286800	599650
杭　　州	34	19085	16602	717340	5638464
宁　　波	15	21391	20551	361004	2057981
嘉　　兴	10	3474	3102	480872	2712795
湖　　州	3	1134	1100	60600	574252
绍　　兴	9	3877	3461	196885	1348257
舟　　山	3	1915	1881	111700	900515
台　　州	18	8495	7886	193164	1433254
珠 三 角	**59**	**25023**	**21892**	**1735910**	**10021736**
广　　州	21	6737	5725	539855	4064238
深　　圳	8	3390	3120	75516	409104
珠　　海	5	2338	2066	99300	1696030
佛　　山	5	4531	4421	486429	1135304
江　　门	3	940	940	83000	752400
东　　莞	12	5307	4008	411127	1883940
中　　山	2	1227	1077	20620	42281
惠　　州	1	183	183	8000	11500
肇　　庆	2	370	352	12063	26939

2-20 续表 17

(粮油市场)

地 区	市场数量(个)	总摊位数(个)	年末出租摊位数(个)	营业面积(平方米)	成交额(万元)
三大地带	**35**	**11267**	**9187**	**1286015**	**6993668**
环 渤 海	**9**	**3623**	**3470**	**516751**	**2661959**
北 京	3	2143	2089	200000	1715710
天 津	2	853	769	61000	329500
唐 山					
沈 阳	1	288	288	37000	233750
大 连					
济 南					
青 岛	3	339	324	218751	382999
长 三 角	**20**	**5656**	**4191**	**580137**	**3317481**
上 海	4	429	428	25420	352813
南 京	2	168	159	12855	260726
苏 州	2	202	195	6150	137140
无 锡	1	542	357	101000	234250
常 州					
镇 江					
南 通					
扬 州	1	466	466	6500	303579
泰 州	1	79	78	170000	391522
杭 州	3	2866	1790	133000	1129048
宁 波	1	272	86	23000	154771
嘉 兴	2	449	449	70200	111009
湖 州					
绍 兴	2	168	168	29512	213155
舟 山					
台 州	1	15	15	2500	29468
珠 三 角	**6**	**1988**	**1526**	**189127**	**1014228**
广 州	3	980	891	68600	303428
深 圳					
珠 海					
佛 山					
江 门					
东 莞	3	1008	635	120527	710800
中 山					
惠 州					
肇 庆					

2-20 续表 18

(肉禽蛋市场)

地 区	市场数量(个)	总摊位数(个)	年末出租摊位数(个)	营业面积(平方米)	成交额(万元)
三大地带	**54**	**17698**	**13954**	**1067966**	**5468569**
环渤海	**7**	**3244**	**1441**	**106987**	**198895**
北 京	2	595	475	30501	51813
天 津					
唐 山	1	381	246	10986	18200
沈 阳	2	1988	530	42000	105372
大 连					
济 南					
青 岛	2	280	190	23500	23510
长三角	**33**	**8160**	**6642**	**335004**	**3108129**
上 海	5	693	618	28223	489539
南 京	1	62	62	1500	15000
苏 州	4	1256	975	99640	715980
无 锡					
常 州					
镇 江					
南 通	12	4002	2875	103184	428974
扬 州	3	173	171	14200	401070
泰 州	1	283	280	4300	20540
杭 州	5	1156	1131	63277	889672
宁 波	1	350	350	17500	126354
嘉 兴					
湖 州					
绍 兴					
舟 山					
台 州	1	185	180	3180	21000
珠三角	**14**	**6294**	**5871**	**625975**	**2161545**
广 州	5	1087	810	84575	553861
深 圳	1	469	469	8000	12829
珠 海					
佛 山	3	3635	3583	429537	1021905
江 门	1	380	380	48000	500000
东 莞	2	353	277	43800	46011
中 山					
惠 州					
肇 庆	2	370	352	12063	26939

2-20　续表 19

(水产品市场)

地　区	市场数量(个)	总摊位数(个)	年末出租摊位数(个)	营业面积(平方米)	成交额(万元)
三大地带	**76**	**65066**	**61034**	**2473428**	**15348974**
环 渤 海	**17**	**22757**	**22229**	**893572**	**6438747**
北　京	3	1978	1545	67000	1051827
天　津	1	220	220	8000	450000
唐　山	1	100	75	5400	13350
沈　阳	3	929	929	99000	656750
大　连	2	451	451	63200	1346517
济　南	2	1260	1210	38000	670000
青　岛	5	17819	17799	612972	2250303
长 三 角	**47**	**39070**	**36114**	**1403557**	**7865900**
上　海	4	2632	2197	198300	1712692
南　京	2	2295	1650	285000	721715
苏　州	5	1517	1312	97285	413270
无　锡	2	213	201	31666	200257
常　州	1	100	100	6780	32232
镇　江	1	512	468	25000	157928
南　通	2	1130	1123	40000	281470
扬　州	6	1171	968	111244	300445
泰　州	2	203	203	112500	187588
杭　州	2	2618	2543	123568	658751
宁　波	6	18539	17897	141471	925860
嘉　兴	1	180	124	20825	43962
湖　州					
绍　兴	1	160	160	7200	198980
舟　山	2	1900	1866	110200	887611
台　州	10	5900	5302	92518	1143139
珠 三 角	**12**	**3239**	**2691**	**176299**	**1044327**
广　州	7	1372	954	58299	543085
深　圳	2	918	788	33000	218000
珠　海	1	110	110	30000	180000
佛　山	1	489	489	50000	80842
江　门	1	350	350	5000	22400
东　莞					
中　山					
惠　州					
肇　庆					

2-20 续表 20

(蔬菜市场)

地　区	市场数量（个）	总摊位数（个）	年末出租摊位数（个）	营业面积（平方米）	成交额（万元）
三大地带	**65**	**52441**	**41200**	**2846076**	**8409746**
环渤海	**25**	**36121**	**25552**	**1881428**	**3342973**
北　京	6	9818	2424	200400	300769
天　津	5	4500	4210	438206	530428
唐　山	1	3000	495	155000	229035
沈　阳	2	1010	972	102000	250370
大　连					
济　南	4	2475	2473	111500	585257
青　岛	7	15318	14978	874322	1447114
长三角	**34**	**13307**	**12954**	**813552**	**4242434**
上　海	5	2217	2166	122610	853578
南　京	2	247	203	48000	88876
苏　州	3	1350	1263	92804	126838
无　锡	1	526	526	7400	163107
常　州					
镇　江	2	568	545	22000	60244
南　通	1	350	348	15000	20648
扬　州	3	1888	1858	72126	1119284
泰　州					
杭　州	7	4341	4256	166886	710130
宁　波	4	1087	1075	109733	435613
嘉　兴	3	570	551	108146	551512
湖　州					
绍　兴					
舟　山	1	15	15	1500	12904
台　州	2	148	148	47347	99700
珠三角	**6**	**3013**	**2694**	**151096**	**824339**
广　州	3	2112	1889	88096	239322
深　圳					
珠　海					
佛　山					
江　门					
东　莞	3	901	805	63000	585017
中　山					
惠　州					
肇　庆					

2-20 续表 21

(干鲜果品市场)

地 区	市场数量(个)	总摊位数(个)	年末出租摊位数(个)	营业面积(平方米)	成交额(万元)
三大地带	**35**	**18094**	**15429**	**1713488**	**8981565**
环渤海	**8**	**5211**	**3495**	**676374**	**924026**
北 京	3	2819	1279	270774	184118
天 津					
唐 山					
沈 阳	1	500	500	150000	190000
大 连	1	289	289	27000	24156
济 南	1	1000	994	100000	173000
青 岛	2	603	433	128600	352752
长三角	**20**	**9562**	**9185**	**546829**	**3965669**
上 海	3	2627	2627	26487	231569
南 京					
苏 州	1	104	104	1000	39248
无 锡					
常 州					
镇 江	1	388	317	40000	183315
南 通					
扬 州	3	420	420	38300	1026871
泰 州					
杭 州	5	1838	1589	121989	917643
宁 波	1	500	500	53000	202796
嘉 兴	2	1757	1717	205001	1229412
湖 州					
绍 兴	1	91	80	21433	37500
舟 山					
台 州	3	1837	1831	39619	97315
珠三角	**7**	**3321**	**2749**	**490285**	**4091870**
广 州	3	1186	1181	240285	2424542
深 圳					
珠 海	1	612	490	50000	927557
佛 山					
江 门	1	210	210	30000	230000
东 莞	1	1130	685	162000	498271
中 山					
惠 州	1	183	183	8000	11500
肇 庆					

2-20 续表 22

(棉麻土畜、烟叶市场)

地区	市场数量(个)	总摊位数(个)	年末出租摊位数(个)	营业面积(平方米)	成交额(万元)
三大地带	**5**	**3781**	**3497**	**513684**	**4085289**
环渤海	**1**	**650**	**650**	**1000**	**861123**
北京					
天津	1	650	650	1000	861123
唐山					
沈阳					
大连					
济南					
青岛					
长三角	**4**	**3131**	**2847**	**512684**	**3224166**
上海					
南京					
苏州					
无锡					
常州	1	2398	2371	425984	2249183
镇江					
南通					
扬州					
泰州					
杭州					
宁波	1	215	215	10000	198083
嘉兴	2	518	261	76700	776900
湖州					
绍兴					
舟山					
台州					
珠三角					
广州					
深圳					
珠海					
佛山					
江门					
东莞					
中山					
惠州					
肇庆					

2-20　续表 23

(其他农产品市场)

地　区	市场数量(个)	总摊位数(个)	年末出租摊位数(个)	营业面积(平方米)	成交额(万元)
三大地带	**62**	**37686**	**34162**	**1467549**	**7995157**
环 渤 海	**13**	**10238**	**9700**	**778461**	**3168063**
北　京	4	4985	4627	212235	1170200
天　津	2	1494	1494	326226	1293096
唐　山					
沈　阳	1	436	426	3900	21238
大　连	2	634	634	80000	45657
济　南	1	550	550	2500	33243
青　岛	3	2139	1969	153600	604629
长 三 角	**35**	**20280**	**18101**	**585960**	**3941667**
上　海	5	5851	5262	215700	860181
南　京	1	900	738	12880	51248
苏　州					
无　锡	1	377	374	3700	25902
常　州					
镇　江					
南　通					
扬　州	6	1456	1443	31420	141106
泰　州					
杭　州	12	6266	5293	108620	1333220
宁　波	1	428	428	6300	14504
嘉　兴					
湖　州	3	1134	1100	60600	574252
绍　兴	5	3458	3053	138740	898622
舟　山					
台　州	1	410	410	8000	42632
珠 三 角	**14**	**7168**	**6361**	**103128**	**885427**
广　州					
深　圳	5	2003	1863	34516	178275
珠　海	3	1616	1466	19300	588473
佛　山	1	407	349	6892	32557
江　门					
东　莞	3	1915	1606	21800	43841
中　山	2	1227	1077	20620	42281
惠　州					
肇　庆					

2-20 续表 24

(食品、饮料及烟酒市场)

地　区	市场数量(个)	总摊位数(个)	年末出租摊位数(个)	营业面积(平方米)	成交额(万元)
三大地带	**49**	**27164**	**24290**	**1985833**	**7900948**
环渤海	**9**	**7104**	**6213**	**462800**	**1646989**
北　京	1	109	109	7000	23800
天　津	3	1946	1339	273300	450131
唐　山					
沈　阳	1	1550	1380	30500	376999
大　连	1	2339	2339	45000	376359
济　南	2	800	800	90000	179700
青　岛	1	360	246	17000	240000
长三角	**29**	**15395**	**13608**	**1314933**	**5920036**
上　海	2	652	648	38000	58733
南　京	1	2700	2674	500000	2712000
苏　州	4	1758	1414	189880	991863
无　锡	2	478	441	33580	287400
常　州	4	2041	1443	87555	236355
镇　江	1	200	185	3200	25013
南　通	3	1263	876	74800	46281
扬　州	1	910	900	12000	68600
泰　州					
杭　州	3	728	720	41600	333710
宁　波	4	2910	2753	185000	694398
嘉　兴	1	550	385	36570	54218
湖　州					
绍　兴	2	1111	1075	108500	379085
舟　山					
台　州	1	94	94	4248	32380
珠三角	**11**	**4665**	**4469**	**208100**	**333923**
广　州	4	1207	1201	125000	175200
深　圳	1	1570	1550	28335	27753
珠　海	1	451	451	7400	19671
佛　山	1	456	366	15078	11174
江　门					
东　莞	2	575	508	24025	50743
中　山					
惠　州	2	406	393	8262	49382
肇　庆					

2-20　续表 25

(食品饮料市场)

地　区	市场数量(个)	总摊位数(个)	年末出租摊位数(个)	营业面积(平方米)	成交额(万元)
三大地带	**22**	**15729**	**14463**	**916580**	**5129678**
环 渤 海	**3**	**4101**	**3931**	**76000**	**777152**
北　京					
天　津	1	212	212	500	23794
唐　山					
沈　阳	1	1550	1380	30500	376999
大　连	1	2339	2339	45000	376359
济　南					
青　岛					
长 三 角	**12**	**8313**	**7413**	**714880**	**4201444**
上　海					
南　京	1	2700	2674	500000	2712000
苏　州	2	854	852	78380	479708
无　锡					
常　州	2	1220	653	19000	186500
镇　江					
南　通	2	870	616	49800	33428
扬　州	1	910	900	12000	68600
泰　州					
杭　州	1	208	208	5100	193480
宁　波	2	1360	1319	43000	501881
嘉　兴					
湖　州					
绍　兴	1	191	191	7600	25847
舟　山					
台　州					
珠 三 角	**7**	**3315**	**3119**	**125700**	**151082**
广　州	1	308	302	50000	12030
深　圳	1	1570	1550	28335	27753
珠　海					
佛　山	1	456	366	15078	11174
江　门					
东　莞	2	575	508	24025	50743
中　山					
惠　州	2	406	393	8262	49382
肇　庆					

2-20 续表 26

(茶叶市场)

地区	市场数量(个)	总摊位数(个)	年末出租摊位数(个)	营业面积(平方米)	成交额(万元)
三大地带	**12**	**4301**	**4253**	**387360**	**941871**
环渤海	**3**	**909**	**909**	**97000**	**203500**
北京	1	109	109	7000	23800
天津					
唐山					
沈阳					
大连					
济南	2	800	800	90000	179700
青岛					
长三角	**6**	**2493**	**2445**	**215360**	**575201**
上海	2	652	648	38000	58733
南京					
苏州					
无锡					
常州	1	401	401	39960	23000
镇江					
南通					
扬州					
泰州					
杭州	2	520	512	36500	140230
宁波					
嘉兴					
湖州					
绍兴	1	920	884	100900	353238
舟山					
台州					
珠三角	**3**	**899**	**899**	**75000**	**163170**
广州	3	899	899	75000	163170
深圳					
珠海					
佛山					
江门					
东莞					
中山					
惠州					
肇庆					

2-20 续表 27

(烟酒市场)

地　区	市场数量（个）	总摊位数（个）	年末出租摊位数（个）	营业面积（平方米）	成交额（万元）
三大地带	**3**	**960**	**763**	**140200**	**324613**
环渤海	**1**	**360**	**246**	**17000**	**240000**
北　京					
天　津					
唐　山					
沈　阳					
大　连					
济　南					
青　岛	1	360	246	17000	240000
长三角	**2**	**600**	**517**	**123200**	**84613**
上　海					
南　京					
苏　州					
无　锡					
常　州					
镇　江	1	200	185	3200	25013
南　通					
扬　州					
泰　州					
杭　州					
宁　波	1	400	332	120000	59600
嘉　兴					
湖　州					
绍　兴					
舟　山					
台　州					
珠三角					
广　州					
深　圳					
珠　海					
佛　山					
江　门					
东　莞					
中　山					
惠　州					
肇　庆					

2-20 续表 28

(其他食品饮料及烟酒市场)

地　区	市场数量(个)	总摊位数(个)	年末出租摊位数(个)	营业面积(平方米)	成交额(万元)
三大地带	**12**	**6174**	**4811**	**541693**	**1504786**
环 渤 海	**2**	**1734**	**1127**	**272800**	**426337**
北　京					
天　津	2	1734	1127	272800	426337
唐　山					
沈　阳					
大　连					
济　南					
青　岛					
长 三 角	**9**	**3989**	**3233**	**261493**	**1058778**
上　海					
南　京					
苏　州	2	904	562	111500	512155
无　锡	2	478	441	33580	287400
常　州	1	420	389	28595	26855
镇　江					
南　通	1	393	260	25000	12853
扬　州					
泰　州					
杭　州					
宁　波	1	1150	1102	22000	132917
嘉　兴	1	550	385	36570	54218
湖　州					
绍　兴					
舟　山					
台　州	1	94	94	4248	32380
珠 三 角	**1**	**451**	**451**	**7400**	**19671**
广　州					
深　圳					
珠　海	1	451	451	7400	19671
佛　山					
江　门					
东　莞					
中　山					
惠　州					
肇　庆					

2-20 续表 29

(纺织、服装、鞋帽市场)

地 区	市场数量(个)	总摊位数(个)	年末出租摊位数(个)	营业面积(平方米)	成交额(万元)
三大地带	**206**	**307524**	**282928**	**15739055**	**86804747**
环渤海	**42**	**65543**	**61660**	**1925552**	**8655000**
北 京	14	16753	16500	459954	420726
天 津	2	1225	1225	58000	117609
唐 山	4	2686	2658	62103	585120
沈 阳	9	26597	23281	636130	4543768
大 连	5	4575	4502	162234	318891
济 南	3	4195	4195	257941	549790
青 岛	5	9512	9299	289190	2119096
长三角	**100**	**171652**	**165125**	**9631230**	**68793768**
上 海	10	9643	9358	160384	893937
南 京	2	3980	3980	80000	647926
苏 州	3	34299	31665	1943300	24722343
无 锡	2	2900	2751	157996	567194
常 州	4	5371	5321	158360	480628
镇 江	4	2008	1889	573950	193778
南 通	5	11808	11689	1060650	10273881
扬 州	4	4261	3958	276036	441430
泰 州	2	1554	1455	41104	76895
杭 州	22	22307	21954	568576	4576592
宁 波	6	4614	4386	173205	814413
嘉 兴	16	28621	26545	1671731	6603041
湖 州	2	3556	3499	343113	1834747
绍 兴	9	30727	30672	2229220	15608075
舟 山					
台 州	9	6003	6003	193605	1058888
珠三角	**64**	**70329**	**56143**	**4182273**	**9355979**
广 州	49	53711	41568	3303963	6183845
深 圳					
珠 海	1	220	220	31000	16858
佛 山	1	3706	3706	404000	2161756
江 门					
东 莞	10	9034	7206	341310	768311
中 山	1	1300	1092	40000	19221
惠 州	2	2358	2351	62000	205988
肇 庆					

2-20 续表 30

(布料及纺织品市场)

地　区	市场数量(个)	总摊位数(个)	年末出租摊位数(个)	营业面积(平方米)	成交额(万元)
三大地带	**37**	**94882**	**83221**	**8301164**	**50951345**
环渤海	**1**	**354**	**350**	**20000**	**218141**
北　京					
天　津					
唐　山					
沈　阳					
大　连					
济　南					
青　岛	1	354	350	20000	218141
长三角	**23**	**62980**	**62152**	**5278104**	**45437099**
上　海					
南　京					
苏　州	2	7980	7807	943300	13214703
无　锡	1	1300	1300	100000	158826
常　州					
镇　江					
南　通	2	9920	9805	1000000	10224542
扬　州	2	1600	1570	193320	168400
泰　州					
杭　州	4	2996	2873	181009	2100344
宁　波	1	1650	1460	35700	296960
嘉　兴	3	5118	5013	299442	2031000
湖　州	2	3556	3499	343113	1834747
绍　兴	6	28860	28825	2182220	15407577
舟　山					
台　州					
珠三角	**13**	**31548**	**20719**	**3003060**	**5296105**
广　州	4	23054	13756	2367300	2664596
深　圳					
珠　海	1	220	220	31000	16858
佛　山	1	3706	3706	404000	2161756
江　门					
东　莞	7	4568	3037	200760	452895
中　山					
惠　州					
肇　庆					

2-20　续表 31

(服装市场)

地　区	市场数量（个）	总摊位数（个）	年末出租摊位数（个）	营业面积（平方米）	成交额（万元）
三大地带	**122**	**159988**	**151276**	**5460186**	**27929862**
环 渤 海	**27**	**41410**	**40360**	**1321674**	**3740242**
北　京	13	16003	15750	439954	392208
天　津	1	909	909	19000	78209
唐　山	1	1345	1345	11200	246000
沈　阳	6	8363	7833	272630	554918
大　连	3	3385	3312	134200	296394
济　南	1	3417	3417	208000	372000
青　岛	2	7988	7794	236690	1800513
长 三 角	**52**	**86227**	**81104**	**3205887**	**21136637**
上　海	8	7460	7175	143224	719332
南　京	1	1898	1898	5000	257592
苏　州	1	26319	23858	1000000	11507640
无　锡	1	1600	1451	57996	408368
常　州	1	250	200	45000	66338
镇　江	2	1186	1069	59078	77828
南　通	1	312	312	15000	15227
扬　州					
泰　州					
杭　州	16	17771	17646	348363	2436599
宁　波	4	2609	2595	133705	491025
嘉　兴	12	23354	21452	1291668	4322041
湖　州					
绍　兴	2	867	847	14500	38200
舟　山					
台　州	3	2601	2601	92353	796447
珠 三 角	**43**	**32351**	**29812**	**932625**	**3052983**
广　州	37	24227	22200	690075	2512358
深　圳					
珠　海					
佛　山					
江　门					
东　莞	3	4466	4169	140550	315416
中　山	1	1300	1092	40000	19221
惠　州	2	2358	2351	62000	205988
肇　庆					

2-20 续表 32

(鞋帽市场)

地　　区	市场数量(个)	总摊位数(个)	年末出租摊位数(个)	营业面积(平方米)	成交额(万元)
三大地带	**19**	**14788**	**12910**	**983944**	**2015032**
环渤海	**7**	**4469**	**3604**	**137741**	**393046**
北　京					
天　津	1	316	316	39000	39400
唐　山	1	315	315	21300	18750
沈　阳	2	2750	1900	16500	88844
大　连					
济　南	2	778	778	49941	177790
青　岛	1	310	295	11000	68262
长三角	**4**	**3889**	**3694**	**599615**	**615095**
上　海					
南　京					
苏　州					
无　锡					
常　州					
镇　江	1	485	484	500000	46080
南　通					
扬　州	1	2055	1930	12500	261015
泰　州					
杭　州					
宁　波					
嘉　兴	1	149	80	80621	250000
湖　州					
绍　兴					
舟　山					
台　州	1	1200	1200	6494	58000
珠三角	**8**	**6430**	**5612**	**246588**	**1006891**
广　州	8	6430	5612	246588	1006891
深　圳					
珠　海					
佛　山					
江　门					
东　莞					
中　山					
惠　州					
肇　庆					

2-20 续表 33

(其他纺织服装鞋帽市场)

地 区	市场数量(个)	总摊位数(个)	年末出租摊位数(个)	营业面积(平方米)	成交额(万元)
三大地带	**28**	**37866**	**35521**	**993761**	**5908508**
环 渤 海	**7**	**19310**	**17346**	**446137**	**4303571**
北 京	1	750	750	20000	28518
天 津					
唐 山	2	1026	998	29603	320370
沈 阳	1	15484	13548	347000	3900006
大 连	2	1190	1190	28034	22497
济 南					
青 岛	1	860	860	21500	32180
长 三 角	**21**	**18556**	**18175**	**547624**	**1604937**
上 海	2	2183	2183	17160	174605
南 京	1	2082	2082	75000	390334
苏 州					
无 锡					
常 州	3	5121	5121	113360	414290
镇 江	1	337	336	14872	69870
南 通	2	1576	1572	45650	34112
扬 州	1	606	458	70216	12015
泰 州	2	1554	1455	41104	76895
杭 州	2	1540	1435	39204	39649
宁 波	1	355	331	3800	26428
嘉 兴					
湖 州					
绍 兴	1	1000	1000	32500	162298
舟 山					
台 州	5	2202	2202	94758	204441
珠 三 角					
广 州					
深 圳					
珠 海					
佛 山					
江 门					
东 莞					
中 山					
惠 州					
肇 庆					

2-20 续表 34

(日用品及文化用品市场)

地　区	市场数量(个)	总摊位数(个)	年末出租摊位数(个)	营业面积(平方米)	成交额(万元)
三大地带	**43**	**36077**	**34513**	**1368314**	**5512743**
环渤海	**9**	**11935**	**11618**	**272406**	**558042**
北　京	5	8340	8046	163962	478133
天　津					
唐　山					
沈　阳	1	1495	1495	45000	17899
大　连	1	62	39	6900	13000
济　南					
青　岛	2	2038	2038	56544	49010
长三角	**14**	**8556**	**8405**	**235141**	**2524103**
上　海	1	48	48	5000	1788981
南　京	1	88	86	5000	31000
苏　州	2	2411	2389	67200	340058
无　锡					
常　州	3	2558	2502	27448	143381
镇　江	1	142	142	5720	11903
南　通					
扬　州					
泰　州					
杭　州	3	929	906	38773	59380
宁　波					
嘉　兴					
湖　州					
绍　兴					
舟　山					
台　州	3	2380	2332	86000	149400
珠三角	**20**	**15586**	**14490**	**860767**	**2430598**
广　州	19	15381	14285	858767	2395598
深　圳	1	205	205	2000	35000
珠　海					
佛　山					
江　门					
东　莞					
中　山					
惠　州					
肇　庆					

2-20　续表 35

(小商品市场)

地　区	市场数量(个)	总摊位数(个)	年末出租摊位数(个)	营业面积(平方米)	成交额(万元)
三大地带	**21**	**21156**	**20562**	**461950**	**1221910**
环 渤 海	**4**	**8923**	**8885**	**143782**	**328509**
北　京	3	7090	7052	96562	299653
天　津					
唐　山					
沈　阳					
大　连					
济　南					
青　岛	1	1833	1833	47220	28856
长 三 角	**4**	**4555**	**4535**	**84368**	**468717**
上　海					
南　京					
苏　州	1	2350	2330	59200	330000
无　锡					
常　州	2	2063	2063	19448	126814
镇　江	1	142	142	5720	11903
南　通					
扬　州					
泰　州					
杭　州					
宁　波					
嘉　兴					
湖　州					
绍　兴					
舟　山					
台　州					
珠 三 角	**13**	**7678**	**7142**	**233800**	**424684**
广　州	13	7678	7142	233800	424684
深　圳					
珠　海					
佛　山					
江　门					
东　莞					
中　山					
惠　州					
肇　庆					

2-20 续表 36

(箱包市场)

地　区	市场数量(个)	总摊位数(个)	年末出租摊位数(个)	营业面积(平方米)	成交额(万元)
三大地带	**1**	**4230**	**3937**	**500000**	**1692247**
环 渤 海					
北　京					
天　津					
唐　山					
沈　阳					
大　连					
济　南					
青　岛					
长 三 角					
上　海					
南　京					
苏　州					
无　锡					
常　州					
镇　江					
南　通					
扬　州					
泰　州					
杭　州					
宁　波					
嘉　兴					
湖　州					
绍　兴					
舟　山					
台　州					
珠 三 角	**1**	**4230**	**3937**	**500000**	**1692247**
广　州	1	4230	3937	500000	1692247
深　圳					
珠　海					
佛　山					
江　门					
东　莞					
中　山					
惠　州					
肇　庆					

2-20 续表 37

(文具市场)

地 区	市场数量(个)	总摊位数(个)	年末出租摊位数(个)	营业面积(平方米)	成交额(万元)
三大地带	**2**	**1374**	**1028**	**68200**	**178160**
环 渤 海	**1**	**1050**	**798**	**55400**	**159660**
北 京	1	1050	798	55400	159660
天 津					
唐 山					
沈 阳					
大 连					
济 南					
青 岛					
长 三 角					
上 海					
南 京					
苏 州					
无 锡					
常 州					
镇 江					
南 通					
扬 州					
泰 州					
杭 州					
宁 波					
嘉 兴					
湖 州					
绍 兴					
舟 山					
台 州					
珠 三 角	**1**	**324**	**230**	**12800**	**18500**
广 州	1	324	230	12800	18500
深 圳					
珠 海					
佛 山					
江 门					
东 莞					
中 山					
惠 州					
肇 庆					

2-20 续表 38

(图书、报刊杂志市场)

地　区	市场数量(个)	总摊位数(个)	年末出租摊位数(个)	营业面积(平方米)	成交额(万元)
三大地带	**7**	**804**	**743**	**64213**	**140982**
环渤海	**3**	**467**	**440**	**28224**	**51974**
北　京	1	200	196	12000	18820
天　津					
唐　山					
沈　阳					
大　连	1	62	39	6900	13000
济　南					
青　岛	1	205	205	9324	20154
长三角	**3**	**240**	**213**	**23000**	**59208**
上　海					
南　京	1	88	86	5000	31000
苏　州	1	61	59	8000	10058
无　锡					
常　州					
镇　江					
南　通					
扬　州					
泰　州					
杭　州	1	91	68	10000	18150
宁　波					
嘉　兴					
湖　州					
绍　兴					
舟　山					
台　州					
珠三角	**1**	**97**	**90**	**12989**	**29800**
广　州	1	97	90	12989	29800
深　圳					
珠　海					
佛　山					
江　门					
东　莞					
中　山					
惠　州					
肇　庆					

2-20 续表 39

(体育用品市场)

地 区	市场数量（个）	总摊位数（个）	年末出租摊位数（个）	营业面积（平方米）	成交额（万元）
三大地带	**1**	**80**	**80**	**6700**	**14572**
环渤海					
北 京					
天 津					
唐 山					
沈 阳					
大 连					
济 南					
青 岛					
长三角					
上 海					
南 京					
苏 州					
无 锡					
常 州					
镇 江					
南 通					
扬 州					
泰 州					
杭 州					
宁 波					
嘉 兴					
湖 州					
绍 兴					
舟 山					
台 州					
珠三角	**1**	**80**	**80**	**6700**	**14572**
广 州	1	80	80	6700	14572
深 圳					
珠 海					
佛 山					
江 门					
东 莞					
中 山					
惠 州					
肇 庆					

2-20 续表 40

(其他日用品及文化用品市场)

地 区	市场数量(个)	总摊位数(个)	年末出租摊位数(个)	营业面积(平方米)	成交额(万元)
三大地带	**11**	**8433**	**8163**	**267251**	**2264872**
环渤海	**1**	**1495**	**1495**	**45000**	**17899**
北京					
天津					
唐山					
沈阳	1	1495	1495	45000	17899
大连					
济南					
青岛					
长三角	**7**	**3761**	**3657**	**127773**	**1996178**
上海	1	48	48	5000	1788981
南京					
苏州					
无锡					
常州	1	495	439	8000	16567
镇江					
南通					
扬州					
泰州					
杭州	2	838	838	28773	41230
宁波					
嘉兴					
湖州					
绍兴					
舟山					
台州	3	2380	2332	86000	149400
珠三角	**3**	**3177**	**3011**	**94478**	**250795**
广州	2	2972	2806	92478	215795
深圳	1	205	205	2000	35000
珠海					
佛山					
江门					
东莞					
中山					
惠州					
肇庆					

2-20　续表 41

(黄金、珠宝、玉器等首饰市场)

地　区	市场数量(个)	总摊位数(个)	年末出租摊位数(个)	营业面积(平方米)	成交额(万元)
三大地带	**11**	**7654**	**7324**	**485691**	**2758348**
环 渤 海	**5**	**3082**	**2927**	**304256**	**509742**
北　京	3	1213	1058	45677	279832
天　津					
唐　山					
沈　阳					
大　连					
济　南					
青　岛	2	1869	1869	258579	229910
长 三 角	**3**	**1581**	**1561**	**136973**	**2079060**
上　海					
南　京					
苏　州	1	200	180	10000	140000
无　锡					
常　州					
镇　江					
南　通					
扬　州					
泰　州					
杭　州	1	360	360	20000	1060000
宁　波					
嘉　兴					
湖　州					
绍　兴	1	1021	1021	106973	879060
舟　山					
台　州					
珠 三 角	**3**	**2991**	**2836**	**44462**	**169546**
广　州	1	1200	1052	10000	80758
深　圳	1	1107	1107	31162	45626
珠　海					
佛　山					
江　门					
东　莞					
中　山					
惠　州					
肇　庆	1	684	677	3300	43162

2-20 续表 42

(电器、通讯器材、电子设备市场)

地 区	市场数量(个)	总摊位数(个)	年末出租摊位数(个)	营业面积(平方米)	成交额(万元)
三大地带	**67**	**36405**	**32512**	**932143**	**4012149**
环渤海	**15**	**7248**	**6619**	**260469**	**1298275**
北 京	10	5401	5036	173969	1007380
天 津					
唐 山					
沈 阳	1	728	500	24000	16668
大 连					
济 南	2	381	350	17500	171605
青 岛	2	738	733	45000	102622
长三角	**32**	**13661**	**12089**	**403923**	**1742926**
上 海	7	2217	2006	75934	286769
南 京	1	249	245	4770	51432
苏 州	2	2090	2011	49232	140936
无 锡	2	507	496	14300	146427
常 州	1	426	265	10000	19682
镇 江					
南 通					
扬 州	1	253	253	9000	118100
泰 州	1	400	400	11000	61274
杭 州	9	2358	2238	95807	427562
宁 波	3	1062	1047	42000	137419
嘉 兴	1	113	113	5000	20006
湖 州					
绍 兴	1	185	185	5680	46519
舟 山					
台 州	3	3801	2830	81200	286800
珠三角	**20**	**15496**	**13804**	**267751**	**970948**
广 州	8	2997	2825	90064	344097
深 圳	11	12269	10749	171499	614863
珠 海					
佛 山	1	230	230	6188	11988
江 门					
东 莞					
中 山					
惠 州					
肇 庆					

2-20 续表 43

(家电市场)

地 区	市场数量(个)	总摊位数(个)	年末出租摊位数(个)	营业面积(平方米)	成交额(万元)
三大地带	**14**	**4676**	**4033**	**167327**	**499440**
环 渤 海	**2**	**873**	**640**	**33000**	**30268**
北 京					
天 津					
唐 山					
沈 阳	1	728	500	24000	16668
大 连					
济 南					
青 岛	1	145	140	9000	13600
长 三 角	**7**	**1757**	**1592**	**80628**	**315521**
上 海	1	220	200	20000	45500
南 京					
苏 州	1	480	410	5000	82370
无 锡					
常 州					
镇 江					
南 通					
扬 州					
泰 州	1	400	400	11000	61274
杭 州	4	657	582	44628	126377
宁 波					
嘉 兴					
湖 州					
绍 兴					
舟 山					
台 州					
珠 三 角	**5**	**2046**	**1801**	**53699**	**153651**
广 州	3	906	902	35500	123217
深 圳	2	1140	899	18199	30434
珠 海					
佛 山					
江 门					
东 莞					
中 山					
惠 州					
肇 庆					

2-20 续表 44

(通讯器材市场)

地　　区	市场数量(个)	总摊位数(个)	年末出租摊位数(个)	营业面积(平方米)	成交额(万元)
三大地带	**14**	**12684**	**11578**	**211830**	**553372**
环 渤 海	**1**	**622**	**552**	**11989**	**12042**
北　京	1	622	552	11989	12042
天　津					
唐　山					
沈　阳					
大　连					
济　南					
青　岛					
长 三 角	**4**	**2895**	**2874**	**77235**	**120082**
上　海	2	985	973	22000	37846
南　京					
苏　州	1	1610	1601	44232	58566
无　锡					
常　州					
镇　江					
南　通					
扬　州					
泰　州					
杭　州	1	300	300	11003	23670
宁　波					
嘉　兴					
湖　州					
绍　兴					
舟　山					
台　州					
珠 三 角	**9**	**9167**	**8152**	**122606**	**421248**
广　州	2	1319	1266	27506	86704
深　圳	7	7848	6886	95100	334544
珠　海					
佛　山					
江　门					
东　莞					
中　山					
惠　州					
肇　庆					

2-20　续表 45

(照相、摄像器材市场)

地　区	市场数量(个)	总摊位数(个)	年末出租摊位数(个)	营业面积(平方米)	成交额(万元)
三大地带	**2**	**562**	**485**	**20866**	**71266**
环渤海	**1**	**315**	**315**	**13066**	**39009**
北　京	1	315	315	13066	39009
天　津					
唐　山					
沈　阳					
大　连					
济　南					
青　岛					
长三角	**1**	**247**	**170**	**7800**	**32257**
上　海	1	247	170	7800	32257
南　京					
苏　州					
无　锡					
常　州					
镇　江					
南　通					
扬　州					
泰　州					
杭　州					
宁　波					
嘉　兴					
湖　州					
绍　兴					
舟　山					
台　州					
珠三角					
广　州					
深　圳					
珠　海					
佛　山					
江　门					
东　莞					
中　山					
惠　州					
肇　庆					

2-20 续表 46

(计算机及辅助设备市场)

地　区	市场数量 (个)	总摊位数 (个)	年末出租摊位数 (个)	营业面积 (平方米)	成交额 (万元)
三大地带	**34**	**15594**	**13719**	**464920**	**2571559**
环 渤 海	**9**	**4708**	**4417**	**185214**	**1089744**
北　京	6	3734	3474	131714	829117
天　津					
唐　山					
沈　阳					
大　连					
济　南	2	381	350	17500	171605
青　岛	1	593	593	36000	89022
长 三 角	**19**	**6603**	**5451**	**188260**	**1085766**
上　海	3	765	663	26134	171166
南　京	1	249	245	4770	51432
苏　州					
无　锡	2	507	496	14300	146427
常　州	1	426	265	10000	19682
镇　江					
南　通					
扬　州	1	253	253	9000	118100
泰　州					
杭　州	4	1401	1356	40176	277515
宁　波	3	1062	1047	42000	137419
嘉　兴	1	113	113	5000	20006
湖　州					
绍　兴	1	185	185	5680	46519
舟　山					
台　州	2	1642	828	31200	97500
珠 三 角	**6**	**4283**	**3851**	**91446**	**396049**
广　州	3	772	657	27058	134176
深　圳	2	3281	2964	58200	249885
珠　海					
佛　山	1	230	230	6188	11988
江　门					
东　莞					
中　山					
惠　州					
肇　庆					

2-20 续表 47

(其他电器、通讯器材、电子设备市场)

地 区	市场数量(个)	总摊位数(个)	年末出租摊位数(个)	营业面积(平方米)	成交额(万元)
三大地带	**3**	**2889**	**2697**	**67200**	**316512**
环 渤 海	**2**	**730**	**695**	**17200**	**127212**
北 京	2	730	695	17200	127212
天 津					
唐 山					
沈 阳					
大 连					
济 南					
青 岛					
长 三 角	**1**	**2159**	**2002**	**50000**	**189300**
上 海					
南 京					
苏 州					
无 锡					
常 州					
镇 江					
南 通					
扬 州					
泰 州					
杭 州					
宁 波					
嘉 兴					
湖 州					
绍 兴					
舟 山					
台 州	1	2159	2002	50000	189300
珠 三 角					
广 州					
深 圳					
珠 海					
佛 山					
江 门					
东 莞					
中 山					
惠 州					
肇 庆					

2-20 续表 48

(医药、医疗用品及器材市场)

地　区	市场数量(个)	总摊位数(个)	年末出租摊位数(个)	营业面积(平方米)	成交额(万元)
三大地带	**2**	**762**	**673**	**12971**	**70656**
环 渤 海					
北　京					
天　津					
唐　山					
沈　阳					
大　连					
济　南					
青　岛					
长 三 角	**1**	**324**	**298**	**8000**	**60000**
上　海	1	324	298	8000	60000
南　京					
苏　州					
无　锡					
常　州					
镇　江					
南　通					
扬　州					
泰　州					
杭　州					
宁　波					
嘉　兴					
湖　州					
绍　兴					
舟　山					
台　州					
珠 三 角	**1**	**438**	**375**	**4971**	**10656**
广　州	1	438	375	4971	10656
深　圳					
珠　海					
佛　山					
江　门					
东　莞					
中　山					
惠　州					
肇　庆					

2-20 续表 49

(中药材市场)

地 区	市场数量（个）	总摊位数（个）	年末出租摊位数（个）	营业面积（平方米）	成交额（万元）
三大地带	**2**	**762**	**673**	**12971**	**70656**
环 渤 海					
北 京					
天 津					
唐 山					
沈 阳					
大 连					
济 南					
青 岛					
长 三 角	**1**	**324**	**298**	**8000**	**60000**
上 海	1	324	298	8000	60000
南 京					
苏 州					
无 锡					
常 州					
镇 江					
南 通					
扬 州					
泰 州					
杭 州					
宁 波					
嘉 兴					
湖 州					
绍 兴					
舟 山					
台 州					
珠 三 角	**1**	**438**	**375**	**4971**	**10656**
广 州	1	438	375	4971	10656
深 圳					
珠 海					
佛 山					
江 门					
东 莞					
中 山					
惠 州					
肇 庆					

2-20 续表 50

(日用品及文化用品市场)

地　区	市场数量（个）	总摊位数（个）	年末出租摊位数（个）	营业面积（平方米）	成交额（万元）
三大地带	**43**	**36077**	**34513**	**1368314**	**5512743**
环渤海	**9**	**11935**	**11618**	**272406**	**558042**
北　京	5	8340	8046	163962	478133
天　津					
唐　山					
沈　阳	1	1495	1495	45000	17899
大　连	1	62	39	6900	13000
济　南					
青　岛	2	2038	2038	56544	49010
长三角	**14**	**8556**	**8405**	**235141**	**2524103**
上　海	1	48	48	5000	1788981
南　京	1	88	86	5000	31000
苏　州	2	2411	2389	67200	340058
无　锡					
常　州	3	2558	2502	27448	143381
镇　江	1	142	142	5720	11903
南　通					
扬　州					
泰　州					
杭　州	3	929	906	38773	59380
宁　波					
嘉　兴					
湖　州					
绍　兴					
舟　山					
台　州	3	2380	2332	86000	149400
珠三角	**20**	**15586**	**14490**	**860767**	**2430598**
广　州	19	15381	14285	858767	2395598
深　圳	1	205	205	2000	35000
珠　海					
佛　山					
江　门					
东　莞					
中　山					
惠　州					
肇　庆					

2-20　续表 51

(日用品及文化用品小商品市场)

地　区	市场数量 (个)	总摊位数 (个)	年末出租摊位数 (个)	营业面积 (平方米)	成交额 (万元)
三大地带	**21**	**21156**	**20562**	**461950**	**1221910**
环 渤 海	**4**	**8923**	**8885**	**143782**	**328509**
北　京	3	7090	7052	96562	299653
天　津					
唐　山					
沈　阳					
大　连					
济　南					
青　岛	1	1833	1833	47220	28856
长 三 角	**4**	**4555**	**4535**	**84368**	**468717**
上　海					
南　京					
苏　州	1	2350	2330	59200	330000
无　锡					
常　州	2	2063	2063	19448	126814
镇　江	1	142	142	5720	11903
南　通					
扬　州					
泰　州					
杭　州					
宁　波					
嘉　兴					
湖　州					
绍　兴					
舟　山					
台　州					
珠 三 角	**13**	**7678**	**7142**	**233800**	**424684**
广　州	13	7678	7142	233800	424684
深　圳					
珠　海					
佛　山					
江　门					
东　莞					
中　山					
惠　州					
肇　庆					

2-20 续表 52

(箱包市场)

地　区	市场数量(个)	总摊位数(个)	年末出租摊位数(个)	营业面积(平方米)	成交额(万元)
三大地带	**1**	**4230**	**3937**	**500000**	**1692247**
环渤海					
北　京					
天　津					
唐　山					
沈　阳					
大　连					
济　南					
青　岛					
长三角					
上　海					
南　京					
苏　州					
无　锡					
常　州					
镇　江					
南　通					
扬　州					
泰　州					
杭　州					
宁　波					
嘉　兴					
湖　州					
绍　兴					
舟　山					
台　州					
珠三角	**1**	**4230**	**3937**	**500000**	**1692247**
广　州	1	4230	3937	500000	1692247
深　圳					
珠　海					
佛　山					
江　门					
东　莞					
中　山					
惠　州					
肇　庆					

2-20 续表 53

(文具市场)

地区	市场数量(个)	总摊位数(个)	年末出租摊位数(个)	营业面积(平方米)	成交额(万元)
三大地带	**2**	**1374**	**1028**	**68200**	**178160**
环渤海	**1**	**1050**	**798**	**55400**	**159660**
北京	1	1050	798	55400	159660
天津					
唐山					
沈阳					
大连					
济南					
青岛					
长三角					
上海					
南京					
苏州					
无锡					
常州					
镇江					
南通					
扬州					
泰州					
杭州					
宁波					
嘉兴					
湖州					
绍兴					
舟山					
台州					
珠三角	**1**	**324**	**230**	**12800**	**18500**
广州	1	324	230	12800	18500
深圳					
珠海					
佛山					
江门					
东莞					
中山					
惠州					
肇庆					

2-20 续表 54

(图书、报刊杂志市场)

地　区	市场数量 (个)	总摊位数 (个)	年末出租摊位数 (个)	营业面积 (平方米)	成交额 (万元)
三大地带	**7**	**804**	**743**	**64213**	**140982**
环渤海	**3**	**467**	**440**	**28224**	**51974**
北　京	1	200	196	12000	18820
天　津					
唐　山					
沈　阳					
大　连	1	62	39	6900	13000
济　南					
青　岛	1	205	205	9324	20154
长三角	**3**	**240**	**213**	**23000**	**59208**
上　海					
南　京	1	88	86	5000	31000
苏　州	1	61	59	8000	10058
无　锡					
常　州					
镇　江					
南　通					
扬　州					
泰　州					
杭　州	1	91	68	10000	18150
宁　波					
嘉　兴					
湖　州					
绍　兴					
舟　山					
台　州					
珠三角	**1**	**97**	**90**	**12989**	**29800**
广　州	1	97	90	12989	29800
深　圳					
珠　海					
佛　山					
江　门					
东　莞					
中　山					
惠　州					
肇　庆					

2-20　续表 55

(体育用品市场)

地　区	市场数量(个)	总摊位数(个)	年末出租摊位数(个)	营业面积(平方米)	成交额(万元)
三大地带	**1**	**80**	**80**	**6700**	**14572**
环 渤 海					
北　京					
天　津					
唐　山					
沈　阳					
大　连					
济　南					
青　岛					
长 三 角					
上　海					
南　京					
苏　州					
无　锡					
常　州					
镇　江					
南　通					
扬　州					
泰　州					
杭　州					
宁　波					
嘉　兴					
湖　州					
绍　兴					
舟　山					
台　州					
珠 三 角	**1**	**80**	**80**	**6700**	**14572**
广　州	1	80	80	6700	14572
深　圳					
珠　海					
佛　山					
江　门					
东　莞					
中　山					
惠　州					
肇　庆					

2-20 续表 56

(其他日用品及文化用品市场)

地　区	市场数量（个）	总摊位数（个）	年末出租摊位数（个）	营业面积（平方米）	成交额（万元）
三大地带	**11**	**8433**	**8163**	**267251**	**2264872**
环渤海	**1**	**1495**	**1495**	**45000**	**17899**
北　京					
天　津					
唐　山					
沈　阳	1	1495	1495	45000	17899
大　连					
济　南					
青　岛					
长三角	**7**	**3761**	**3657**	**127773**	**1996178**
上　海	1	48	48	5000	1788981
南　京					
苏　州					
无　锡					
常　州	1	495	439	8000	16567
镇　江					
南　通					
扬　州					
泰　州					
杭　州	2	838	838	28773	41230
宁　波					
嘉　兴					
湖　州					
绍　兴					
舟　山					
台　州	3	2380	2332	86000	149400
珠三角	**3**	**3177**	**3011**	**94478**	**250795**
广　州	2	2972	2806	92478	215795
深　圳	1	205	205	2000	35000
珠　海					
佛　山					
江　门					
东　莞					
中　山					
惠　州					
肇　庆					

2-20 续表 57

（黄金、珠宝、玉器等首饰市场）

地 区	市场数量（个）	总摊位数（个）	年末出租摊位数（个）	营业面积（平方米）	成交额（万元）
三大地带	**11**	**7654**	**7324**	**485691**	**2758348**
环 渤 海	**5**	**3082**	**2927**	**304256**	**509742**
北 京	3	1213	1058	45677	279832
天 津					
唐 山					
沈 阳					
大 连					
济 南					
青 岛	2	1869	1869	258579	229910
长 三 角	**3**	**1581**	**1561**	**136973**	**2079060**
上 海					
南 京					
苏 州	1	200	180	10000	140000
无 锡					
常 州					
镇 江					
南 通					
扬 州					
泰 州					
杭 州	1	360	360	20000	1060000
宁 波					
嘉 兴					
湖 州					
绍 兴	1	1021	1021	106973	879060
舟 山					
台 州					
珠 三 角	**3**	**2991**	**2836**	**44462**	**169546**
广 州	1	1200	1052	10000	80758
深 圳	1	1107	1107	31162	45626
珠 海					
佛 山					
江 门					
东 莞					
中 山					
惠 州					
肇 庆	1	684	677	3300	43162

2-20 续表 58

(电器、通讯器材、电子设备市场)

地　区	市场数量(个)	总摊位数(个)	年末出租摊位数(个)	营业面积(平方米)	成交额(万元)
三大地带	**67**	**36405**	**32512**	**932143**	**4012149**
环渤海	**15**	**7248**	**6619**	**260469**	**1298275**
北　京	10	5401	5036	173969	1007380
天　津					
唐　山					
沈　阳	1	728	500	24000	16668
大　连					
济　南	2	381	350	17500	171605
青　岛	2	738	733	45000	102622
长三角	**32**	**13661**	**12089**	**403923**	**1742926**
上　海	7	2217	2006	75934	286769
南　京	1	249	245	4770	51432
苏　州	2	2090	2011	49232	140936
无　锡	2	507	496	14300	146427
常　州	1	426	265	10000	19682
镇　江					
南　通					
扬　州	1	253	253	9000	118100
泰　州	1	400	400	11000	61274
杭　州	9	2358	2238	95807	427562
宁　波	3	1062	1047	42000	137419
嘉　兴	1	113	113	5000	20006
湖　州					
绍　兴	1	185	185	5680	46519
舟　山					
台　州	3	3801	2830	81200	286800
珠三角	**20**	**15496**	**13804**	**267751**	**970948**
广　州	8	2997	2825	90064	344097
深　圳	11	12269	10749	171499	614863
珠　海					
佛　山	1	230	230	6188	11988
江　门					
东　莞					
中　山					
惠　州					
肇　庆					

2-20 续表 59

(家电市场)

地　区	市场数量（个）	总摊位数（个）	年末出租摊位数（个）	营业面积（平方米）	成交额（万元）
三大地带	**14**	**4676**	**4033**	**167327**	**499440**
环 渤 海	**2**	**873**	**640**	**33000**	**30268**
北　京					
天　津					
唐　山					
沈　阳	1	728	500	24000	16668
大　连					
济　南					
青　岛	1	145	140	9000	13600
长 三 角	**7**	**1757**	**1592**	**80628**	**315521**
上　海	1	220	200	20000	45500
南　京					
苏　州	1	480	410	5000	82370
无　锡					
常　州					
镇　江					
南　通					
扬　州					
泰　州	1	400	400	11000	61274
杭　州	4	657	582	44628	126377
宁　波					
嘉　兴					
湖　州					
绍　兴					
舟　山					
台　州					
珠 三 角	**5**	**2046**	**1801**	**53699**	**153651**
广　州	3	906	902	35500	123217
深　圳	2	1140	899	18199	30434
珠　海					
佛　山					
江　门					
东　莞					
中　山					
惠　州					
肇　庆					

2-20 续表 60

(通讯器材市场)

地 区	市场数量 (个)	总摊位数 (个)	年末出租摊位数 (个)	营业面积 (平方米)	成交额 (万元)
三大地带	**14**	**12684**	**11578**	**211830**	**553372**
环渤海	**1**	**622**	**552**	**11989**	**12042**
北 京	1	622	552	11989	12042
天 津					
唐 山					
沈 阳					
大 连					
济 南					
青 岛					
长三角	**4**	**2895**	**2874**	**77235**	**120082**
上 海	2	985	973	22000	37846
南 京					
苏 州	1	1610	1601	44232	58566
无 锡					
常 州					
镇 江					
南 通					
扬 州					
泰 州					
杭 州	1	300	300	11003	23670
宁 波					
嘉 兴					
湖 州					
绍 兴					
舟 山					
台 州					
珠三角	**9**	**9167**	**8152**	**122606**	**421248**
广 州	2	1319	1266	27506	86704
深 圳	7	7848	6886	95100	334544
珠 海					
佛 山					
江 门					
东 莞					
中 山					
惠 州					
肇 庆					

2-20 续表 61

(照相、摄像器材市场)

地 区	市场数量(个)	总摊位数(个)	年末出租摊位数(个)	营业面积(平方米)	成交额(万元)
三大地带	**2**	**562**	**485**	**20866**	**71266**
环 渤 海	**1**	**315**	**315**	**13066**	**39009**
北 京	1	315	315	13066	39009
天 津					
唐 山					
沈 阳					
大 连					
济 南					
青 岛					
长 三 角	**1**	**247**	**170**	**7800**	**32257**
上 海	1	247	170	7800	32257
南 京					
苏 州					
无 锡					
常 州					
镇 江					
南 通					
扬 州					
泰 州					
杭 州					
宁 波					
嘉 兴					
湖 州					
绍 兴					
舟 山					
台 州					
珠 三 角					
广 州					
深 圳					
珠 海					
佛 山					
江 门					
东 莞					
中 山					
惠 州					
肇 庆					

2-20 续表 62

(计算机及辅助设备市场)

地　区	市场数量(个)	总摊位数(个)	年末出租摊位数(个)	营业面积(平方米)	成交额(万元)
三大地带	**34**	**15594**	**13719**	**464920**	**2571559**
环渤海	**9**	**4708**	**4417**	**185214**	**1089744**
北　京	6	3734	3474	131714	829117
天　津					
唐　山					
沈　阳					
大　连					
济　南	2	381	350	17500	171605
青　岛	1	593	593	36000	89022
长三角	**19**	**6603**	**5451**	**188260**	**1085766**
上　海	3	765	663	26134	171166
南　京	1	249	245	4770	51432
苏　州					
无　锡	2	507	496	14300	146427
常　州	1	426	265	10000	19682
镇　江					
南　通					
扬　州	1	253	253	9000	118100
泰　州					
杭　州	4	1401	1356	40176	277515
宁　波	3	1062	1047	42000	137419
嘉　兴	1	113	113	5000	20006
湖　州					
绍　兴	1	185	185	5680	46519
舟　山					
台　州	2	1642	828	31200	97500
珠三角	**6**	**4283**	**3851**	**91446**	**396049**
广　州	3	772	657	27058	134176
深　圳	2	3281	2964	58200	249885
珠　海					
佛　山	1	230	230	6188	11988
江　门					
东　莞					
中　山					
惠　州					
肇　庆					

2-20 续表 63

(其他电器、通讯器材、电子设备市场)

地　区	市场数量(个)	总摊位数(个)	年末出租摊位数(个)	营业面积(平方米)	成交额(万元)
三大地带	**3**	**2889**	**2697**	**67200**	**316512**
环渤海	**2**	**730**	**695**	**17200**	**127212**
北　京	2	730	695	17200	127212
天　津					
唐　山					
沈　阳					
大　连					
济　南					
青　岛					
长三角	**1**	**2159**	**2002**	**50000**	**189300**
上　海					
南　京					
苏　州					
无　锡					
常　州					
镇　江					
南　通					
扬　州					
泰　州					
杭　州					
宁　波					
嘉　兴					
湖　州					
绍　兴					
舟　山					
台　州	1	2159	2002	50000	189300
珠三角					
广　州					
深　圳					
珠　海					
佛　山					
江　门					
东　莞					
中　山					
惠　州					
肇　庆					

2-20 续表 64

(医药、医疗用品及器材市场)

地 区	市场数量(个)	总摊位数(个)	年末出租摊位数(个)	营业面积(平方米)	成交额(万元)
三大地带	**2**	**762**	**673**	**12971**	**70656**
环 渤 海					
北 京					
天 津					
唐 山					
沈 阳					
大 连					
济 南					
青 岛					
长 三 角	**1**	**324**	**298**	**8000**	**60000**
上 海	1	324	298	8000	60000
南 京					
苏 州					
无 锡					
常 州					
镇 江					
南 通					
扬 州					
泰 州					
杭 州					
宁 波					
嘉 兴					
湖 州					
绍 兴					
舟 山					
台 州					
珠 三 角	**1**	**438**	**375**	**4971**	**10656**
广 州	1	438	375	4971	10656
深 圳					
珠 海					
佛 山					
江 门					
东 莞					
中 山					
惠 州					
肇 庆					

2-20 续表 65

(中药材市场)

地 区	市场数量(个)	总摊位数(个)	年末出租摊位数(个)	营业面积(平方米)	成交额(万元)
三大地带	**2**	**762**	**673**	**12971**	**70656**
环渤海					
北京					
天津					
唐山					
沈阳					
大连					
济南					
青岛					
长三角	**1**	**324**	**298**	**8000**	**60000**
上海	1	324	298	8000	60000
南京					
苏州					
无锡					
常州					
镇江					
南通					
扬州					
泰州					
杭州					
宁波					
嘉兴					
湖州					
绍兴					
舟山					
台州					
珠三角	**1**	**438**	**375**	**4971**	**10656**
广州	1	438	375	4971	10656
深圳					
珠海					
佛山					
江门					
东莞					
中山					
惠州					
肇庆					

2-21 商品交易市场情况(按营业状态分)

(常年营业)

地区	市场数量(个)	总摊位数(个)	年末出租摊位数(个)	营业面积(平方米)	成交额(万元)
三大地带	**1916**	**1336328**	**1198150**	**96739492**	**521766628**
环渤海	**423**	**367559**	**334741**	**24898133**	**111286514**
北京	137	124976	111400	6970819	33375721
天津	75	48609	43403	5212689	27488030
唐山	19	15250	12557	873995	3014833
沈阳	56	58269	50666	2685030	15382449
大连	41	35574	34799	1698256	14709109
济南	34	20888	19826	1829165	4944478
青岛	61	63993	62090	5628179	12371894
长三角	**1186**	**736296**	**675940**	**54425656**	**362106946**
上海	163	77619	73105	7251664	94619863
南京	46	38223	36630	2944892	9114203
苏州	85	81428	72459	5901246	55003840
无锡	59	44395	39465	5096440	38361166
常州	61	42466	38350	5161550	19474966
镇江	17	7197	6907	1365416	4585803
南通	81	46731	42135	3044122	14825113
扬州	60	21280	20056	1651352	7057520
泰州	26	20774	17915	1889531	2694081
杭州	186	98617	92206	4346377	37944435
宁波	135	76539	69821	4363820	27131544
嘉兴	65	52903	47082	3135680	12184813
湖州	39	23104	20879	1764319	5973371
绍兴	50	50390	49328	4251359	22904698
舟山	12	6283	5449	335491	1739161
台州	101	48347	44153	1922397	8492369
珠三角	**307**	**232473**	**187469**	**17415703**	**48373168**
广州	155	107274	90425	8948012	22248376
深圳	38	58811	38383	1713637	6136467
珠海	9	4562	4195	122359	1602224
佛山	32	16999	15265	3090310	6338216
江门	10	3675	3370	182647	925661
东莞	41	29299	24404	2849200	9421746
中山	3	2527	2169	60620	61502
惠州	10	7206	7182	399042	1467543
肇庆	9	2120	2076	49876	171433

2-21 续表 1

(季节性营业)

地 区	市场数量（个）	总摊位数（个）	年末出租摊位数（个）	营业面积（平方米）	成交额（万元）
三大地带	**15**	**8600**	**6223**	**641835**	**917551**
环渤海	**8**	**6846**	**4820**	**469350**	**406098**
北京	3	4156	2514	279000	151526
天津					
唐山	1	1000	1000	33350	38340
沈阳					
大连					
济南	1	310	308	19000	31926
青岛	3	1380	998	138000	184306
长三角	**6**	**1644**	**1293**	**142485**	**331453**
上海					
南京					
苏州	2	336	210	24340	40725
无锡					
常州					
镇江					
南通	1	650	480	10000	37600
扬州					
泰州					
杭州	1	168	113	3500	24113
宁波	1	460	460	97445	182900
嘉兴					
湖州					
绍兴	1	30	30	7200	46115
舟山					
台州					
珠三角	**1**	**110**	**110**	**30000**	**180000**
广州					
深圳					
珠海	1	110	110	30000	180000
佛山					
江门					
东莞					
中山					
惠州					
肇庆					

2-21 续表 2

(其他)

地 区	市场数量(个)	总摊位数(个)	年末出租摊位数(个)	营业面积(平方米)	成交额(万元)
三大地带	**2**	**541**	**541**	**86066**	**1359709**
环 渤 海	**1**	**450**	**450**	**50000**	**1260000**
北 京					
天 津					
唐 山					
沈 阳					
大 连	1	450	450	50000	1260000
济 南					
青 岛					
长 三 角	**1**	**91**	**91**	**36066**	**99709**
上 海	1	91	91	36066	99709
南 京					
苏 州					
无 锡					
常 州					
镇 江					
南 通					
扬 州					
泰 州					
杭 州					
宁 波					
嘉 兴					
湖 州					
绍 兴					
舟 山					
台 州					
珠 三 角					
广 州					
深 圳					
珠 海					
佛 山					
江 门					
东 莞					
中 山					
惠 州					
肇 庆					

2-22 商品交易市场情况(按经营方式分)

(批发为主)

地 区	市场数量(个)	总摊位数(个)	年末出租摊位数(个)	营业面积(平方米)	成交额(万元)
三大地带	**1066**	**917383**	**814508**	**74192762**	**455677834**
环渤海	**255**	**252978**	**227772**	**18923469**	**94072692**
北 京	62	83712	71555	4707952	21886362
天 津	52	34760	31101	4195160	26498815
唐 山	13	11224	8719	752016	2759799
沈 阳	34	37979	33888	1954414	13656635
大 连	21	15112	14879	995470	13891590
济 南	27	16228	15349	1436779	3957156
青 岛	46	53963	52281	4881678	11422335
长三角	**607**	**477276**	**438061**	**40023265**	**319288942**
上 海	88	51850	48908	5862147	89880746
南 京	15	20940	19786	1685607	6408536
苏 州	51	69456	61870	4745070	52767634
无 锡	36	23952	19411	3446627	31717703
常 州	34	26865	23880	3909116	16611128
镇 江	6	3416	3342	1100916	3913940
南 通	27	22466	20040	1952164	12870562
扬 州	33	11940	11055	1091552	5740446
泰 州	15	13256	11361	1551727	2187406
杭 州	103	64442	60199	2855425	31130636
宁 波	69	50817	47835	3259009	24224965
嘉 兴	29	31842	28398	2340080	9726750
湖 州	18	13703	12068	1478447	4838036
绍 兴	34	40456	39736	3494499	21307912
舟 山	4	2101	2101	135586	1427588
台 州	45	29774	28071	1115293	4534954
珠三角	**204**	**187129**	**148675**	**15246028**	**42316200**
广 州	119	92965	78148	8164744	19527142
深 圳	20	47406	28837	1374038	5130055
珠 海	5	2145	1874	124200	1686179
佛 山	21	12555	11789	2555670	4895943
江 门	4	1279	1260	125832	775669
东 莞	29	23196	19523	2588544	8994588
中 山	2	1922	1590	51000	45350
惠 州	4	5661	5654	262000	1261274
肇 庆					

2-22 续表

(零售为主)

地区	市场数量(个)	总摊位数(个)	年末出租摊位数(个)	营业面积(平方米)	成交额(万元)
三大地带	**867**	**428086**	**390406**	**23274631**	**68366054**
环渤海	**177**	**121877**	**112239**	**6494014**	**18879920**
北京	78	45420	42359	2541867	11640885
天津	23	13849	12302	1017529	989215
唐山	7	5026	4838	155329	293374
沈阳	22	20290	16778	730616	1725814
大连	21	20912	20370	752786	2077519
济南	8	4970	4785	411386	1019248
青岛	18	11410	10807	884501	1133865
长三角	**586**	**260755**	**239263**	**14580942**	**43249166**
上海	76	25860	24288	1425583	4838826
南京	31	17283	16844	1259285	2705667
苏州	36	12308	10799	1180516	2276931
无锡	23	20443	20054	1649813	6643463
常州	27	15601	14470	1252434	2863838
镇江	11	3781	3565	264500	671863
南通	55	24915	22575	1101958	1992151
扬州	27	9340	9001	559800	1317074
泰州	11	7518	6554	337804	506675
杭州	84	34343	32120	1494452	6837912
宁波	67	26182	22446	1202256	3089479
嘉兴	36	21061	18684	795600	2458063
湖州	21	9401	8811	285872	1135335
绍兴	17	9964	9622	764060	1642901
舟山	8	4182	3348	199905	311573
台州	56	18573	16082	807104	3957415
珠三角	**104**	**45454**	**38904**	**2199675**	**6236968**
广州	36	14309	12277	783268	2721234
深圳	18	11405	9546	339599	1006412
珠海	5	2527	2431	28159	96045
佛山	11	4444	3476	534640	1442273
江门	6	2396	2110	56815	149992
东莞	12	6103	4881	260656	427158
中山	1	605	579	9620	16152
惠州	6	1545	1528	137042	206269
肇庆	9	2120	2076	49876	171433

2-23 商品交易市场情况(按经营环境分)

(露天式)

地区	市场数量(个)	总摊位数(个)	年末出租摊位数(个)	营业面积(平方米)	成交额(万元)
三大地带	**225**	**127146**	**109194**	**14337083**	**60167859**
环渤海	**91**	**64335**	**49933**	**8637905**	**28595363**
北京	22	26744	17177	2554400	13041614
天津	19	12583	9937	2063259	3115877
唐山	6	2083	2083	351816	862415
沈阳	14	9510	8700	989300	6783076
大连	3	1975	1920	206000	888136
济南	9	4520	4205	491438	1475111
青岛	18	6920	5911	1981692	2429134
长三角	**97**	**47003**	**44298**	**4200003**	**26871551**
上海	9	3378	3358	286859	4095340
南京	5	1642	1489	192200	435965
苏州	5	1498	1367	173039	360512
无锡	7	2005	1108	228884	1571631
常州	6	2190	2183	725276	3042913
镇江	1	249	248	15196	3269841
南通	6	1463	1304	79018	642420
扬州	8	2107	2047	182277	649952
泰州	3	413	408	178800	233588
杭州	16	3310	2824	228822	3542901
宁波	14	22211	21816	807322	4765791
嘉兴	1	160	136	112540	12893
湖州	4	1428	1238	456130	350941
绍兴	8	4593	4468	496200	3592304
舟山					
台州	4	356	304	37440	304559
珠三角	**37**	**15808**	**14963**	**1499175**	**4700945**
广州	11	5533	4961	369054	690705
深圳	5	4431	4284	132100	1100748
珠海					
佛山	5	843	843	241370	309857
江门					
东莞	8	3616	3520	563277	1771444
中山					
惠州	3	460	447	158262	770178
肇庆	5	925	908	35112	58013

2-23 续表 1

(封闭式)

地 区	市场数量(个)	总摊位数(个)	年末出租摊位数(个)	营业面积(平方米)	成交额(万元)
三大地带	**1473**	**1065933**	**960006**	**66698990**	**370501305**
环 渤 海	**311**	**274779**	**258521**	**14588564**	**75377358**
北 京	108	88456	83668	4099292	16755187
天 津	51	34429	31910	2983124	23917995
唐 山	12	10467	10279	363089	1949679
沈 阳	41	48559	41766	1690730	8432057
大 连	36	28153	27537	1244256	11988641
济 南	23	14678	14362	1065227	3380473
青 岛	40	50037	48999	3142846	8953326
长 三 角	**934**	**599711**	**552522**	**40284037**	**261951913**
上 海	118	55099	51387	2956231	77462888
南 京	39	35584	34167	2694692	8257398
苏 州	65	68938	63460	4671308	33898786
无 锡	37	28558	27566	3392603	17479747
常 州	45	33420	29447	3421863	13087539
镇 江	15	5052	4764	850220	923166
南 通	63	40588	36778	2713504	13362042
扬 州	43	15429	14639	1254695	5866740
泰 州	20	16716	14755	1600531	2129791
杭 州	155	89416	83566	3791404	25862686
宁 波	113	51922	45708	3441863	21678881
嘉 兴	61	52114	46326	2964106	11772383
湖 州	30	15903	14471	1089967	3870278
绍 兴	37	42588	41881	3477794	17891616
舟 山	10	5088	4254	228991	869857
台 州	83	43296	39353	1734265	7538115
珠 三 角	**228**	**191443**	**148963**	**11826389**	**33172034**
广 州	137	98760	82714	6326147	18572837
深 圳	27	49245	29329	1489187	4548174
珠 海	7	3700	3333	108959	1560706
佛 山	19	7924	6337	1618373	1601900
江 门	6	2396	2115	111388	360186
东 莞	24	21097	17064	1993071	5886977
中 山	2	1905	1671	49620	35373
惠 州	5	6206	6199	126780	576117
肇 庆	1	210	201	2864	29764

2-23 续表 2

(其他)

地区	市场数量(个)	总摊位数(个)	年末出租摊位数(个)	营业面积(平方米)	成交额(万元)
三大地带	**235**	**152390**	**135714**	**16431320**	**93374724**
环渤海	**30**	**35741**	**31557**	**2191014**	**8979891**
北　京	10	13932	13069	596127	3730446
天　津	5	1597	1556	166306	454158
唐　山	2	3700	1195	192440	241079
沈　阳	1	200	200	5000	167316
大　连	3	5896	5792	298000	3092332
济　南	3	2000	1567	291500	120820
青　岛	6	8416	8178	641641	1173740
长三角	**162**	**91317**	**80504**	**10120167**	**73714644**
上　海	37	19233	18451	4044640	13161344
南　京	2	997	974	58000	420840
苏　州	17	11328	7842	1081239	20785267
无　锡	15	13832	10791	1474953	19309788
常　州	10	6856	6720	1014411	3344514
镇　江	1	1896	1895	500000	392796
南　通	13	5330	4533	261600	858251
扬　州	9	3744	3370	214380	540828
泰　州	3	3645	2752	110200	330702
杭　州	16	6059	5929	329651	8562961
宁　波	9	2866	2757	212080	869772
嘉　兴	3	629	620	59034	399537
湖　州	5	5773	5170	218222	1752152
绍　兴	6	3239	3009	284565	1466893
舟　山	2	1195	1195	106500	869304
台　州	14	4695	4496	150692	649695
珠三角	**43**	**25332**	**23653**	**4120139**	**10680189**
广　州	7	2981	2750	2252811	2984834
深　圳	6	5135	4770	92350	487545
珠　海	3	972	972	43400	221518
佛　山	8	8232	8085	1230567	4426459
江　门	4	1279	1255	71259	565475
东　莞	9	4586	3820	292852	1763325
中　山	1	622	498	11000	26129
惠　州	2	540	536	114000	121248
肇　庆	3	985	967	11900	83656

2-24 商品交易市场成交情况(按摊位分)

地区	粮油、食品、饮料、烟酒类		粮油、食品类		#粮油类	
	摊位数(个)	成交额(万元)	摊位数(个)	成交额(万元)	摊位数(个)	成交额(万元)
三大地带	**370709**	**112397267**	**346504**	**104081966**	**26684**	**13647793**
环渤海	**119564**	**40518980**	**110504**	**37255062**	**7488**	**4960985**
北京	40759	19303643	37688	17564051	3157	2365311
天津	15148	6166510	14072	5725744	1711	1063246
唐山	4164	1177073	3668	1064616	253	120052
沈阳	7335	2280343	7119	2210913	716	291380
大连	7886	3589337	7178	3297526	611	268050
济南	7355	2256191	6474	2070965	202	318814
青岛	36917	5745883	34305	5321247	838	534132
长三角	**206357**	**55847568**	**193474**	**51409870**	**14671**	**7055904**
上海	23127	7684735	21498	7467474	1430	772275
南京	9605	4090715	8965	3087725	1530	1190034
苏州	13279	5315614	12687	5013697	798	320345
无锡	7641	3258911	7014	2994977	1219	648846
常州	8732	3833146	6910	3186618	913	552704
镇江	1889	444280	1688	407330	156	27811
南通	17779	2336951	16374	2129492	1190	89856
扬州	7710	3519997	7142	3332272	605	240593
泰州	3807	1029317	3422	1010143	152	398361
杭州	28026	8098943	26170	7610969	1824	1466664
宁波	37413	5492641	36538	5240125	979	451778
嘉兴	11414	2705810	11310	2648408	1929	273260
湖州	8756	1883156	8151	1709635	521	165460
绍兴	7118	2420373	6068	1921293	379	285085
舟山	3008	1052465	3008	1052465	115	6385
台州	17053	2680514	16529	2597247	931	166447
珠三角	**44788**	**16030719**	**42526**	**15417034**	**4525**	**1630904**
广州	11446	4498397	10334	4234829	1108	291713
深圳	10157	3581508	9650	3360839	1520	166946
珠海	3225	1745457	3161	1741742	114	15442
佛山	6209	1343934	6013	1281680	171	63141
江门	2334	827470	2158	798261	237	41979
东莞	8344	3795103	8227	3767347	1087	1023535
中山	926	39216	916	39121	45	1005
惠州	1145	91541	1084	85637	172	15788
肇庆	1002	108093	983	107578	71	11355

2-24 续表 1

地 区	#肉禽蛋类		#水产品类		#蔬菜类	
	摊位数（个）	成交额（万元）	摊位数（个）	成交额（万元）	摊位数（个）	成交额（万元）
三大地带	**53179**	**16492092**	**81036**	**25148540**	**121957**	**23695859**
环渤海	**11980**	**3901237**	**17873**	**9059012**	**47929**	**10492789**
北 京	5147	2176032	4209	2448217	11460	5135884
天 津	1006	464437	1626	1832508	7264	1285769
唐 山	877	103538	580	105037	1462	506821
沈 阳	1211	227025	1222	713543	1683	463503
大 连	1248	397688	1482	1550775	2221	459764
济 南	347	112762	1384	698047	3261	709349
青 岛	2144	419755	7370	1710885	20578	1931699
长三角	**31286**	**8806891**	**57435**	**14599992**	**59944**	**9767379**
上 海	3715	1810057	4132	2280847	6710	1408143
南 京	1596	172110	1686	687738	3270	401405
苏 州	2955	1275867	2835	1454684	3413	739611
无 锡	733	470653	1001	700696	2560	485077
常 州	1265	436056	1182	998713	2517	623723
镇 江	409	58164	208	113133	720	88441
南 通	3755	747210	3957	667297	5773	421904
扬 州	1215	377368	1708	476791	2707	1168580
泰 州	747	167974	608	278161	1767	121990
杭 州	5023	1513031	4459	1428404	10140	969722
宁 波	3042	685967	21605	1977700	8256	1354967
嘉 兴	2068	179564	1729	209072	2926	732251
湖 州	1759	302712	1445	382369	2919	393489
绍 兴	833	222055	1020	473516	2599	502215
舟 山	207	47656	2007	950347	633	44293
台 州	1964	340447	7853	1520524	3034	311568
珠三角	**9913**	**3783964**	**5728**	**1489536**	**14084**	**3435691**
广 州	2212	655643	1606	596939	3966	1063652
深 圳	1698	799375	1663	428192	2841	1096338
珠 海	517	287953	697	202256	1448	344593
佛 山	2359	795249	668	104142	2532	253741
江 门	594	432859	278	59601	386	10457
东 莞	1590	720924	392	49727	2051	629306
中 山	266	11548	221	13467	236	6696
惠 州	214	20970	100	19321	389	16753
肇 庆	463	59443	103	15891	235	14155

2-24 续表 2

地区	#干鲜果品类		饮料类		烟酒类	
	摊位数（个）	成交额（万元）	摊位数（个）	成交额（万元）	摊位数（个）	成交额（万元）
三大地带	**51370**	**21817308**	**12480**	**4194146**	**11725**	**4121155**
环渤海	**18981**	**7457362**	**3648**	**1278148**	**5412**	**1985770**
北京	9912	4772957	1372	627942	1699	1111650
天津	1812	909353	603	180203	473	260563
唐山	496	229168	286	56104	210	56353
沈阳	1089	277551	107	43125	109	26305
大连	1151	345458	377	130792	331	161019
济南	1217	207514	815	180668	66	4558
青岛	3304	715361	88	59314	2524	365322
长三角	**25053**	**9614437**	**7193**	**2600216**	**5690**	**1837482**
上海	4396	1061507	752	84159	877	133102
南京	847	235903	375	447541	265	555449
苏州	2318	911303	293	170739	299	131178
无锡	1125	492765	393	168530	234	95404
常州	649	489583	1278	580216	544	66312
镇江	195	119753	33	1131	168	35819
南通	1595	196209	653	61903	752	145556
扬州	875	1062841	290	119939	278	67786
泰州	143	43656	138	8213	247	10961
杭州	3816	2144482	1183	295082	673	192892
宁波	1857	589775	251	104342	624	148174
嘉兴	2527	1208823	49	15693	55	41709
湖州	1224	407862	263	77252	342	96269
绍兴	1026	411296	984	423489	66	75591
舟山	46	3784				
台州	2414	234895	258	41987	266	41280
珠三角	**7336**	**4745509**	**1639**	**315782**	**623**	**297903**
广州	914	1571157	913	186788	199	76780
深圳	1928	860018	390	53183	117	167486
珠海	338	650368	31	1482	33	2233
佛山	283	65407	128	38377	68	23877
江门	308	232120	84	16547	92	12662
东莞	3097	1340497	49	17745	68	10011
中山	148	6405	8	67	2	28
惠州	209	12805	26	1274	35	4630
肇庆	111	6732	10	319	9	196

2-24　续表 3

地　区	服装、鞋帽、针纺织品类		服装类		鞋帽类	
	摊位数（个）	成交额（万元）	摊位数（个）	成交额（万元）	摊位数（个）	成交额（万元）
三大地带	**355543**	**92555803**	**196616**	**30933365**	**44810**	**6063070**
环渤海	**96846**	**10846605**	**62859**	**6855837**	**16250**	**1528494**
北　京	28139	799376	20387	552381	3639	104792
天　津	9507	633073	6378	419521	2030	144905
唐　山	4543	748331	3171	439190	725	117512
沈　阳	22084	3904130	11632	2692547	4226	303935
大　连	12995	1645674	7562	840075	2348	284986
济　南	4995	573230	3488	336190	1255	226547
青　岛	14583	2542791	10241	1575933	2027	345817
长三角	**189817**	**71642934**	**92726**	**20027381**	**19721**	**3306599**
上　海	10949	938577	8216	793050	921	25853
南　京	6583	783630	4073	555182	991	109546
苏　州	30480	23769095	17323	8530972	3568	1062718
无　锡	7395	1371374	2570	579832	1739	421437
常　州	4967	607041	2545	186871	921	88244
镇　江	2026	204513	981	103969	793	68644
南　通	14060	10421826	2446	178377	1185	96758
扬　州	3451	699689	657	192167	1348	224333
泰　州	3293	111566	2341	74008	513	21975
杭　州	26137	5301105	18526	2764307	2166	71224
宁　波	8068	1479186	5161	779177	1058	344114
嘉　兴	26162	6544855	18654	3568609	234	256413
湖　州	4738	2033670	2536	679423	346	46327
绍　兴	32588	15950451	2298	206550	618	82627
舟　山	5	220	5	220		
台　州	8915	1426136	4394	834667	3320	386386
珠三角	**68880**	**10066264**	**41031**	**4050147**	**8839**	**1227977**
广　州	44033	6315552	27520	3241096	6122	1043214
深　圳	6163	234540	3664	121281	1147	35615
珠　海	753	27497	452	6786	77	2275
佛　山	4578	2262977	621	64083	149	22248
江　门	481	30033	432	26200	39	1851
东　莞	7341	769506	4264	309231	169	10136
中　山	1228	22048	1127	20613	101	1435
惠　州	4199	397394	2862	257133	1022	108240
肇　庆	104	6717	89	3724	13	2963

2-24 续表 4

地区	针纺织品类		化妆品类		金银珠宝类	
	摊位数(个)	成交额(万元)	摊位数(个)	成交额(万元)	摊位数(个)	成交额(万元)
三大地带	**114117**	**55559368**	**8069**	**906445**	**7048**	**2810141**
环渤海	**17737**	**2462274**	**3338**	**344123**	**2609**	**513430**
北京	4113	142203	1226	69950	1041	287294
天津	1099	68647	369	29764	7	816
唐山	647	191629	214	37876	11	6180
沈阳	6226	907648	302	28166		
大连	3085	520613	541	115834	181	26741
济南	252	10493	310	7359	16	2000
青岛	2315	621041	376	55174	1353	190399
长三角	**77370**	**48308954**	**1785**	**378749**	**1895**	**2115509**
上海	1812	119674	48	5132	46	5727
南京	1519	118902	82	12732	26	5034
苏州	9589	14175405	148	10400	180	140000
无锡	3086	370105	223	45100	77	7820
常州	1501	331926	46	3316	21	1620
镇江	252	31900	37	1660	7	1000
南通	10429	10146691	225	55282	23	2921
扬州	1446	283189	22	95535		
泰州	439	15583	258	21346		
杭州	5445	2465574	292	19254	364	1060513
宁波	1849	355895	162	30272	124	3168
嘉兴	7274	2719833	30	2468	3	261
湖州	1856	1307920	66	53254	1	130
绍兴	29672	15661274			1022	879355
舟山						
台州	1201	205083	146	22998	1	7960
珠三角	**19010**	**4788140**	**2946**	**183573**	**2544**	**181202**
广州	10391	2031242	2525	143225	933	73010
深圳	1352	77644	145	2741	687	38838
珠海	224	18436	18	342	2	25
佛山	3808	2176646	32	15286	2	10
江门	10	1982	22	8001		
东莞	2908	450139	8	364		
中山						
惠州	315	32021	196	13614	243	26157
肇庆	2	30			677	43162

2-24　续表 5

地　区	日用品类		#洗涤用品类		#儿童玩具类	
	摊位数（个）	成交额（万元）	摊位数（个）	成交额（万元）	摊位数（个）	成交额（万元）
三大地带	**71118**	**12717883**	**10508**	**1210248**	**6990**	**1002047**
环渤海	**21338**	**2756977**	**3446**	**459897**	**2876**	**250023**
北　京	9814	800806	861	109366	1351	69075
天　津	2307	232247	518	26003	71	6674
唐　山	465	78392	234	41727	205	35327
沈　阳	4372	857954	705	157941	403	62347
大　连	1984	529720	259	23082	73	3435
济　南	837	32269	112	5188	167	6060
青　岛	1559	225589	757	96590	606	67105
长三角	**33931**	**7381283**	**5805**	**657832**	**3093**	**662405**
上　海	1517	1956746	254	40424	55	8347
南　京	2700	414848	337	53304	188	32126
苏　州	2903	467863	300	63366	441	74650
无　锡	5309	1195027	1036	85320	670	342628
常　州	5605	1092260	156	9524	102	7773
镇　江	314	25855	101	2329	8	1464
南　通	1346	180119	703	109058	256	18920
扬　州	1008	197716	315	110158	693	87558
泰　州	523	20027	388	12122	135	7905
杭　州	5251	772029	943	38436	158	16324
宁　波	2751	380156	819	63909	39	7215
嘉　兴	729	81230			7	150
湖　州	162	42406	112	18288	38	23333
绍　兴	630	196347	168	11446	122	13261
舟　山						
台　州	3183	358654	173	40148	181	20751
珠三角	**15849**	**2579623**	**1257**	**92519**	**1021**	**89619**
广　州	12709	2319317	156	13804	23	693
深　圳	1620	65755	412	8588	417	11199
珠　海	92	3132	8	270	18	622
佛　山	563	130170	151	55658	262	72773
江　门	334	21584	272	8191	47	1153
东　莞	27	5042	11	558	8	218
中　山	2	76	2	76		
惠　州	447	32617	200	3674	236	2731
肇　庆	55	1930	45	1700	10	230

2-24 续表 6

地区	五金、电料类		体育、娱乐用品类		书报杂志类	
	摊位数(个)	成交额(万元)	摊位数(个)	成交额(万元)	摊位数(个)	成交额(万元)
三大地带	**43035**	**9578383**	**3636**	**581445**	**1072**	**164609**
环渤海	**8526**	**2045664**	**1588**	**269887**	**489**	**53714**
北京	2011	172684	1027	150263	216	23469
天津	2686	946807	93	15178	14	178
唐山	296	119545	135	39170	3	1000
沈阳	833	17942				
大连	1069	231649	98	2199	73	13271
济南	454	5118	125	3791	7	130
青岛	1177	551919	110	59286	176	15666
长三角	**28707**	**6220824**	**1167**	**187481**	**474**	**80755**
上海	4282	252551	251	40307	3	356
南京	1118	304125	41	4956	98	41810
苏州	3134	610114	60	3188	42	8040
无锡	3347	775568	71	14463	205	6880
常州	1866	573158	10	449	1	27
镇江	49	1354	3	283	5	148
南通	1203	115882	114	9357	42	4961
扬州	1166	516220			2	348
泰州	1164	308267	83	1813		
杭州	4245	1476643	170	53577	70	18156
宁波	2217	348968	135	10315	5	16
嘉兴	368	14862				
湖州	405	63419	1	15		
绍兴	1105	466763	80	6548	1	13
舟山						
台州	3038	392930	148	42210		
珠三角	**5802**	**1311895**	**881**	**124077**	**109**	**30140**
广州	3188	610948	94	26551	103	29990
深圳	337	4520	660	67766		
珠海	13	720	8	370	1	8
佛山	216	77193	60	23991		
江门			10	400		
东莞	1924	606311				
中山	3	66				
惠州	108	11669	47	4918	2	141
肇庆	13	468	2	81	3	1

2-24　续表 7

地　区	电子出版物及音像制品类		家用电器和音像器材类		中西药品类	
	摊位数（个）	成交额（万元）	摊位数（个）	成交额（万元）	摊位数（个）	成交额（万元）
三大地带	**921**	**187265**	**10451**	**1695524**	**1006**	**329568**
环 渤 海	**510**	**80544**	**3829**	**513121**	**94**	**13198**
北　京	86	18809	1622	169307	44	6027
天　津	18	2066	154	16019	14	117
唐　山	36	4435	105	52065	14	6500
沈　阳	5	136	500	16668		
大　连	340	54222	855	220062	11	461
济　南			310	1824		
青　岛	25	876	283	37176	11	93
长 三 角	**282**	**34539**	**3971**	**908622**	**445**	**301397**
上　海	31	3832	336	56610	306	61636
南　京	19	6365	67	15583		
苏　州	8	685	1007	87446	3	459
无　锡	4	576	360	80072	22	103069
常　州	13	915	68	279660	4	116591
镇　江	6	191	19	1102	24	1560
南　通	55	12082	184	36154	23	2997
扬　州			85	33795	5	213
泰　州	102	4654	298	47706	1	40
杭　州	5	362	690	148145	15	1073
宁　波			203	35085		
嘉　兴			5	317		
湖　州	9	789	8	670	5	450
绍　兴	3	3318	116	2649		
舟　山			18	1010		
台　州	27	770	507	82618	37	13309
珠 三 角	**129**	**72182**	**2651**	**273781**	**467**	**14973**
广　州	9	710	1260	185525	413	12107
深　圳	10	100	1166	55901	3	66
珠　海	2	80	10	530	5	303
佛　山	72	68431	50	12896	10	132
江　门			9	6154	5	620
东　莞			7	60	9	337
中　山						
惠　州	34	2747	149	12715	15	1381
肇　庆	2	114			7	27

2-24 续表 8

地区	#西药类		#中草药及中成药类		文化办公用品类	
	摊位数（个）	成交额（万元）	摊位数（个）	成交额（万元）	摊位数（个）	成交额（万元）
三大地带	**147**	**142382**	**773**	**75483**	**24059**	**4599053**
环渤海	**68**	**10985**	**9**	**726**	**8786**	**2241624**
北京	24	3896	7	720	5111	979899
天津	9	78	2	6	511	43603
唐山	14	6500			373	85086
沈阳						
大连	10	418			1245	780322
济南					725	184841
青岛	11	93			821	167873
长三角	**61**	**130220**	**324**	**62242**	**9594**	**1800425**
上海	6	1287	299	60341	762	209531
南京					374	72825
苏州	3	459			175	31561
无锡	13	8461	3	208	820	181224
常州	4	116591			360	30856
镇江	13	1025	11	534	13	1014
南通	16	2046	7	951	359	121958
扬州	2	106	3	107	318	251635
泰州	1	40			133	2849
杭州	3	205	1	101	2571	404088
宁波					1490	191607
嘉兴					131	22365
湖州					21	4523
绍兴					203	54483
舟山						
台州					1864	219906
珠三角	**18**	**1177**	**440**	**12515**	**5679**	**557004**
广州	6	359	406	11268	1101	184636
深圳	3	66			4099	325569
珠海	1	130	3	100	7	300
佛山			10	132	288	27115
江门					28	4250
东莞	4	143	3	86		
中山						
惠州	4	479	11	902	156	15134
肇庆			7	27		

2-24 续表 9

地 区	家具类		通讯器材类		煤炭及制品类	
	摊位数（个）	成交额（万元）	摊位数（个）	成交额（万元）	摊位数（个）	成交额（万元）
三大地带	**33636**	**5457214**	**15648**	**1385319**	**1332**	**5052062**
环渤海	**11041**	**1500718**	**2388**	**395482**	**1146**	**2424112**
北 京	4390	743519	1745	326307	1	2
天 津	817	49366	90	34823	1131	2416726
唐 山	160	11650	8	16500	5	4000
沈 阳	1855	194371	2	243		
大 连	1681	112171	277	9497		
济 南	804	97467	215	1606		
青 岛	1334	292174	51	6506	9	3384
长三角	**21801**	**3875012**	**3770**	**367809**	**186**	**2627950**
上 海	2537	227997	1047	33811		
南 京	1478	366547	3	22		
苏 州	5213	1204529	945	35158	8	2800
无 锡	759	186855	200	29183	31	691237
常 州	1095	190891	94	63006	15	143
镇 江	12	1282	20	1304	8	285
南 通	943	128780	51	12646	5	100
扬 州	680	183297	1	100		
泰 州	1251	77228	3	420	38	2530
杭 州	1458	212297	438	89843		
宁 波	1872	299469			69	1909445
嘉 兴	237	26620				
湖 州	1222	336794	4	420		
绍 兴	1424	314961	15	1400	12	21410
舟 山	1452	56880				
台 州	168	60585	949	100496		
珠三角	**794**	**81484**	**9490**	**622028**		
广 州	385	29099	1194	86328		
深 圳	198	15062	8084	505144		
珠 海			7	360		
佛 山	206	36323	13	16214		
江 门			1	23		
东 莞	5	1000	96	5723		
中 山						
惠 州			93	8102		
肇 庆			2	134		

2-24 续表 10

地区	木材及制品类		石油及制品类		化工材料及制品类	
	摊位数（个）	成交额（万元）	摊位数（个）	成交额（万元）	摊位数（个）	成交额（万元）
三大地带	**15118**	**4068207**	**667**	**15980794**	**15762**	**26946509**
环渤海	**2416**	**311312**	**186**	**6507000**	**933**	**425890**
北京	513	44541			145	22884
天津	93	11645			326	319546
唐山	133	3430	3	3100	9	5500
沈阳	486	82950			336	64300
大连	414	32742	180	6500000	108	13300
济南						
青岛	777	136004	3	3900	9	360
长三角	**11090**	**2711522**	**479**	**9470617**	**9720**	**22508295**
上海	1500	432499	418	8333813	807	1351886
南京	279	190442				
苏州	675	223098			2843	7117977
无锡	668	24161			693	3415161
常州	3377	580777			961	2300000
镇江	5	246	9	8638	50	87868
南通	345	55315	5	1000	42	21865
扬州	216	100555			32	909
泰州	64	5100				
杭州	389	115766			198	378701
宁波	805	167789	46	1126516	3423	7306448
嘉兴					8	6180
湖州	2149	753010			6	810
绍兴	180	40104	1	650	305	368190
舟山						
台州	438	22660			352	152300
珠三角	**1612**	**1045373**	**2**	**3177**	**5109**	**4012324**
广州	1085	827437	2	3177	272	105231
深圳	52	7000			840	368108
珠海						
佛山						
江门					1	12
东莞	475	210936			3996	3538973
中山						
惠州						
肇庆						

2-24 续表 11

地　区	#化肥类		金属材料类		建筑及装潢材料类	
	摊位数（个）	成交额（万元）	摊位数（个）	成交额（万元）	摊位数（个）	成交额（万元）
三大地带	**35**	**12573**	**40341**	**153615739**	**92277**	**16004417**
环 渤 海	**19**	**5885**	**9178**	**17865210**	**17314**	**3209498**
北　京			333	50648	5068	766809
天　津	7	2725	2577	11745232	2843	286229
唐　山	3	2800	587	483269	1005	57120
沈　阳			4302	3628140	3454	991346
大　连			138	333285	2083	179324
济　南			517	177800	850	250950
青　岛	9	360	724	1446836	2011	677720
长 三 角	**15**	**6676**	**29166**	**131535498**	**70715**	**12086719**
上　海			3855	67426150	14227	1866886
南　京			433	1078000	12802	1166115
苏　州			2313	13169340	4948	825832
无　锡	2	4617	5892	23131925	3561	1371137
常　州			1117	2765507	3975	1889067
镇　江	3	624	287	3327955	762	78374
南　通	8	185	320	57015	2915	504398
扬　州			787	339527	1836	415100
泰　州			2901	349257	2858	377338
杭　州	2	1250	3571	12257833	7372	1055310
宁　波			3712	5654935	4005	1071525
嘉　兴			567	234542	4519	491350
湖　州			105	236000	2106	305889
绍　兴			1908	1147386	1484	385839
舟　山					59	8020
台　州			1398	360126	3286	274539
珠 三 角	**1**	**12**	**1997**	**4215031**	**4248**	**708200**
广　州			655	3585091	2209	228748
深　圳			18	1900	29	1250
珠　海			2	100		
佛　山			662	532020	1549	384050
江　门	1	12			2	360
东　莞			660	95920	459	93792
中　山						
惠　州						
肇　庆						

2-24 续表 12

地区	机电产品及设备类		#农机类		汽车类	
	摊位数（个）	成交额（万元）	摊位数（个）	成交额（万元）	摊位数（个）	成交额（万元）
三大地带	**12967**	**3667137**	**1121**	**242857**	**33324**	**39320910**
环渤海	**2405**	**704783**	**260**	**92961**	**12078**	**16435335**
北京	299	150978			4492	8265392
天津	701	324675			1904	3239531
唐山	15	8500	4	2300	243	62611
沈阳	365	11185			2543	1863215
大连	652	98000			1450	1431675
济南	146	21041	38	1641	1081	1320218
青岛	227	90404	218	89020	365	252693
长三角	**9905**	**2833452**	**861**	**149896**	**16111**	**17789807**
上海	526	89684	20	3624	2304	2883626
南京	40	7220	25	3500	336	469617
苏州	1447	211603	101	2510	452	803269
无锡	258	188142	4	1348	1079	2198212
常州	1196	201850	556	116330	1241	1868038
镇江	919	184299	80	11366	2	1577
南通	265	78240	23	3927	412	199446
扬州	206	30059	52	7291	451	177707
泰州	446	287669				
杭州	2300	709928			6136	5343489
宁波	145	58481			994	656385
嘉兴	145	26100			1741	994201
湖州	9	1150			497	175122
绍兴	244	72387			5	1660
舟山	906	558284			1	62282
台州	853	128356			460	1955176
珠三角	**657**	**128902**			**5135**	**5095768**
广州	392	62513			3836	2285229
深圳					111	420480
珠海						
佛山	202	51942			268	1273289
江门	50	14219				
东莞	9	81			842	291964
中山						
惠州					78	824806
肇庆	4	147				

2-24　续表 13

地　区	种子饲料类		棉麻类		其他类	
	摊位数(个)	成交额(万元)	摊位数(个)	成交额(万元)	摊位数(个)	成交额(万元)
三大地带	**321**	**75878**	**1666**	**3080887**	**45188**	**10865429**
环 渤 海	**79**	**23416**	**768**	**863280**	**12562**	**2088709**
北　京	7	215	114	1377	5711	373048
天　津	34	18944	650	861123	1409	93812
唐　山	5	2800			1025	39040
沈　阳	13	974			1879	1440386
大　连					988	49623
济　南					1387	40569
青　岛	20	483	4	780	163	52231
长 三 角	**223**	**51490**	**898**	**2217607**	**24835**	**7562244**
上　海	9	447	14	919	4294	856114
南　京					546	83617
苏　州	7	1691	24	2120	2375	1002683
无　锡	1	9			849	85060
常　州	9	581	549	1403200	3028	1672867
镇　江	4	213			437	210802
南　通	38	3098	132	51668	1729	448652
扬　州	2	90			2078	495028
泰　州					692	46954
杭　州					2621	451493
宁　波	147	45123			2495	1046914
嘉　兴			179	759700	844	273952
湖　州	4	212			605	81482
绍　兴	2	26			912	616500
舟　山						
台　州					1330	190126
珠 三 角	**19**	**972**			**7791**	**1214476**
广　州	13	366			2568	635189
深　圳					4004	440219
珠　海					160	3000
佛　山	3	562			282	81681
江　门					93	12535
东　莞	3	44			199	6590
中　山					10	96
惠　州					270	24607
肇　庆					205	10559

第三部分　市场篇

简要说明：

本篇资料的主要内容是按成交额排名居前列的大型商品交易市场的名称，包括按照市场类别划分的综合市场、专业市场等。

3-1 前100家商品交易市场

顺序	市场名称	顺序	市场名称
1	上海物贸有色金属交易市场	51	长沙市红星实业集团有限公司农副产品大市场
2	张家港玖隆物流园企业管理有限公司(苏州市)	52	北京大洋路农副产品市场
3	中国常熟服装城(苏州市)	53	长葛市新区钢材市场(许昌市)
4	中国东方丝绸市场(苏州市)	54	江苏凌家塘市场发展有限公司(常州市)
5	博兴县兴福镇黑白铁市场(滨州市)	55	广州市海珠区中大布匹市场
6	浙江省义乌市中国小商品城(金华市)	56	杭州萧山商业城
7	张家港保税区化工品交易中心有限公司(苏州市)	57	无锡招商城市场管理有限公司
8	大连石油交易所	58	湖南钢材大市场(长沙市)
9	中国轻纺城(绍兴市)	59	福州市南方钢材物流中心
10	白沟新城市场(保定市)	60	江苏湖塘纺织城投资发展有限公司(常州市)
11	天津稀有金属交易市场有限公司	61	广州江南果菜批发市场经营管理有限公司
12	南通市通州区志浩综合市场	62	重庆市观音桥农贸市场管理处
13	成都国际商贸城	63	杭州城北金属材料市场有限公司
14	浙江中国科技五金城集团有限公司(金华市)	64	新疆宝新恒源钢材物流园(乌鲁木齐市)
15	山东泰山钢材大市场(泰安市)	65	广东西樵轻纺城(佛山市)
16	余姚市中国塑料城(宁波市)	66	湖南省三湘南湖大市场(长沙市)
17	北京市丰台新发地农副产品批发市场中心	67	北京锦绣大地农副产品批发市场
18	上海石化物资交易中心有限公司	68	柳州市生产资料大市场(广西柳州物资储运贸易总公司)
19	江苏东方钢材城有限公司(无锡市)	69	广东鱼珠国际建材市场(广州市)
20	石家庄市新华集贸市场	70	青岛市城阳蔬菜水产品批发市场
21	叠石桥国际家纺城有限公司(南通市)	71	商丘农产品中心批发市场
22	钱清中国轻纺原料城(绍兴市)	72	苏州南环桥市场发展股份有限公司
23	江阴长江港口物流园区交易中心(无锡市)	73	无锡市国联金属材料市场有限公司
24	海城市西柳服装市场(鞍山市)	74	桐乡市濮院羊毛衫市场(嘉兴市)
25	河南万邦国际农产品物流股份有限公司(郑州市)	75	聊城大东钢管市场
26	北京市旧机动车交易市场	76	海吉星农产品批发市场(深圳市)
27	江阴市金属材料市场(无锡市)	77	宁波市镇海煤炭交易市场有限公司
28	中储发展股份有限公司天津储宝分公司	78	北京城北回龙观商品交易市场
29	沈阳五爱小商品批发市场	79	洛阳市洛龙区关林市场
30	无锡南方不锈钢市场	80	江苏八里钢铁市场(徐州市)
31	南三条市场(石家庄市)	81	重庆巨龙钢材市场
32	安徽省徽商钢材市场(合肥市)	82	武汉白沙洲农副产品大市场
33	浙江新世纪金属材料现货市场(杭州市)	83	昆明螺蛳湾国际商贸城一期市场
34	盐湖区禹都市场(运城市)	84	上海长桥钢材市场经营管理有限公司
35	上海中油石油交易中心有限公司	85	杭州三里洋钢材市场有限公司
36	临沂市万宝市场开发服务有限公司钢材市场分公司	86	上海外高桥钟表交易中心有限公司
37	淮矿物流大市场(淮南市)	87	宁波镇海液体化工产品交易市场
38	江苏华东石化物资交易市场(无锡市)	88	重庆万吨冷储物流交易中心
39	惠龙港国际钢铁物流股份有限公司(镇江市)	89	合肥周谷堆农产品批发市场股份有限公司
40	张家港保税区纺织原料市场有限公司(苏州市)	90	天津市王顶堤批发市场有限责任公司
41	朝天门市场(重庆市)	91	即墨市服装批发市场(青岛市)
42	大连双兴商品城有限公司	92	福州海峡水产品交易市场
43	天津空港北方汽车交易市场有限公司	93	新疆九鼎盛和果品批发市场(乌鲁木齐市)
44	绍兴越州轻纺工贸园区市场	94	圣地狮岭(国际)皮革皮具城有限公司(广州市)
45	南昌市洪城大市场	95	烟台市三站市场
46	湖南高桥大市场(长沙市)	96	江苏宣武集团市场(徐州市)
47	南京众彩农副产品批发市场有限公司	97	中南汽车世界大中南汽车贸易公司(长沙市)
48	安庆市光彩大市场	98	江苏长江塑料化工交易市场有限公司(常州市)
49	河北省香河家具城(廊坊市)	99	中国织里童装市场(湖州市)
50	亳州市(中国)中药材交易中心	100	浙江纺织采购博览城(杭州市)

3-2 前100家综合贸易市场

序号	市场名称	序号	市场名称
1	浙江省义乌市中国小商品城(金华市)	51	湖北北盟投资集团有限公司(襄阳市)
2	白沟新城市场(保定市)	52	山东黑马集团有限公司商贸批发市场(德州市)
3	浙江中国科技五金城集团有限公司(金华市)	53	无锡天鹏菜篮子工程有限公司
4	北京市丰台新发地农副产品批发市场中心	54	江苏亚邦物流市场(常州市)
5	南三条市场(石家庄市)	55	路南区荷花坑市场(唐山市)
6	盐湖区禹都市场(运城市)	56	无锡朝阳农产品大市场
7	朝天门市场(重庆市)	57	姜堰华东五金城市场经营管理有限公司(泰州市)
8	大连双兴商品城有限公司	58	阜阳临沂商城
9	南昌市洪城大市场	59	慈溪市农副产品批发市场(宁波市)
10	湖南高桥大市场(长沙市)	60	正定县恒山板材批发市场(石家庄市)
11	安庆市光彩大市场	61	四川好一新商贸城有限公司(达州市)
12	长沙市红星实业集团有限公司农副产品大市场	62	九江市京九农副产品中心批发市场
13	北京大洋路农副产品市场	63	诸暨市小商品市场(绍兴市)
14	江苏凌家塘市场发展有限公司(常州市)	64	闽南商业城批发市场(漳州市)
15	杭州萧山商业城	65	南京金桥市场管理有限公司
16	无锡招商城市场管理有限公司	66	大连奥林匹克电子城有限公司
17	重庆市观音桥农贸市场管理处	67	七里堡蔬菜综合批发市场(济南市)
18	湖南省三湘南湖大市场(长沙市)	68	鄂尔多斯市万家惠农贸市场有限公司
19	北京锦绣大地农副产品批发市场	69	中国芜湖商品交易博览城
20	商丘农产品中心批发市场	70	宁波轻纺城
21	苏州南环桥市场发展股份有限公司	71	通海商城市场(玉溪市)
22	海吉星农产品批发市场(深圳市)	72	柳州市柳邕农副产品批发市场有限公司
23	北京城北回龙观商品交易市场	73	重庆马家岩板材批发市场
24	洛阳市洛龙区关林市场	74	北京鼎好天地电子市场
25	合肥周谷堆农产品批发市场股份有限公司	75	正定国际小商品市场(石家庄市)
26	天津市王顶堤批发市场有限责任公司	76	余姚市农副产品批发市场(宁波市)
27	烟台市三站市场	77	涵江商贸批发中心(莆田市)
28	南昌深圳农产品中心批发市场有限公司	78	慈溪市工业品批发市场(宁波市)
29	东莞市信立农副产品批发中心	79	兰州瑞德摩尔城市购物广场(兰新)
30	上海江杨农产品批发市场经营管理有限公司	80	邵东县工业品市场(邵阳市)
31	宿迁经济开发区宿迁义乌商贸城管理公司	81	宜昌金东山市场有限公司
32	聊城香江光彩大市场有限公司	82	江阴市江南农副产品批发市场有限公司(无锡市)
33	北京农产品中央批发市场	83	台州市路桥小商品批发市场
34	徐州区域生产资料市场有限公司	84	天津金元宝滨海农产品交易市场有限公司
35	华南国际工业原料城深圳有限公司	85	长兴县农副产品综合批发市场(湖州市)
36	松北区润恒农副产品大市场(哈尔滨市)	86	皖西北商贸城(阜阳市)
37	成都农产品中心批发市场	87	安徽省广德县农贸市场(宣城市)
38	蚌埠市光彩市场	88	江西联信大市场(南昌市)
39	哈尔滨哈达农副产品股份有限公司	89	重庆市万州区小天鹅批发市场
40	新疆华凌工贸集团有限公司华凌综合市场(乌鲁木齐市	90	商丘市光彩大市场
41	江苏苏浙皖边界市场发展有限公司(常州市)	91	邯郸市魏县天仙果菜批发市场
42	上海九星综合市场经营管理有限公司	92	如皋市天平市场有限公司(南通市)
43	中国北方五金城(天津市)	93	南宁市桂果香果品有限公司五里亭蔬菜批发市场
44	即墨小商品城	94	安徽省广德县太极商城(宣城市)
45	深圳市福田农产品批发市场	95	杭州汽车东站小商品市场有限公司
46	北京顺鑫石门农产品批发市场	96	乌鲁木齐北园春(集团)有限责任公司北园春市场
47	扬州曲江商品城有限公司	97	天津万隆大胡同置业有限公司
48	上海农产品中心批发市场经营管理有限公司	98	江苏华东灯具城(镇江市)
49	重庆市永川区商贸城	99	重庆渝州交易城
50	北京八里桥农产品中心批发市场有限公司(市场)	100	青岛抚顺路蔬菜副食品批发市场

3-3 前100家专业市场

序号	市场名称	序号	市场名称
1	上海物贸有色金属交易市场	51	青岛市城阳蔬菜水产品批发市场
2	张家港玖隆物流园企业管理有限公司(苏州市)	52	无锡市国联金属材料市场有限公司
3	中国常熟服装城(苏州市)	53	桐乡市濮院羊毛衫市场(嘉兴市)
4	中国东方丝绸市场(苏州市)	54	聊城大东钢管市场
5	博兴县兴福镇黑白铁市场(滨州市)	55	宁波市镇海煤炭交易市场有限公司
6	张家港保税区化工品交易中心有限公司(苏州市)	56	江苏八里钢铁市场(徐州市)
7	大连石油交易所	57	重庆巨龙钢材市场
8	中国轻纺城(绍兴市)	58	武汉白沙洲农副产品大市场
9	天津稀有金属交易市场有限公司	59	昆明螺蛳湾国际商贸城一期市场
10	南通市通州区志浩综合市场	60	上海长桥钢材市场经营管理有限公司
11	成都国际商贸城	61	杭州三里洋钢材市场有限公司
12	山东泰山钢材大市场(泰安市)	62	上海外高桥钟表交易中心有限公司
13	余姚市中国塑料城(宁波市)	63	宁波镇海液体化工产品交易市场
14	上海石化物资交易中心有限公司	64	重庆万吨冷储物流交易中心
15	江苏东方钢材城有限公司(无锡市)	65	即墨市服装批发市场(青岛市)
16	石家庄市新华集贸市场	66	福州海峡水产品交易市场
17	叠石桥国际家纺城有限公司(南通市)	67	新疆九鼎盛和果品批发市场(乌鲁木齐市)
18	钱清中国轻纺原料城(绍兴市)	68	圣地狮岭(国际)皮革皮具城有限公司(广州市)
19	江阴长江港口物流园区交易中心(无锡市)	69	江苏宣武集团市场(徐州市)
20	海城市西柳服装市场(鞍山市)	70	中南汽车世界大中南汽车贸易公司(长沙市)
21	河南万邦国际农产品物流股份有限公司(郑州市)	71	江苏长江塑料化工交易市场有限公司(常州市)
22	北京市旧机动车交易市场	72	中国织里童装市场(湖州市)
23	江阴市金属材料市场(无锡市)	73	浙江纺织采购博览城(杭州市)
24	中储发展股份有限公司天津储宝分公司	74	东莞市大京九塑胶原料市场
25	沈阳五爱小商品批发市场	75	中国(十堰)汽配城管理委员会
26	无锡南方不锈钢市场	76	广州钢铁交易中心
27	安徽省徽商钢材市场(合肥市)	77	永年县标准件市场(邯郸市)
28	浙江新世纪金属材料现货市场(杭州市)	78	沈阳张士农副产品股份有限公司
29	上海中油石油交易中心有限公司	79	杭州运河钢材市场有限公司
30	临沂市万宝市场开发服务有限公司钢材市场分公司	80	中亚国际钢材交易中心(乌鲁木齐市)
31	淮矿物流大市场(淮南市)	81	杭州物资城有限公司
32	江苏华东石化物资交易市场(无锡市)	82	淄川建材城(淄博市)
33	惠龙港国际钢铁物流股份有限公司(镇江市)	83	长春北方汽贸城市场运营物业管理
34	张家港保税区纺织原料市场有限公司(苏州市)	84	北京盛华宏林粮油批发市场
35	天津空港北方汽车交易市场有限公司	85	安国市东方药城交易大厅(保定市)
36	绍兴越州轻纺工贸园区市场	86	常州市武进夏溪花木市场发展有限公司
37	南京众彩农副产品批发市场有限公司	87	肃宁县皮毛交易市场(沧州市)
38	亳州市(中国)中药材交易中心	88	常州市武进汽车城投资发展有限公司
39	河北省香河家具城(廊坊市)	89	南宁市荣宝龙钢材市场有限公司
40	长葛市新区钢材市场(许昌市)	90	天津港散货交易市场有限责任公司
41	广州市海珠区中大布匹市场	91	杭州机动车交易市场有限公司
42	湖南钢材大市场(长沙市)	92	宁波镇海大宗生产资料交易中心
43	福州市南方钢材物流中心	93	常州钢材现货交易市场有限公司
44	江苏湖塘纺织城投资发展有限公司(常州市)	94	湖南九华钢材物流园(湘潭市)
45	广州江南果菜批发市场经营管理有限公司	95	碑廓木材市场(日照市)
46	杭州城北金属材料市场有限公司	96	绿云石都建材交易城(重庆市)
47	新疆宝新恒源钢材物流园(乌鲁木齐市)	97	江阴景澄物流交易市场(无锡市)
48	广东西樵轻纺城(佛山市)	98	中国铁路物资哈尔滨钢材大市场
49	柳州市生产资料大市场	99	江西省洪城汽配城(南昌市)
50	广东鱼珠国际建材市场(广州市)	100	龙文钢材市场(重庆市)

3-4 前20家生产资料综合市场

序号	市场名称
1	浙江中国科技五金城集团有限公司(金华市)
2	安庆市光彩大市场
3	徐州区域生产资料市场有限公司
4	上海九星综合市场经营管理有限公司
5	湖北北盟投资集团有限公司(襄阳市)
6	正定县恒山板材批发市场(石家庄市)
7	重庆马家岩板材批发市场
8	江苏华东灯具城(镇江市)
9	宁波万国商城
10	武汉市舵落口大市场
11	浙江世纪建材装饰市场管理有限公司(杭州市)
12	成都国融金府机电城
13	阿克苏市农哈哈农资市场
14	铁岭东北物流城
15	宁海县红枫生资建材综合市场(宁波市)
16	浙江汇宇棉纱市场(杭州市)
17	长兴太平洋商贸城市场服务有限公司(湖州市)
18	宜兴市轻纺建材装璜市场(无锡市)
19	丰县招商场(徐州市)
20	博兴县城东大市场(滨州市)

3-5 前20家工业消费品综合市场

序号	市场名称
1	浙江省义乌市中国小商品城(金华市)
2	白沟新城市场(保定市)
3	南三条市场(石家庄市)
4	朝天门市场(重庆市)
5	南昌市洪城大市场
6	湖南高桥大市场(长沙市)
7	无锡招商城市场管理有限公司
8	湖南省三湘南湖大市场(长沙市)
9	洛阳市洛龙区关林市场
10	烟台市三站市场
11	宿迁经济开发区宿迁义乌商贸城管理公司
12	聊城香江光彩大市场有限公司
13	华南国际工业原料城深圳有限公司
14	蚌埠市光彩市场
15	即墨小商品城(青岛市)
16	扬州曲江商品城有限公司
17	重庆市永川区商贸城
18	山东黑马集团有限公司商贸批发市场(德州市)
19	江苏亚邦物流市场(常州市)
20	四川好一新商贸城有限公司(达州市)

3-6 前20家农产品综合市场

序号	市场名称
1	北京市丰台新发地农副产品批发市场中心
2	长沙市红星实业集团有限公司农副产品大市场
3	北京大洋路农副产品市场
4	江苏凌家塘市场发展有限公司(常州市)
5	重庆市观音桥农贸市场管理处
6	商丘农产品中心批发市场
7	苏州南环桥市场发展股份有限公司
8	海吉星农产品批发市场(深圳市)
9	北京城北回龙观商品交易市场
10	合肥周谷堆农产品批发市场股份有限公司
11	天津市王顶堤批发市场有限责任公司
12	南昌深圳农产品中心批发市场有限公司
13	东莞市信立农副产品批发中心
14	上海江杨农产品批发市场经营管理有限公司
15	北京农产品中央批发市场
16	松北区润恒农副产品大市场(哈尔滨市)
17	成都农产品中心批发市场
18	哈尔滨哈达农副产品股份有限公司
19	深圳市福田农产品批发市场
20	北京顺鑫石门农产品批发市场

3-7 前20家其他综合市场

序号	市场名称
1	盐湖区禹都市场(运城市)
2	大连双兴商品城有限公司
3	杭州萧山商业城
4	北京锦绣大地农副产品批发市场
5	新疆华凌工贸集团有限公司华凌综合市场(乌鲁木齐市)
6	江苏苏浙皖边界市场发展有限公司(常州市)
7	中国北方五金城(天津市)
8	路南区荷花坑市场(唐山市)
9	姜堰华东五金城市场经营管理有限公司(泰州市)
10	阜阳临沂商城
11	九江市京九农副产品中心批发市场
12	闽南商业城批发市场(漳州市安泰物业服务有限公司)
13	南京金桥市场管理有限公司
14	通海商城市场(玉溪市)
15	江西联信大市场(南昌市)
16	安徽省广德县太极商城(宣城市)
17	重庆渝州交易城
18	武汉市西汉正街实业发展有限公司
19	大连东方投资置业有限公司
20	温州市浙南农副产品中心市场

3-8 前20家农业生产用具市场

序号	市场名称
1	高阳县庞口汽车农机配件城(保定市)
2	宁晋县大陆村镇农机配件市场(邢台市)
3	南昌县农机大市场
4	肥东县裕隆市场建设投资有限公司(合肥市)
5	西北农资城(银川市)
6	平度市农机及配件市场(青岛市)
7	长葛市金桥农机商贸市场(许昌市)
8	通辽经济技术开发区农机市场
9	常州农机机电市场有限公司
10	临邑县农机大市场(德州市)
11	湖北农机市场(武汉市)
12	陵县农机市场(德州市)
13	佛山市南海东方国际机械广场
14	平度市机动车配件城(青岛市)
15	武城县农机大世界(德州市)
16	伊宁市城东综合批发市场
17	新乐市三轮车市场(石家庄市)
18	阜城县崔庙镇粮保器材批发市场(衡水市)
19	扎兰屯市蒙东农机具交易市场(呼伦贝尔市)
20	于都县新龙都大市场(赣州市)

3-9 前20家农用生产资料市场

序号	市场名称
1	漳州闽南饲料批发市场
2	中国荣昌畜牧产品交易市场(重庆市)
3	新沂市农资市场(徐州市)
4	南宁市种畜场饲料兽药禽苗市场
5	临邑县金家园农资市场(德州市)
6	七西农资批发市场(德州市)
7	海兴县辛集镇鱼子鱼粉市场(沧州市)
8	闽西粮油饲料城(龙岩市)
9	呈贡潮涌经贸有限责任公司(昆明市)
10	供销农资批发市场(怀化市)
11	南阳惠农达农资市场
12	菏泽市牡丹区农业科技市场
13	通辽经济技术开发区农资市场
14	徐州大自然牧业市场有限公司
15	武鸣县农资专业市场(南宁市)
16	八步区八达饲料市场(贺州市)
17	宁波禽蛋市场
18	邢台市第一农业生产资料总公司
19	扎兰屯市蒙东农业生产资料市场有限责任公司(呼伦贝尔市)
20	宁津县生产资料市场(德州市)

3-10 14家煤炭市场

序号	市场名称
1	宁波市镇海煤炭交易市场有限公司
2	天津港散货交易市场有限责任公司
3	天津天保大宗煤炭交易市场有限公司
4	通辽经济技术开发区煤炭市场
5	天津市煤炭交易市场有限公司
6	怀来县土木煤炭市场物流服务中心(张家口市)
7	十堰市恒贸煤炭市场
8	万全县逯家湾煤炭市场(张家口市)
9	万全县马连堡煤炭市场(张家口市)
10	大同市新荣区公路煤炭交易市场
11	盂县煤炭运销公司发运站(阳泉市)
12	平罗县煤炭集中区服务中心(石嘴山市)
13	南疆煤炭交易中心(阿克苏地区)
14	宝坻区煤炭钢材仓储交易市场(天津市)

3-11 前20家木材市场

序号	市场名称
1	碑廓木材市场(日照市)
2	华东胶合板市场(临沂市)
3	浙江南浔建材市场(湖州市)
4	广东鱼珠国际木材市场(广州市)
5	常州长贸中心市场发展有限公司
6	鲁北木材市场(德州市)
7	通辽经济技术开发区木材市场
8	东莞市厚街兴业木材装饰市场
9	宁波现代家园市场
10	浙江贺村木业市场(衢州市)
11	华岩陶瓷市场有限公司(重庆市)
12	上海金翔木材批发市场经营管理有限公司
13	郓城县黄安木材交易市场(菏泽市)
14	扬州兴森木业有限公司
15	青岛市金胶州木材市场
16	辽中县茨榆坨木材市场(沈阳市)
17	株洲江山建材大市场
18	常州武进奔牛港木材交易市场有限公司
19	柳州市柳北兴林竹木加工基地
20	上海晋福木制品有限公司(联东)

3-12 前20家建材市场

序号	市场名称
1	福州市南方建材市场
2	长葛市九鼎美达建材市场(许昌市)
3	新世界建材市场(重庆市)
4	山东罗庄建材批发市场(临沂市)
5	金华市浙中建筑装饰材料市场有限公司
6	江西省装潢建材大市场有限责任公司(南昌市)
7	新疆华凌建材出口基地(乌鲁木齐市)
8	青岛启城建材批发市场
9	宁波江北华东物资城浙甬市场开发有限公司
10	沈阳浩松陶瓷市场有限公司
11	成都富森美家居置业有限公司
12	沈阳红旗台石材市场
13	四川省俊翔市场管理有限公司(成都市)
14	江苏省华东石材市场(无锡市)
15	安徽金太阳装饰城(滁州市)
16	禧龙建筑装饰材料大市场(哈尔滨市)
17	常州万都国际陶瓷装饰置业有限公司
18	山东建材市场(济南市)
19	常州市常鹏装饰材料市场有限公司
20	广东天健国际家居装饰商贸广场有限公司(广州市)

3-13 前20家化工材料及制品市场

序号	市场名称
1	张家港保税区化工品交易中心有限公司(苏州市)
2	余姚市中国塑料城(宁波市)
3	江苏华东石化物资交易市场(无锡市)
4	宁波镇海液体化工产品交易市场
5	江苏长江塑料化工交易市场有限公司(常州市)
6	东莞市大京九塑胶原料市场
7	东莞市华南塑胶城投资有限公司
8	齐鲁国际塑化城(淄博市)
9	东莞市樟木头塑胶原料市场
10	江苏万商商贸城有限责任公司(常州市)
11	上海中山化工市场经营管理有限公司
12	张家港保税区华东化工电子交易市场有限公司(苏州市
13	绍兴染料城
14	天津危险化学品交易市场经营管理有限公司
15	成都西部化工市场有限公司
16	临沂鲁南化工市场
17	河北衡水橡胶城
18	浙江化工市场(杭州市)
19	温州化工市场
20	武城县滕庄镇玻璃钢原料市场(德州市)

3-14 前20家金属材料市场

序号	市场名称
1	上海物贸有色金属交易市场
2	张家港玖隆物流园企业管理有限公司(苏州市)
3	博兴县兴福镇黑白铁市场(滨州市)
4	天津稀有金属交易市场有限公司
5	山东泰山钢材大市场(泰安市)
6	江苏东方钢材城有限公司(无锡市)
7	江阴长江港口物流园区交易中心(无锡市)
8	江阴市金属材料市场(无锡市)
9	中储发展股份有限公司天津储宝分公司
10	无锡南方不锈钢市场
11	安徽省徽商钢材市场(合肥市)
12	浙江新世纪金属材料现货市场(杭州市)
13	临沂市万宝市场开发服务有限公司钢材市场分公司
14	淮矿物流大市场(淮南市)
15	惠龙港国际钢铁物流股份有限公司(镇江市)
16	长葛市新区钢材市场(许昌市)
17	湖南钢材大市场(长沙市)
18	福州市南方钢材物流中心
19	杭州城北金属材料市场有限公司
20	新疆宝新恒源钢材物流园(乌鲁木齐市)

3-15 前20家机械设备市场

序号	市场名称
1	临清市烟店轴承市场(聊城市)
2	成都万贯五金机电市场经营管理有限公司
3	新疆亚中机电市场(乌鲁木齐市)
4	浙江船舶交易市场(舟山市)
5	湛江海田新五金机电产品批发市场
6	中国矿业设备博览城(淮北市)
7	庆云县万通机车市场(德州市)
8	杭州长城机电市场
9	湘潭市长株潭大市场
10	长沙市设备交易中心
11	无锡市机电五金市场有限公司
12	庆云县金融机具礼品市场(德州市)
13	陈家坪机电市场有限公司(重庆市)
14	西安蔚蓝机电市场有限公司
15	渝州五金市场(重庆市)
16	高新机电批发配送中心(重庆市)
17	北京经开万佳国际机械商城
18	双峰县湘中农机机电大市场(娄底市)
19	乐清市柳市电器城(温州市)
20	杭州南方浙金机电市场有限公司

3-16 前20家其他生产资料市场

序号	市场名称
1	大连石油交易所
2	上海石化物资交易中心有限公司
3	上海中油石油交易中心有限公司
4	浙江长三角石油化工发展有限公司(宁波市)
5	乌兰浩特市融佳建材市场有限责任公司(兴安盟)
6	湛江海田建饰材料综合批发市场
7	嘉善汾湖金属材料交易市场(嘉兴市)
8	广西百色市南大建材综合市场有限公司
9	莱阳市恒基建材批发市场(烟台市)
10	温州浙南鞋料市场
11	新疆通汇市场有限公司(乌鲁木齐市)
12	新疆华凌工贸(集团)有限责任公司华凌市场(巴州)
13	温州浙江皮革市场
14	晏城镇建材市场(德州市)
15	莆田市黄石鞋服城(莆田市荔城区荔隆置业有限公司)
16	北京益麒麟家居建材广场市场中心
17	昆山市亿丰装饰机电城物业管理有限公司(苏州市)
18	黑龙江先锋农业生产资料交易市场有限公司(哈尔滨市)
19	长春生产资料交易市场
20	宁波市江东现代机电物资市场

3-17 前20家粮油市场

序号	市场名称
1	北京盛华宏林粮油批发市场
2	临沂鲁南国际粮油市场
3	杭州农副产品物流中心浙江食品市场
4	贵阳市谷丰粮油食品批发市场有限公司
5	连云港市农副产品批发市场有限公司
6	黄河商品交易市场有限公司(德州市)
7	东莞市华恒实业投资有限公司
8	兴化市粮食交易市场(泰州市)
9	杭州粮油批发交易市场有限公司
10	河南万客来食品城(郑州市)
11	大庆市粮食综合批发市场
12	扬州大桥食品城有限公司
13	北京锦绣大地玉泉路粮油经营有限公司
14	山东省武城县粮食批发市场(德州市)
15	西安粮油批发交易市场
16	东莞市南方粮油有限公司(粮油市场)
17	衢州市粮食批发市场
18	昆明市凉亭粮食批发交易市场
19	江苏无锡国家粮食储备库
20	沈阳粮食批发市场

3-18 前20家肉禽蛋市场

序号	市场名称
1	重庆万吨冷储物流交易中心
2	中南农产品市场(佛山市)
3	杭州农副产品物流中心冷冻食品交易市场
4	邯郸市馆陶县金凤禽蛋农贸批发市场
5	三联家禽市场(成都市)
6	江门市水产冻品副食市场物业管理有限公司
7	南昌县小蓝禽蛋批发市场
8	苏州食品有限公司肉食品批发交易市场
9	扬州朝苏农副畜产品冷冻食品批发市场
10	广州市嘉禾禽畜交易服务中心
11	广西淡村商贸城有限公司(南宁市)
12	上海江桥批发市场经营管理有限公司曹杨分公司
13	佛山市南海创贸投资有限公司
14	张家港市第一集贸市场有限公司(苏州市)
15	合肥徽商城农产品批发市场有限公司
16	双城市黑龙江省新胜蛋禽批发市场(哈尔滨市)
17	温州生猪肉品批发交易市场
18	南昌肉类联合加工厂肉食品批发市场
19	华凌畜牧产业基地(华凌畜产品市场)(乌鲁木齐市)
20	厦门市同安区城西市场

3-19 前20家水产品市场

序号	市场名称
1	青岛市城阳蔬菜水产品批发市场
2	福州海峡水产品交易市场
3	大连水产品交易市场有限公司
4	湛江市霞山区水产品批发市场
5	北京大红门京深海鲜批发市场
6	西三街农副水产品市场(重庆市)
7	舟山水产品中心批发市场有限责任公司
8	日照市岚山区安东卫海货城市场
9	上海东方国际水产中心市场经营管理有限公司
10	上海铜川水产经营管理有限公司
11	岚山鲜活水产城(日照市)
12	长春东北亚物流农贸水产市场
13	天津市食品公司冷冻厂
14	马王堆海鲜水产批发市场(长沙市)
15	诸城市龙海水产品批发市场(潍坊市)
16	浙江象山水产城实业有限公司(宁波市)
17	济南海鲜大市场
18	宁波市江东水产批发市场
19	浙福边贸水产城(温州市)
20	高淳县水产批发市场有限公司(南京市)

3-20 前20家蔬菜市场

序号	市场名称
1	武汉白沙洲农副产品大市场
2	江苏联谊农副产品批发市场(扬州市)
3	周口市黄淮物流港农产品批发市场有限公司
4	成都濛阳农副产品综合批发交易市场有限责任公司
5	东宁县雨润绥阳木耳大市场有限公司(牡丹江市)
6	寿光市农产品物流园有限公司(潍坊市)
7	庆云县蔬菜水果批发市场(德州市)
8	金乡县鱼山农副产品批发市场(济宁市)
9	上海市江桥批发市场经营管理有限公司
10	山东金乡大蒜国际交易市场(济宁市)
11	马王堆蔬菜批发市场(长沙市)
12	咸阳新阳光西北农副产品交易中心
13	衢州农贸城
14	嘉兴市蔬菜批发交易市场
15	湖北汉口四季美农贸市场有限公司(武汉市)
16	陈砦蔬菜批发市场(郑州市)
17	秦皇岛海阳农副产品批发市场
18	饶阳县瓜菜果品交易市场(衡水市)
19	厦门市同安区闽南果蔬批发市场
20	江苏淮海蔬菜批发交易市场有限公司(徐州市)

3-21 前20家干鲜果品市场

序号	市场名称
1	广州江南果菜批发市场经营管理有限公司
2	新疆九鼎盛和果品批发市场(乌鲁木齐市)
3	滕州市杏花村干杂货市场(枣庄市)
4	蓝特商业城(蓝特集团有限公司)(荆州市)
5	沧州崔尔庄红枣批发市场
6	珠海市铭海投资发展有限公司农副产品批发物流中
7	嘉兴水果市场
8	赣州市南北大市场
9	金华农产品批发市场有限公司
10	滕州市嘉誉市场(枣庄市)
11	诸城市亿诺市场经营服务有限公司(潍坊市)
12	扬州市广陵区东花园副食品批发市场
13	东莞市果菜副食交易市场
14	杭州农副产品物流中心果品批发市场
15	齐齐哈尔市哈达农果品副产品综合市场
16	昆明金马正昌第二果品市场
17	江苏亚联农副产品有限公司(扬州市)
18	杭州近江食品市场
19	鲁中果品批发市场(淄博市)
20	嘉善商城(嘉兴市)

3-22 前20家棉麻土畜、烟叶市场

序号	市场名称
1	江苏湖塘纺织城投资发展有限公司(常州市)
2	武城县老城棉花交易市场(德州市)
3	天津棉花交易市场有限公司
4	中国茧丝绸交易市场(嘉兴市)
5	武城县银山棉花市场(德州市)
6	昌黎县佳朋皮毛交易市场(秦皇岛市)
7	宁波市江北浙东轻纺城经营服务中心
8	陵县皮毛市场(德州市)
9	扎兰屯市蒙东牲畜交易市场有限责任公司(呼伦贝尔市)
10	夏津县棉花交易中心(德州市)
11	新野县棉花交易市场(南阳市)
12	内蒙古中绒绒业有限公司(兴安盟)
13	无棣县西小王乡枣棉市场(滨州市)
14	临泉县瓦店山羊交易市场(阜阳市)
15	宁津县刘营伍乡棉花市场(德州市)
16	平泉县六河源牲畜交易市场(承德市)
17	乌兰浩特市中野畜牧有限责任公司(兴安盟)
18	围场满族蒙古族自治县棋盘山大牲畜交易市场(承德市)
19	海宁市西山皮革原辅料市场(嘉兴市)
20	巨野县锦源棉花加工市场(菏泽市)

3-23 前20家其他农产品市场

序号	市场名称
1	河南万邦国际农产品物流股份有限公司(郑州市)
2	萧山(浙江)新农都物流中心(杭州市)
3	天津市金钟河蔬菜贸易中心
4	北京京丰岳各庄农副产品批发市场
5	成都市农副产品批发中心(有限公司)
6	玉林宏进农副产品批发市场
7	甘肃省食品股份有限公司肉食水产批发市场(兰州市
8	珠海市和平物流综合市场有限公司农产品批发市场
9	吉安农产品批发市场有限公司
10	浙北农副产品交易中心有限公司(湖州市)
11	绍兴市蔬菜果品批发交易市场
12	温州菜篮子农副产品批发交易市场
13	山东黑马集团有限公司农贸批发市场(德州市)
14	芜湖大地农副产品批发市场
15	即墨市农产品批发市场(青岛市)
16	濉溪县中瑞农副产品有限责任公司(淮北市)
17	诸暨市农副产品批发市场(绍兴市)
18	上海浦南农副产品批发市场经营管理有限公司
19	昆明骏骐干菜副食粮油批发市场
20	遵义绿色产品交易中心

3-24 前20家食品饮料市场

序号	市场名称
1	南京众彩农副产品批发市场有限公司
2	庆云县酒水副食市场(德州市)
3	张家港市青草巷农副产品批发市场(苏州市)
4	沈阳温州城商品交易市场
5	大连长兴购物中心有限公司
6	慈溪市周巷副食品批发市场
7	成都西博西南食品城
8	青龙路市场(泰安市)
9	杭州江南食品市场
10	常州新阳光西林国际食品城有限公司
11	南昌县莲塘综合市场
12	承德市裕华路市场
13	宁波市路林综合市场股份有限公司
14	商丘市白云副食品批发市场
15	重庆万隆小食品批发市场
16	邵阳市湘运大市场
17	南宁市交易场
18	火车站日用品批发城(十堰市)
19	仪征万博四季园商贸市场有限公司(扬州市)
20	永川区玉屏市场(重庆市)

3-25 前20家茶叶市场

序号	市场名称
1	浙江浙南茶叶市场有限公司(丽水市)
2	新昌县江南名茶市场(绍兴市)
3	安溪茶叶批发市场(泉州市)
4	济南博茗茶叶市场
5	安徽江南第一茶市(芜湖市)
6	德州金华茶城有限公司
7	宜昌三峡国际旅游茶城
8	淳安千岛湖茶叶市场(杭州市)
9	广州市穗芳东兴实业有限公司
10	广州市超卓市场经营管理有限公司
11	西安金康茶叶街市场(西安金康茶文化传播有限公司)
12	邵武市茶叶交易市场(南平市)
13	杭州西湖茶叶市场
14	横县横州城北市场有限公司茶叶市场(南宁市)
15	横县横州城北市场有限公司茉莉花市场(南宁市)
16	昆明雄达茶文化城有限公司
17	上海大宁国际茶城市场经营管理有限公司
18	武义县茶城(金华市)
19	湄潭县西南茶城(遵义市)
20	浙江遂昌龙谷名茶市场开发有限公司(丽水市)

3-26 15家烟酒市场

序号	市场名称
1	即墨市东关副食品批发市场(青岛市)
2	乐陵市中心市场(德州)
3	魏县当歌酒类专业批发市场(邯郸市)
4	宁波保税区进出口葡萄酒市场
5	滨州市姜家副食品批发市场
6	湘乡市烟酒副食大市场(湘潭市)
7	滕州市荆西副食品批发交易市场(枣庄市)
8	丹徒区宝堰集贸市场(镇江市)
9	临邑县副食品批发市场(德州市)
10	鹰潭市干鲜果综合批发市场
11	临邑县兴隆街综合市场(德州市)
12	郏县新城批发市场(平顶山)
13	长沙市红星糖酒批发大市场
14	龙山副食批发城(聊城市)
15	博山区掩的小商品批发市场(淄博市)

3-27 前20家其他食品饮料烟酒市场

序号	市场名称
1	哈尔滨南极批发市场
2	赣南贸易广场(赣州市)
3	义乌市副食品市场(金华市)
4	常熟华东食品城管理有限公司(苏州市)
5	贵阳海恒农副产品批发市场
6	天津韩家墅海吉星农产品物流有限公司
7	兰州金港物业服务有限公司
8	温州浙闽副食品商城
9	无锡广益商城副食品批发市场
10	山东省潍坊青州市副食品批发市场
11	枝江市五柳树市场(宜昌市)
12	宣州区九洲市场(宣城市)
13	五一大市场(衡阳市)
14	宁波市二号桥市场
15	恒盛(菏泽)大市场有限公司
16	福鼎市闽浙边贸商城(宁德市)
17	宜兴市金三角副食城(无锡市)
18	桐乡市副食品批发市场(嘉兴市)
19	宁津县闫沙副食品批发市场(德州市)
20	齐河县晏城大集(德州市)

3-28 前20家布料及纺织品市场

序号	市场名称
1	中国东方丝绸市场(苏州市)
2	中国轻纺城(绍兴市)
3	南通市通州区志浩综合市场
4	叠石桥国际家纺城有限公司(南通市)
5	钱清中国轻纺原料城(绍兴市)
6	张家港保税区纺织原料市场有限公司(苏州市)
7	绍兴越州轻纺工贸园区市场
8	广州市海珠区中大布匹市场
9	广东西樵轻纺城(佛山市)
10	中国织里童装市场(湖州市)
11	浙江纺织采购博览城(杭州市)
12	浙江大唐轻纺袜业城(绍兴市)
13	潍坊星河国际轻纺城
14	嘉兴市南方丝绸市场开发有限公司
15	嘉兴毛衫城
16	海宁中国家纺装饰城(嘉兴市)
17	河北省邯郸市冀南针纺城
18	高阳县纺织商贸城(保定市)
19	温州商贸城
20	晋州市新世纪商城(石家庄市)

3-29 前20家服装市场

序号	市场名称
1	中国常熟服装城(苏州市)
2	石家庄市新华集贸市场
3	桐乡市濮院羊毛衫市场(嘉兴市)
4	即墨市服装批发市场(青岛市)
5	海宁中国皮革城(嘉兴市)
6	昆明螺蛳湾国际商贸城二期市场
7	石狮市服装城(泉州市)
8	灯塔佟二堡海宁皮革城有限责任公司(辽阳市)
9	四季青服装集团有限公司(杭州市)
10	路桥中国日用品商城(台州市)
11	杭州意法服饰城有限公司
12	市西大市场(贵阳市)
13	灯塔市香港时代广场(辽阳市)
14	临沂市批发城服装批发区
15	广州白马服装市场
16	台农服装城(福州市)
17	安徽白马服装城(合肥市)
18	无锡东方国际轻纺城集团有限公司
19	红楼集团有限公司(杭州环北小商品市场)
20	济南泺口服装批发市场

3-30 前20家鞋帽市场

序号	市场名称
1	荔湾站西鞋城(广州市)
2	中国西南鞋材交易中心(重庆市)
3	锦绣国际商贸城有限公司(西安市)
4	扬州市江都区苏中皮革商贸有限公司
5	临沂市鞋帽批发市场
6	桐乡市洲泉足佳鞋材市场(嘉兴市)
7	商丘市梁园区梁园市场
8	广州市华南鞋业百货城
9	山东齐鲁鞋城(济南市)
10	济南众鑫鞋城
11	沈阳南塔鞋城有限责任公司
12	即墨市蓝村皮鞋专业市场(青岛市)
13	沧州富华鞋城有限公司
14	台州横峰鞋业市场
15	菏泽市牡丹区花都鞋城
16	东方皮革商城(镇江市)
17	中国鞋都(泉州市)
18	天津市瑞景国际鞋城
19	哈尔滨鞋类批发市场
20	株洲金三角大市场

3-31 前20家其他纺织服装鞋帽市场

序号	市场名称
1	海城市西柳服装市场(鞍山市)
2	沈阳五爱小商品批发市场
3	昆明螺蛳湾国际商贸城一期市场
4	江苏宣武集团市场(徐州市)
5	瑞安商城(温州市)
6	庆云县宝艺服装城(德州市)
7	玛克威商厦服装鞋帽批发大市场(哈尔滨市)
8	南京玉桥商业广场管理有限公司
9	重庆市万州商贸城
10	赣州市龙都商城
11	淮安市汇通市场
12	常德市鼎城桥南市场
13	鸦鸿桥镇小商品城(唐山市)
14	芜湖吉和大市场(宝文广场)
15	武城县老城华兴服装市场(德州市)
16	株洲南大门市场
17	安顺市小商品批发市场
18	怀化市中心市场
19	溧阳市工商企业服务中心(常州市)
20	新昌县羊毛衫兔毛市场(绍兴市)

3-32 前20家小商品市场

序号	市场名称
1	中国庆云小商品城现代批发市场(德州市)
2	临沂小商品城
3	苏州市钱万里桥小商品市场有限公司
4	中国自行车零件城(邢台市)
5	永嘉县桥头钮扣市场(温州市)
6	北京天意新商城市场
7	北京世纪天鼎商品交易市场
8	暨济商城(武汉市)
9	常州市九龙小商品批发市场
10	广州市万菱广场
11	兴发广场(广州市宏发企业有限公司)
12	菏泽市牡丹区小商品城
13	常州市金三角小商品批发市场有限公司
14	日照太阳城市场
15	北京市百荣世贸商城
16	广州市白云南方钟表城
17	福州市台江区小商品批发商场
18	广州安华美博城
19	滕州市金道批发交易市场(枣庄市)
20	广州眼镜城

3-33 11家图书、报刊杂志市场

序号	市场名称
1	郑州博雅实业有限公司
2	长沙文化广场定王台书市
3	南京长三角出版物批发市场
4	广州图书市场有限公司
5	青岛市文化市场
6	武汉华创版业发展有限公司
7	北京图书批发交易市场
8	杭州文化商城有限公司
9	京广文化广场(潍坊市)
10	大连市图书城管理服务中心
11	苏州文化市场有限公司

3-34 前20家其他日用品及文化用品市场

序号	市场名称
1	上海外高桥钟表交易中心有限公司
2	温州礼品城
3	武汉莱特纸张油墨市场
4	临沂华东橡胶塑料市场分公司
5	浙江缝配城(金华市)
6	重庆中兴塑料市场
7	武汉市科振经贸有限公司纸张油墨市场
8	广州沙溪国际酒店用品城有限公司
9	兰州兰大科技广场
10	博山陶琉大观园国际商贸城(淄博市)
11	白云世界皮具贸易中心(广州市)
12	莆田妈祖工艺城开发有限公司
13	台州国际塑料城
14	温州文化用品市场开发有限公司
15	浙江眼镜城(台州市)
16	临沂市大陆商业村
17	重庆公路运输(集团)有限公司休闲娱乐品市场
18	武汉天翔灯饰城
19	钟表配套市场有限公司(深圳市)
20	重庆泰兴E世界电子市场管理有限公司

3-35 前20家黄金、珠宝、玉器首饰市场

序号	市场名称
1	杭州国际珠宝城
2	诸暨华东国际珠宝城(绍兴市)
3	江苏东海县水晶市场(连云港市)
4	福州特艺城
5	上塘珠宝交易市场(莆田市)
6	北京世纪万特国际珠宝市场有限公司
7	苏州渭塘珍珠市场
8	青岛市中韩小商品城
9	中国宝石城(潍坊市)
10	青岛国际工艺品城
11	中国玉都玉器展销市场(揭阳)
12	广州市荔湾广场物业管理有限公司
13	福州光明桥珠宝玉石城
14	通辽市露天市场
15	北京红桥市场有限责任公司
16	深圳市古玩城交易市场
17	四会市玉器市场(肇庆市)
18	喀什艾提尕尔巴扎市场(喀什地区)
19	岫岩满族自治县玉雕会展中心(鞍山市)
20	北京西单天安天地国际珠宝城

3-36 前20家家电市场

序号	市场名称
1	安徽信地大市场(合肥市)
2	临沂家电厨卫城
3	睢阳区港澳大世界(商丘市)
4	怀化市河西家电城
5	温州电脑市场
6	盘锦市兴隆台区环球电子商贸中心
7	邵阳市日恒电器城
8	江苏大发电器市场(苏州市)
9	浙江省家电市场(杭州市)
10	泰州市嘉城经济发展有限公司
11	金华家电市场
12	温州家电市场
13	广州市越秀区海印电器总汇
14	广东广物专业市场投资管理有限公司(广州市)
15	中南灯具市场(德州市)
16	南昌长运商贸城
17	上海商务中心家电市场
18	邵东县家电市场(邵阳市)
19	菏泽市牡丹区中原商城
20	永川区家电批发市场(重庆市)

3-37 前20家通讯器材市场

序号	市场名称
1	华中通信广场(武汉市)
2	赛博数码广场(深圳市)
3	深圳市新亚洲电子商城有限公司
4	重庆赛博迈特数码广场有限公司
5	苏州赛格电子市场管理有限公司
6	广州市天河电脑城数码科技有限公司
7	郑州通讯大世界
8	延吉市中关村电子科技大厦
9	重庆大坪百货有限责任公司新浪通通讯器材交易市场
10	海龙电子城(石家庄市)
11	万商汇电子市场(深圳市)
12	百脑汇电脑广场(广州市)
13	瑞安市数码广场(温州市)
14	潍坊科技市场
15	上海智力电子商务创新服务园区
16	深圳桑达电子通讯市场有限公司
17	杭州通信器材市场
18	义乌通信市场(金华市)
19	阜新市华园手机电脑商厦
20	茅箭区邮电街手机市场(十堰市)

3-38 前20家计算机及辅助设备市场

序号	市场名称
1	成都@世界资讯广场
2	成都数码广场有限公司
3	北京海龙电子城
4	哈尔滨工程大学科技园发展有限公司船舶电子大世界
5	河南科技园(郑州市)
6	重庆泰兴通信电脑市场
7	深圳赛格电子市场
8	长春科技城物业管理有限公司
9	北京中关村科贸电子城
10	亿世界(北京)电子市场有限公司
11	长沙国储电脑城
12	哈尔滨锦秀教化电子大世界有限公司
13	济南科技市场
14	西安赛格电脑城(西安赛格商贸有限公司)
15	上海环宇太平洋数码市场经营管理有限公司
16	福州大利嘉城电子市场
17	扬州银河电子城有限公司
18	宁波市江东区颐高市场
19	新疆百花村电脑城(乌鲁木齐市)
20	长沙鼎星投资咨询有限公司合峰电脑城

3-39 前20家中药材市场

序号	市场名称
1	成都国际商贸城
2	亳州市(中国)中药材交易中心
3	安国市东方药城交易大厅(保定市)
4	东北土特产品交易中心(铁岭市)
5	玉州市中药材市场
6	邵东县廉桥药都市场(邵阳市)
7	长白山人参市场投资发展有限公司(白山市)
8	禹州中药材市场(许昌市)
9	樟树中药材专业市场(宜春市)
10	集安市清河人参交易市场有限公司(通化市)
11	文山三七国际交易中心
12	康美(普宁)中药材专业市场(揭阳市)
13	上海维韩保健品市场经营管理有限公司
14	磐安县浙八味特产市场(金华市)
15	太和县李兴镇中药材交易市场(阜阳市)
16	山东省鄄城县舜王城中药材市场(菏泽市)
17	华东农贸综合市场(温州市)
18	牛营子药材交易中心(赤峰市)
19	青海新千商务管理有限公司(西宁市)
20	柘荣县太子参市场开发中心(宁德市)

3-40 前20家家具市场

序号	市场名称
1	河北省香河家具城(廊坊市)
2	重庆铠恩国际家居名都经营有限公司
3	浙江东阳中国木雕城(金华市)
4	江苏蠡口国际家具城有限公司(苏州市)
5	庆云县装饰材料城(德州市)
6	河南中博股份有限公司(郑州市)
7	中国古典工艺博览城(莆田市)
8	盘锦市金地物业管理有限公司(汇美家饰)
9	常州市红星家具装饰城
10	淄博市周村区沙发城市场
11	重庆红星美凯龙世博家居生活广场有限责任公司
12	赣州市家具大市场
13	北京城外诚家居广场市场
14	南京家乐家商业广场有限公司
15	义乌家具市场(金华市)
16	霸州宾鹏钢木家具城(廊坊市)
17	正定三才家具市场(石家庄市)
18	东阳红木家具市场(金华市)
19	无锡国际家居市场
20	河北东明国际家具博览有限公司(石家庄市)

3-41 前20家装饰材料市场

序号	市场名称
1	淄川建材城(淄博市)
2	芜湖市长江市场园
3	上海恒大建材市场管理股份有限公司
4	上饶市信州区江南商贸城
5	仙桃市恒迪建材市场
6	嘉兴市建材陶瓷市场
7	无锡家居建材市场
8	扬州商城集团公司
9	重庆马家岩大川建材市场管理有限公司
10	常州富美美吉特国际家居装饰城有限公司
11	徐州新世纪建材装饰城
12	湖南万家丽家居建材市场(长沙市)
13	江苏省宜兴建材装璜市场(无锡市)
14	长沙市马王堆陶瓷建材城恒广区
15	新凤朝装饰材料市场(衢州市)
16	华源大市场(衡阳市)
17	九江市华东装饰材料市场
18	铜陵大市场
19	沭阳浙江商城管理有限公司(宿迁市)
20	福州汇多利建材装饰材料市场

3-42 17家灯具市场

序号	市场名称
1	常州市武进邹区灯具城
2	临沂灯具城
3	常州市邹区光辉灯具市场有限公司
4	成都金府灯具城
5	温州东方灯具市场
6	菜园坝城外城灯饰市场(重庆市)
7	常州邹区发得灯具广场有限公司
8	沈阳张士灯具市场
9	云南菊花灯具市场(昆明市)
10	南岸区南坪灯饰广场(重庆市)
11	潼南县时代灯具市场开发有限公司(重庆市)
12	青岛灯具市场
13	杭州灯具市场有限公司
14	南通东星灯饰城有限公司
15	山东灯具批发市场
16	阜城县古城灯具批发市场(衡水市)
17	北京万隆汇洋家居建材市场

3-43 前20家五金材料市场

序号	市场名称
1	潍坊豪德贸易广场
2	浙江建华五金机电市场有限公司(杭州市)
3	中国龙水五金旅游城(重庆市)
4	常熟国际汽配城(苏州市)
5	大足区龙水五金市场(重庆市)
6	东莞市迎海商贸城有限公司
7	成都市金府五金机电交易市场
8	浙江南方五金城(绍兴市)
9	中国轴承大世界(邢台市)
10	滨州市新兴市场
11	天津市珠江达润五金城
12	怀化市河西建材市场
13	常州市江南五金机电城市场管理有限公司
14	无锡金桥商贸城市场有限公司
15	江苏省扬州汽车运输集团公司福运门五金交电批发市场
16	临沂市五金市场
17	浙江温西工量刃具交易中心(台州市)
18	浙江时代电子市场有限公司(杭州市)
19	长沙市五金机电大市场
20	大足区龙水花市街市场(重庆市)

3-44 前20家其他装修市场

序号	市场名称
1	泰安市光彩大市场
2	常熟建筑装饰材料市场有限公司(苏州市)
3	南京红太阳商业大世界有限公司
4	浙江石狮商贸城(绍兴市)
5	湖北咸宁昊天建材城
6	金盛国际家居市场经营管理有限公司(南京市)
7	北京居然之家投资控股集团有限公司
8	魏县天龙建筑建材批发市场(邯郸市)
9	杭州陶瓷品市场
10	胶东家具装饰材料批发市场(烟台市)
11	中国家具城(沈阳市)
12	安徽轻工商城(合肥市)
13	益阳市银城大市场
14	德清莫干山卢球商贸中心有限公司(湖州市)
15	滁州国际商城
16	仓山区上渡林产品交易市场开发有限公司(福州市)
17	盐城高力国际家居港有限公司
18	哈尔滨红旗家装饰城
19	富安居(国际)家具建材广场(南宁市)
20	湖州亿丰建材城发展有限公司

3-45 前20家汽车市场

序号	市场名称
1	北京市旧机动车交易市场
2	天津空港北方汽车交易市场有限公司
3	中南汽车世界大中南汽车贸易公司(长沙市)
4	长春北方汽贸城市场运营物业管理
5	常州市武进汽车城投资发展有限公司
6	杭州机动车交易市场有限公司
7	重庆西部汽车城
8	长春汽车批发中心市场
9	重庆市渝南汽车交易市场
10	江苏无锡汽车交易市场
11	北京北辰亚运村汽车交易市场
12	杭州汽车城有限公司
13	上海市旧机动车交易市场
14	浙江世纪汽车市场(杭州市)
15	大连汽车国际博览中心
16	沈阳新塔湾旧机动车交易中心有限公司
17	嘉兴市汽车商贸园
18	广物汽贸股份有限公司(广州市)
19	华南汽车城(佛山市)
20	山东匡山汽车大世界(济南市)

3-46 10家摩托车市场

序号	市场名称
1	重庆外滩摩托车配件交易市场
2	驻马店豪德贸易广场
3	安徽迅捷物流摩托车仓储批发市场
4	大城县东阜市场
5	浙江路桥摩托车交易中心
6	兰州东部机动车配件中心
7	株洲锦云摩配市场
8	宁乡县摩托汽配大市场
9	柳州市锦环服务有限责任公司摩托车商城
10	于都县西北大道摩托市场

3-47 前20家机动车零配件市场

序号	市场名称
1	中国(十堰)汽配城
2	江西省洪城汽配城(南昌市)
3	杭州浙江汽配城
4	沈阳东北机动车配件市场有限公司
5	河南汽车配件物流贸易园(郑州市)
6	临沂汽摩配城
7	山东济南重汽配件城
8	江苏中天凤凰电器城有限公司汽配市场分公司(常州市
9	北京城环城国际汽车配件城
10	上海东方汽配城
11	东联汽车配件市场(石家庄市)
12	金华汽配城经营管理有限公司
13	上海百联联合汽车交易市场经营管理有限公司
14	汽配城中国有限公司(徐州市)
15	中南汽车世界汽配五金批发大市场(长沙市)
16	北京五方天雅汽配城市场有限公司
17	河间市米各庄汽配城(沧州市)
18	上海吴淞国际汽配市场经营管理有限公司
19	青岛汽车配件城
20	南阳汽车配件市场

3-48 前20家花卉市场

序号	市场名称
1	常州市武进夏溪花木市场发展有限公司
2	青州市黄楼镇万红花卉交易大厅(潍坊市)
3	昆明斗南花卉有限公司
4	如皋市花木大世界有限公司(南通市)
5	浙江花木城(杭州市)
6	广州花卉博览园
7	长沙红星花卉大市场
8	郑州陈砦花卉市场
9	江苏阿波罗花木市场发展有限公司(扬州市)
10	广州市五眼桥市场经营管理有限公司
11	肥西花木城花卉交易市场(合肥市)
12	新疆明珠花卉市场(乌鲁木齐市)
13	成都市高店子花卉交易市场
14	鄢陵县花木交易市场(许昌市)
15	承德万泉花卉市场
16	临沂鲁南花卉城
17	蓟县邦均镇中原四季苗木花卉市场(天津市)
18	凌源市花卉市场物业服务中心(朝阳市)
19	北京莱太环境艺术发展有限公司
20	合肥裕丰花鸟虫鱼市场

3-49 17家旧货市场

序号	市场名称
1	慈溪市桥头废塑料市场(宁波市)
2	宁波市北仑区甬港废旧物资交易市场
3	昆明供销再生物资开发有限公司广福废旧物资交易市场
4	昆明供销再生物资开发有限公司小板桥废旧物资交易市场
5	温岭市泽国第二旧机床交易中心(台州市)
6	嘉兴物资调剂市场
7	北京潘家园旧货市场
8	庆云县旧货市场(德州市)
9	慈溪市旧货交易市场(宁波市)
10	江苏省物联苏北废旧金属调剂有限公司(扬州市)
11	台州市雄鹰旧货交易中心
12	江西省旧货大市场(南昌市)
13	沧州旧货贸易有限公司旧货交易市场
14	吉林市西关旧货物资交易市场有限责任公司
15	漳州收藏文化城(漳州市兴福园物业服务有限公司)
16	诏安书画艺术交易市场(漳州福临物业服务有限公司)
17	郑州古玩城

3-50 前20家其他专业市场

序号	市场名称
1	沈阳张士农副产品股份有限公司
2	肃宁县皮毛交易市场(沧州市)
3	中国大营国际皮草交易中心(衡水市)
4	郑州信基调味品城有限公司
5	丰县环宇电动车城有限公司(徐州市)
6	上海毛家塘南北货批发市场经营管理有限公司
7	通辽市成峰牲畜交易市场有限公司
8	丹阳市华阳眼镜市场(镇江市)
9	张北县张库牲畜交易有限公司(张家口市)
10	从化市太平兴富农副产品综合批发市场(广州市)
11	扎赉特旗石头城子牲畜交易市场(兴安盟)
12	象山船舶交易中心(宁波市)
13	绍兴市永宁废旧金属交易市场
14	辽中县顺发黄牛交易市场(沈阳市)
15	绍兴市废旧金属交易市场
16	巴林右旗石头城(赤峰市)
17	金华澧浦苗木城有限公司
18	阿鲁科尔沁旗牲畜交易市场(赤峰市)
19	上海美罗文化娱乐有限公司
20	绍兴市东浦废丝市场

3-51 东部地区前100家商品交易市场

序号	市场名称	序号	市场名称
1	上海物贸有色金属交易市场	51	无锡市国联金属材料市场有限公司
2	张家港玖隆物流园企业管理有限公司(苏州市)	52	桐乡市濮院羊毛衫市场(嘉兴市)
3	中国常熟服装城(苏州市)	53	聊城大东钢管市场
4	中国东方丝绸市场(苏州市)	54	海吉星农产品批发市场(深圳市)
5	博兴县兴福镇黑白铁市场(滨州市)	55	宁波市镇海煤炭交易市场有限公司
6	浙江省义乌市中国小商品城(金华市)	56	北京城北回龙观商品交易市场
7	张家港保税区化工品交易中心有限公司(苏州市)	57	江苏八里钢铁市场(徐州市)
8	中国轻纺城(绍兴市)	58	上海长桥钢材市场经营管理有限公司
9	白沟新城市场(保定市)	59	杭州三里洋钢材市场有限公司
10	天津稀有金属交易市场有限公司	60	上海外高桥钟表交易中心有限公司
11	南通市通州区志浩综合市场	61	宁波镇海液体化工产品交易市场
12	浙江中国科技五金城集团有限公司(金华市)	62	天津市王顶堤批发市场有限责任公司
13	山东泰山钢材大市场(泰安市)	63	即墨市服装批发市场(青岛市)
14	余姚市中国塑料城(宁波市)	64	福州海峡水产品交易市场
15	北京市丰台新发地农副产品批发市场中心	65	圣地狮岭(国际)皮革皮具城有限公司(广州市)
16	上海石化物资交易中心有限公司	66	烟台市三站市场
17	江苏东方钢材城有限公司(无锡市)	67	江苏宣武集团市场(徐州市)
18	石家庄市新华集贸市场	68	江苏长江塑料化工交易市场有限公司(常州市)
19	叠石桥国际家纺城有限公司(南通市)	69	中国织里童装市场(湖州市)
20	钱清中国轻纺原料城(绍兴市)	70	浙江纺织采购博览城(杭州市)
21	江阴长江港口物流园区交易中心(无锡市)	71	东莞市大京九塑胶原料市场
22	北京市旧机动车交易市场	72	广州钢铁交易中心
23	江阴市金属材料市场(无锡市)	73	永年县标准件市场(邯郸市)
24	中储发展股份有限公司天津储宝分公司	74	东莞市信立农副产品批发中心
25	无锡南方不锈钢市场	75	杭州运河钢材市场有限公司
26	南三条市场(石家庄市)	76	杭州物资城有限公司
27	浙江新世纪金属材料现货市场(杭州市)	77	淄川建材城(淄博市)
28	上海中油石油交易中心有限公司	78	北京盛华宏林粮油批发市场
29	临沂市万宝市场开发服务有限公司钢材市场分公司	79	上海江杨农产品批发市场
30	江苏华东石化物资交易市场(无锡市)	80	安国市东方药城交易大厅(保定市)
31	惠龙港国际钢铁物流股份有限公司(镇江市)	81	宿迁经济开发区宿迁义乌商贸城管理公司
32	张家港保税区纺织原料市场有限公司(苏州市)	82	常州市武进夏溪花木市场发展有限公司
33	天津空港北方汽车交易市场有限公司	83	肃宁县皮毛交易市场(沧州市)
34	绍兴越州轻纺工贸园区市场	84	常州市武进汽车城投资发展有限公司
35	南京众彩农副产品批发市场有限公司	85	聊城香江光彩大市场有限公司
36	河北省香河家具城(廊坊市)	86	天津港散货交易市场有限责任公司
37	北京大洋路农副产品市场	87	杭州机动车交易市场有限公司
38	江苏凌家塘市场发展有限公司(常州市)	88	北京农产品中央批发市场
39	广州市海珠区中大布匹市场	89	徐州区域生产资料市场有限公司
40	杭州萧山商业城	90	宁波镇海大宗生产资料交易中心
41	无锡招商城市场管理有限公司	91	常州钢材现货交易市场有限公司
42	福州市南方钢材物流中心	92	碑廓木材市场(日照市)
43	江苏湖塘纺织城投资发展有限公司(常州市)	93	江阴景澄物流交易市场(无锡市)
44	广州江南果菜批发市场经营管理有限公司	94	宁波华东物资城
45	杭州城北金属材料市场有限公司	95	浙江大唐轻纺袜业城(绍兴市)
46	广东西樵轻纺城(佛山市)	96	滕州市杏花村干杂货市场(枣庄市)
47	北京锦绣大地农副产品批发市场	97	东莞市华南塑胶城投资有限公司
48	广东鱼珠国际建材市场(广州市)	98	海宁中国皮革城(嘉兴市)
49	青岛市城阳蔬菜水产品批发市场	99	湛江市霞山区水产品批发市场
50	苏州南环桥市场发展股份有限公司	100	无锡不锈钢市场

3-52 东北地区前100家商品交易市场

序号	市场名称	序号	市场名称
1	大连石油交易所	51	盘锦市金地物业管理有限公司(汇美家)
2	海城市西柳服装市场(鞍山市)	52	大连熟食品交易中心
3	沈阳五爱小商品批发市场	53	大连开发区农副产品批发市场有限公司
4	大连双兴商品城有限公司	54	哈尔滨二三五处钢材市场
5	沈阳张士农副产品股份有限公司	55	沈阳市于洪区东湖市场
6	长春北方汽贸城市场运营物业管理	56	大商集团有限公司昌临休闲购物广场
7	中国铁路物资哈尔滨钢材大市场	57	辽中县茨榆坨镇轻工市场(沈阳市)
8	大连水产品交易市场有限公司	58	哈尔滨古铁市场
9	长春汽车批发中心市场	59	沈阳果品批发市场
10	沈阳钢材中心批发市场	60	阜新市瑞轩蔬菜农副产品综合批发市场
11	松北区润恒农副产品大市场(哈尔滨市)	61	大庆胜利建材批发市场
12	哈尔滨哈达农副产品股份有限公司	62	长春中东大市场
13	东北土特产品交易中心(铁岭市)	63	中国家具城(沈阳市)
14	哈尔滨南极批发市场	64	集贤县商贸城综合市场(双鸭山市)
15	大连汽车国际博览中心	65	双城市黑龙江省新胜蛋禽批发市场(哈尔滨市)
16	东宁县雨润绥阳木耳大市场有限公司(牡丹江市)	66	绥芬河市青云经贸有限公司青云市场(牡丹江市)
17	沈阳明廉钢材交易中心有限责任公司	67	辽宁旺鼎皮革城有限公司(辽阳市)
18	灯塔佟二堡海宁皮革城有限责任公司(沈阳市)	68	集安市清河人参交易市场有限公司(通化市)
19	沈阳新塔湾旧机动车交易中心有限公司	69	辽中县顺发黄牛交易市场(沈阳市)
20	沈阳新塔湾钢材市场	70	哈尔滨国源服装批发市场
21	沈阳泉峰炉料市场	71	长春顺风大市场有限公司
22	沈阳东北机动车配件市场有限公司	72	哈尔滨锦秀教化电子大世界有限公司
23	大连奥林匹克电子城有限公司	73	牡丹江牡达农副产品有限公司
24	长春东北亚物流农贸水产市场	74	营口市东升市场
25	大连旧机动车交易市场有限公司	75	二台子钢材交易市场(鞍山市)
26	海城市南台箱包市场(鞍山市)	76	康平县农贸大厅(沈阳市)
27	灯塔市香港时代广场(辽阳市)	77	塔湾北行农贸市场(沈阳市)
28	长白山人参市场投资发展有限公司(白山市)	78	凌源市八里堡蔬菜果品批发市场有限责任公司(朝阳市)
29	玛克威商厦服装鞋帽批发大市场(哈尔滨市)	79	铁岭市贸易城
30	齐齐哈尔市哈达农果品副产品综合市场	80	北方钢铁交易市场(鞍山市)
31	鞍山市钢材现货市场有限公司	81	哈尔滨透笼轻工批发市场有限公司
32	沈阳温州城商品交易市场	82	红博商贸城(哈尔滨市)
33	大连长兴购物中心有限公司	83	玉皇商城装饰城(葫芦岛市)
34	沈阳浩松陶瓷市场有限公司	84	长春蔬菜中心批发市场集团有限公司
35	沈阳水产批发市场	85	哈尔滨红旗家装饰城
36	沈阳红旗台石材市场	86	嫩江县商贸城(黑河市)
37	大连钢材现货交易市场服务中心	87	西窑建材交易中心(沈阳市)
38	大连东方投资置业有限公司	88	鞍山市新兴商贸集团有限责任公司
39	大庆市粮食综合批发市场	89	长春市长运集团有限责任公司
40	沈阳西湖市场	90	沈阳东北装饰城有限公司
41	哈尔滨工程大学科技园发展有限公司船舶电子大世界	91	长春远东商品批发市场
42	沈阳二手车交易市场有限责任公司	92	沈阳盛发菜果批发有限公司
43	大连金玛商城有限公司	93	长春太阳世纪商城
44	锦州市辽西小商品批发市场	94	白山市兴泰批发市场有限公司
45	大商集团股份有限公司贸易大世界(大连市)	95	鞍山宝润二手机动车交易市场
46	禧龙建筑装饰材料大市场(哈尔滨市)	96	普兰店市锦龙商贸有限公司(大连市)
47	沈阳粮食批发市场	97	灯塔市皇都皮草城(辽阳市)
48	铁岭东北物流城	98	凌海市建业乡唐家蔬菜批发市场有限公司(锦州市)
49	长春科技城物业管理有限公司	99	大庆市农副产品综合批发大市场
50	哈尔滨香坊粮食物流中心有限公司	100	盘锦市兴隆台区环球电子商贸中心

3-53 中部地区前100家商品交易市场

序号	市场名称	序号	市场名称
1	河南万邦国际农产品物流股份有限公司(郑州市)	51	宜昌金东山市场有限公司
2	安徽省徽商钢材市场(合肥市)	52	南阳龙升物流枢纽中心银海钢材市场
3	盐湖区禹都市场(运城市)	53	株洲市中南金属物流大市场
4	淮矿物流大市场(淮南市)	54	仙桃市恒迪建材市场
5	南昌市洪城大市场	55	江西省装潢建材大市场有限责任公司(南昌)
6	湖南高桥大市场(长沙市)	56	湖北汉口四季美农贸市场有限公司(武汉市)
7	安庆市光彩大市场	57	芜湖大地农副产品批发市场
8	亳州市(中国)中药材交易中心	58	马王堆海鲜水产批发市场(长沙市)
9	长沙市红星实业集团有限公司农副产品大市场	59	皖西北商贸城(阜阳市)
10	长葛市新区钢材市场(许昌市)	60	安徽省广德县农贸市场(宣城市)
11	湖南钢材大市场(长沙市)	61	江西联信大市场(南昌市)
12	湖南省三湘南湖大市场(长沙市)	62	安徽白马服装城(合肥市)
13	商丘农产品中心批发市场	63	南昌县小蓝禽蛋批发市场
14	洛阳市洛龙区关林市场管委会	64	商丘市光彩大市场
15	武汉白沙洲农副产品大市场	65	陈砦蔬菜批发市场(郑州市)
16	合肥周谷堆农产品批发市场股份有限公司	66	武汉长空机械总厂旧车交易市场
17	中南汽车世界大中南汽车贸易公司(长沙市)	67	安徽省广德县太极商城(宣城市)
18	南昌深圳农产品中心批发市场有限公司	68	南阳市兴达钢铁市场
19	中国(十堰)汽配城管理委员会	69	周口市荷花市场
20	湖南九华钢材物流园(湘潭市)	70	临汾市尧都区奶牛场尧丰农产品批发市场
21	江西省洪城汽配城(南昌市)	71	银基商贸城有限公司(郑州市)
22	蓝特商业城(蓝特集团有限公司)(荆州市)	72	宜春市赣西农副新产品批发市场有限公司
23	武汉市琴台钢材市场	73	武汉市西汉正街实业发展有限公司
24	蚌埠市光彩市场	74	河南万客来食品城(郑州市)
25	周口市黄淮物流港农产品批发市场有限公司	75	湖北天润投资集团有限公司(襄阳市)
26	安徽信地大市场(合肥市)	76	新乡市红旗区洪门镇钢材市场
27	湖北北盟投资集团有限公司(襄阳市)	77	湖北咸宁昊天建材城
28	商丘创世钢材市场有限公司	78	濉溪县中瑞农副产品有限责任公司(淮北市)
29	长葛市九鼎美达建材市场(许昌市)	79	郑州毛庄农产品批发市场
30	江西钢材大市场(南昌市)	80	吕梁市离石区马茂庄长青蔬菜瓜果综合市场
31	赣州市南北大市场	81	赣州市龙都商城
32	赣南贸易广场(赣州市)	82	湖南洞庭渔都水产批发市场(岳阳市)
33	阜阳临沂商城	83	武汉市舵落口大市场
34	邵东县廉桥药都市场(邵阳市)	84	常德市鼎城桥南市场
35	竹叶山汽车市场(武汉市)	85	河南中博股份有限公司(郑州市)
36	九江市京九农副产品中心批发市场	86	南昌水产品综合交易批发市场
37	马王堆蔬菜批发市场(长沙市)	87	马鞍山市安民农副产品批发交易中心
38	中储801仓库钢材市场(洛阳市)	88	鹰潭市杏园市场
39	郑州信基调味品城有限公司	89	孝感市南大批发市场
40	中国芜湖商品交易博览城	90	河南科技园区管理委员会(郑州市)
41	河南汽车贸易中心(郑州市)	91	阜阳市瑶海农产品市场开发有限公
42	芜湖市长江市场园	92	中南汽车世界二手车交易市场(长沙市)
43	吉安农产品批发市场有限公司	93	湖南万家丽家居建材市场(长沙市)
44	武汉竹叶山钢材市场	94	怀化市河西建材市场
45	合肥国强钢材交易中心	95	汉正街中心商城(武汉市)
46	上饶市信州区江南商贸城	96	禹州中药材市场(许昌市)
47	安庆市钢材大市场	97	安徽金太阳装饰城(滁州市)
48	河南汽车配件物流贸易园	98	武汉丹水池生产资料市场
49	马鞍山三和仓储配送有限公司钢材市场	99	益阳市团洲蔬菜批发市场
50	邵东县工业品市场(邵阳市)	100	长沙市马王堆陶瓷建材城恒广区

3-54 西部地区前100家商品交易市场

序号	市场名称	序号	市场名称
1	成都国际商贸城	51	贵阳东方金属材料交易中心
2	朝天门市场(重庆市)	52	重庆外滩摩托车配件交易市场
3	重庆市观音桥农贸市场管理处	53	广西旺宏房地产开发有限公司柳北钢材大市场(柳州市)
4	新疆宝新恒源钢材物流园(乌鲁木齐市)	54	喀什远方市场
5	柳州市生产资料大市场(广西柳州物资储运贸易总公司)	55	兰州瑞德摩尔城市购物广场(兰新)
6	重庆巨龙钢材市场	56	西安海纳汽车服务有限公司西安汽配市场
7	昆明螺蛳湾国际商贸城一期市场	57	陕西省生产资料第一交易市场(西安市)
8	重庆万吨冷储物流交易中心	58	永宁县望远现代金属物流园(银川市)
9	新疆九鼎盛和果品批发市场(乌鲁木齐市)	59	贵阳海恒农副产品批发市场
10	中亚国际钢材交易中心(乌鲁木齐市)	60	新疆华凌建材出口基地(乌鲁木齐市)
11	南宁市荣宝龙钢材市场有限公司	61	中国龙水五金旅游城(重庆市)
12	绿云石都建材交易城(重庆市)	62	重庆市万州区小天鹅批发市场
13	龙文钢材市场(重庆市)	63	南宁市桂果香果品有限公司五里亭蔬菜批发市场
14	重庆西部汽车城	64	大足区龙水五金市场(重庆市)
15	重庆铠恩国际家居名都经营有限公司	65	乌鲁木齐北园春(集团)有限责任公司北园春市场
16	成都西联钢铁有限公司	66	成都市量力钢材物流有限公司
17	南宁市虎邱城北钢材市场有限公司	67	昆明金马正昌第二果品市场
18	恒冠物流有限公司(恒冠钢材市场)(重庆市)	68	昆明斗南花卉有限公司
19	重庆市渝南汽车交易市场	69	新疆赛博特国际汽车城有限公司(乌鲁木齐市)
20	成都农产品中心批发市场	70	成都市金府五金机电交易市场
21	新疆华凌工贸集团有限公司华凌综合市场(乌鲁木齐市)	71	重庆渝州交易城
22	昆明螺蛳湾国际商贸城二期市场	72	达州市复兴市场开发有限公司
23	重庆金属材料现货交易市场	73	甘肃兰海物流股份有限公司(兰州市)
24	成都濛阳农副产品综合批发交易市场有限责任公司	74	新疆九鼎恒兴蔬菜批发市场(乌鲁木齐市)
25	西北物资市场(兰州市)	75	遵义市红花岗区苟家井综合批发市场
26	重庆市永川区商贸城	76	成都@世界资讯广场
27	西三街农副水产品市场(重庆市)	77	成都富森美家居置业有限公司
28	成都市农副产品批发中心(有限公司)	78	云南龙城农产品经营股份有限公司(昆明市)
29	恒胜钢材市场(成都市)	79	恒鑫老顶坡汽摩综合市场(重庆市)
30	新世界建材市场(成都市)	80	重庆市万州商贸城
31	玉州市中药材市场	81	蓝光金荷花国际时装城(成都市)
32	德阳市钢材炉料交易市场	82	大足区龙水废金属市场(重庆市)
33	中国西南鞋材交易中心(重庆市)	83	新疆边疆宾馆商贸市场(乌鲁木齐市)
34	包头市鹿畅达物流有限公司	84	文山三鑫建材城
35	贵阳市谷丰粮油食品批发市场有限公司	85	广西淡村商贸城有限公司(南宁市)
36	通辽经济技术开发区煤炭市场	86	四川省俊翔市场管理有限公司(成都市)
37	玉林宏进农副产品批发市场	87	兰州东部品牌服饰批发广场
38	四川好一新商贸城有限公司(达州市)	88	成都数码广场有限公司
39	成都万贯五金机电市场经营管理有限公司	89	南充川北农产品交易有限公司
40	甘肃省食品股份有限公司肉食水产批发市场(兰州市)	90	重庆马家岩大川建材市场管理有限公司
41	新疆亚中机电市场(乌鲁木齐市)	91	柳州商港市场管理有限公司
42	鄂尔多斯市万家惠农贸市场有限公司	92	通辽市团结路贸易区
43	通海商城市场(玉溪市)	93	成都西博西南食品城
44	柳州市柳邕农副产品批发市场有限公司	94	昆明骏骐干菜副食粮油批发市场
45	重庆马家岩板材批发市场	95	遵义绿色产品交易中心
46	三联家禽市场(成都市)	96	西安粮油批发交易市场
47	乌兰浩特市融佳建材市场有限责任公司(兴安盟)	97	万州区宏远批发市场(重庆市)
48	市西大市场(贵阳市)	98	石河子农产品交易中心
49	中国西部金属交易城(重庆市)	99	兰州金港物业服务有限公司
50	咸阳新阳光西北农副产品交易中心	100	成都西部汽车城汽车市场有限公司

附录　主要统计指标解释

附录：主要统计指标解释

一、主要统计指标及市场分类

亿元以上商品交易市场：指年成交额在亿元及以上的商品交易市场。商品交易市场是指经有关部门和组织批准设立，有固定场所、设施，有经营管理部门和监管人员，若干市场经营者入内，常年或实际开业三个月以上，集中、公开、独立地进行生活消费品、生产资料等现货商品交易以及提供相关服务的交易场所，包括各类消费品市场、生产资料市场等。

营业状态：按照市场营业时间的连续性分为常年营业、季节性营业和其它等三种状态。常年营业指不受季节、时间等因素的影响，全年均营业的市场；季节性营业市场指受季节因素影响，全年间断营业的市场，如旅游旺季营业的交易市场等；其它市场指上述以外的其它营业状态的交易市场。

经营方式：指市场直接从事商品流通的买卖形式，包括批发和零售两种方式。批发市场指专门从事批发业务活动或以批发业务为主的交易市场。零售市场指专门从事零售业务的活动，并直接向城乡居民销售日用消费品、农产品的市场，或以零售业务为主，同时兼批发业务的交易市场。

经营环境：指各市场经营场所具备的基本条件，分露天式、封闭式和其它。露天式市场指市场摊位完全在室外，或70%以上的摊位在室外，包括柜台式市场及无设施市场；封闭式市场指市场摊位完全在室内（包括平房和楼房）；其它市场指上述以外的其它经营环境的交易市场。

年末出租摊位数：指该市场年末实际出租的摊位数。

成交额：指该市场所有摊位的全年商品交易额之合计。

市场类别：指根据商品交易市场经营商品类别进行分类，包括综合市场和专业市场两大类。

综合市场：指经营生产资料、工业消费品、农产品等多种商品的综合性现货商品交易市场。

综合贸易市场：分为生产资料综合市场、工业消费品综合市场、农产品综合市场及其它综合市场。

— **生产资料综合市场**：指经营两类或两类以上生产资料的交易市场，包括工业生产资料交易市场、农业生产资料交易市场，交易对象主要是生产经营者，市场内摊位成交额主要集中在生产资料商品。

— **工业消费品综合市场**：指经营两类及两类以上工业消费品的交易市场，交易对象主要是商品使用者和消费者，市场内摊位主要经营食品、服装、日用品等商品。

— **农产品综合市场**：指经营两类及两类以上农产品的交易市场，交易对象主要是商品使用者和消费者。

— **其它综合市场**：以上未列明综合性现货商品交易市场。如果市场中农产品和工业品混杂经营，成交额难以分清主次的，市场类别应为其它综合市场。

专业市场：指主要进行某一领域商品的交易活动的现货市场。根据所经营的商品类别，分为12类专业市场。专业市场类别应根据摊位交易情况确定，即经营某类商品的摊位成交额超过总成交额的60%，市场则确定为相应的专业市场。

（1）**生产资料市场**：主要经营某类生产资料的交易市场。

— **农业生产用具市场**：经营半机械化农机具及其配件、中小农具、园艺工具等为主。

— **农用生产资料市场**：经营农用生产资料为主，如农药、化肥、农膜、农用温室玻璃、园艺工具等。

— **煤炭市场**：经营煤炭及制品为主。

— **木材市场**：经营木、竹采伐产品和木材、竹非生活制品为主。

— **建材市场**：经营建筑材料、保温材料、玻璃制品等建筑施工用材为主，主要面向建筑设施的施工企业。

— **化工材料及制品市场**：经营生产经营用化工材料及制品为主。

— **金属材料市场**：经营各种黑色金属材料和有色金属材料为主。

— **机械电子设备市场**：经营机械设备、电子产品和仪器为主，面向生产经营单位。

— **其它生产资料市场**：以上未列明的生产资料专业市场。

（2）**农产品市场**：指主要经营某一类农产品的交易市场。

— **粮油市场**：经营谷物、大豆、玉米、食用油为主。

— **肉禽蛋市场**：经营肉禽蛋为主。

— **水产品市场**：经营水产品为主。

— **蔬菜市场**：经营蔬菜为主。

— **干鲜果品市场**：经营干鲜果品为主。

— **棉麻土畜、烟叶市场**：经营棉麻、土特产品、种畜、种禽、耕畜、烟叶为主。

— **其它农产品市场**： 以上未提及的或经营两种以上农产品的农产品专业市场。

（3）**食品、饮料及烟酒市场**：指主要经营食品、饮料及烟酒等商品的交易市场。

— **食品饮料市场**：经营食品、饮料为主。

— **茶叶市场**：经营茶叶为主。

— **烟酒市场**：经营烟酒为主。

— **其它食品饮料及烟酒市场**：以上未提及的或主要经营两类以上食品、饮料及烟酒商品的专业市场。

（4）**纺织、服装、鞋帽市场**：指主要经营布料及纺织品、服装、鞋帽等商品的交易市场。

— **布料及纺织品市场**：经营布料及纺织品为主。

— **服装市场**：经营服装为主。

— **鞋帽市场**：经营鞋帽为主。

— **其它纺织服装鞋帽市场**：以上未提及的或主要经营两类以上纺织、服装、鞋帽商品的专业市场。

（5）**日用品及文化用品市场**：指主要经营各类日用品及文化用品等商品的交易市场。

— **小商品市场**：经营日用小百货为主。

— **箱包市场**：经营箱包为主。

— **玩具市场**：经营玩具为主。

— **文具市场**：经营文具为主。

— **图书、报刊杂志市场**：经营图书、报刊杂志为主。

— **音像制品及电子出版物市场**：经营音像制品及电子出版物为主。

— **体育用品市场**：经营体育用品为主。

— **其它日用品及文化用品市场**：以上未提及的或经营两类以上日用品及文化用品的专业市场。

（6）**黄金、珠宝、玉器等首饰市场**：指主要经营黄金、珠宝、玉器等首饰的交易市场。

（7）**电器、通讯器材、电子设备市场**：指主要经营电器、通讯器材、电子设备等商品的交易市场。

— **家电市场**：经营家电为主。

— **通讯器材市场**：经营通讯器材为主。

— **照相、摄像器材市场**：经营照相、摄像器材为主。

— **计算机及辅助设备市场**：以经营计算机及其配件、计算机辅助设备为主。

— **其它电器、通讯器材、电子设备市场**：以上未提及的或主要经营两类以上电器、通讯器材、电子设备商品的专业市场。

（8）**医药、医疗用品及器材市场**：指主要经营药材、中西药品、医疗器械等商品的交易市场。

— **中药材市场**：经营中药材为主。

— **其它医药、医疗用品及器材市场**：中药材专业市场以外的医药、医疗用品及器材专业市场。

（9）**家具、五金及装饰材料市场**：指主要经营家具、五金电料、各种家居装修装饰材料等商品的交易市场。

— **家具市场**：经营家具为主。

— **装饰材料市场**：经营装饰材料为主。

— **灯具市场**：经营灯具为主。

— **厨具、盥洗设备市场**：经营厨具、盥洗设备为主。

— **五金材料市场**：经营五金材料为主。

— **其它家具、五金及装饰材料市场**：以上未提及的或主要经营两类以上家具、五金或装饰材料商品的专业市场。

（10）**汽车、摩托车及零配件市场**：指专门从事新、旧机动车辆及其零配件交易的市场。

— **汽车市场**：经营汽车为主，包括新车市场和旧车市场。

— **摩托车市场**：经营摩托车为主。

— **机动车零配件市场**：经营机动车零配件为主。

（11）**花、鸟、鱼、虫市场**：指主要经营花、鸟、鱼、虫等商品的交易市场。

— **花卉市场**：经营鲜花、苗木及其制品为主。

— **鸟市场**：经营鸟类商品为主。

— **观赏鱼市场**：经营观赏鱼类商品为主。

— **其它花鸟鱼虫市场**：以上未提及的或主要经营两类以上花鸟鱼虫商品的专业市场。

（12）**旧货市场**：指经营各类旧货商品的交易市场。

— **古玩、古董、字画市场**：经营古玩、古董、字画商品为主。

— **邮票、硬币市场**：经营邮票、硬币商品为主。

— **其它旧货市场**：以上未提及的或主要经营两类以上旧货商品的专业市场。

（13）**其它专业市场**：以上未提及商品的专业市场。

二、商品分类及解释

1. **粮油、食品、饮料、烟酒类**：指供人们食用的各种粮油食品、饮料、酒和烟草加工品。

（1） **粮油、食品类**：指供人们食用的各种食品，如粮油、肉禽蛋、水产品、干鲜蔬果、食糖、糖果糕点、豆制品、滋补食品、食盐、调味品、罐头食品、奶及奶制品及其他食品加工制品等。

— **粮油类**：指供人们食用的粮食和食用油。

其中，粮食，包括小麦、稻谷、玉米、豆类、杂粮及其成品粮、磨粉、淀粉及其制品等；

淀粉及其制品，包括粉皮、粉丝、粉条、淀粉等；

食用油，包括食用植物和动物油等。

— **肉禽蛋类**：指供人们食用的肉类、禽类、蛋类商品。

其中，肉类，指供食用的活猪、活牛、活羊、家兔及其鲜（冻）肉和肉制品（不含各种肉罐头，统计在“其他食品类”）；

禽类，指供人们食用的活鸡、活鸭、活鹅和其他人工饲养的活禽类及其鲜（冻）、腌制和卤熟制品；

蛋类，指鸡、鸭、鹅和其他禽类的鲜蛋、再制蛋。

— **水产品类**：指各种海水、淡水产的鲜的或干的鱼、虾、蟹、藻类、贝类、软体类、腔肠类等水产品。

— **蔬菜类**：指各种新鲜的蔬菜，包括各种叶菜、茎菜、根菜、花菜、果菜以及各种食用菌等。

— **干鲜果品类**：包括新鲜瓜果、干果及蜜饯果脯等干鲜果。

（2）**饮料类**：指供人们食用的各种饮料，包括液体型饮料，如汽水、果菜汁、矿泉水等； 冷冻饮品；固体饮料；茶叶、咖啡、可可和其他饮料。

（3）**烟酒类**：包括酒和烟草加工品。酒，包括白酒、啤酒、黄酒、果露酒等。烟草加工品，包括卷烟、雪茄烟、烟丝、莫合烟、鼻烟等烟草加工品，不包括烤烟、晒烟等烟草加工原料（统计在“其他类”）。

2. **服装、鞋帽、针纺织品类**：指服装、鞋帽、针织品和纺织品的集合。

（1）**服装类**：指以棉布、棉化纤混纺布、化纤布、麻布、呢绒、绸缎、裘皮、化纤针织面料等为原料缝制的各种男、女、成人、儿童的单、夹、棉、皮等各种服装（包括内衣裤、外衣裤、衬衣、衬裤、胸罩、裙子等），包括以毛线、丝线、麻线和各种混纺线编织的各种服装，如毛衣、毛衫、毛裤。

（2）**鞋帽类**：鞋，指皮鞋、胶鞋、布鞋和全塑料鞋等，包括各种材料制作的靴子、凉鞋、便鞋、拖鞋、运动鞋、旅游鞋、春秋鞋等；帽，指各种面料、各种款式的男、女、童、婴儿帽子。

（3）**针、纺织品类**：针织品，指纯棉、纯化纤、化纤与棉（包括短涤纶）混纺的针棉织品、毛毯、线毯、地毯、毛巾、毛线、毛织物等纯纺、纯化纤、混纺针织品及化纤针织面料；纺织品，指布（包括棉布、棉花化纤混纺布、化纤布等外棉棉布、玻璃纤维布、再生纤维布、野杂纤维布、土纺布、无纺布、漆布等），呢绒（包括涤纶混纺物），绸缎，麻布，纱类（包括棉纱、等外棉棉纱、玻璃纤维纱、再生纤维纱、野条纤维纱、废纱、土纱、麻绒等纺织品）。针、纺织品包括除服装外的制成品，如床上用品、袜子、针纺织手套、窗帘等。

3. **化妆品类**：指洁肤护肤美容用品、洁发护发美发用品、药物美容美体用品等。

洁肤护肤美容用品，包括洁面乳、霜、油等洁肤用品，霜、香脂、乳液、润肤油、爽身粉等护肤品，香粉（粉饼）、胭脂、唇膏、眼影、眉笔、指甲油、各种化妆盒、假发等美容品；

洁发护发美发用品，包括洗发香波、洗发膏、洗发精、浴液、剃须膏、发油、发露、发腊、发宝、营养发水、护发素、发胶、摩丝、各种染发剂等；

药物美容美体用品，包括花露水、腋下香、香水、防秃生发水、浓眉露、止痒水（粉）、祛斑霜、粉刺露、防晒剂、痒子粉（水）、减肥霜等；其他化妆用品。

4. 金银珠宝类：指以金、银、铂等金属及钻石、宝（玉）石、翡翠、珍珠、水晶、象牙、骨角等为原料，经加工和连接组合、镶嵌等方法，制成各种图案造型的装饰品、饰品、工艺品等。包括首饰，如项链、戒指、耳环、手镯、脚链、挂件、别针、发卡等，珠宝饰品，如宝（玉）石、宝（玉）石饰品、钻石镶嵌、珍珠镶嵌以及其他金银珠宝饰品等。

5. 日用品类：指日用金属制品、日用搪瓷制品、日用塑料制品、天然皮革和人造皮革制品、玻璃器皿、日用百货、燃气灶具、儿童玩具、日用化工产品、照明器具、日用杂品、钟表眼镜及配件、各种工艺品、烟花炮竹、人力或助动车类及配件等。

其中，日用金属制品，包括精铝、铸铝、铝合金家用器皿，不锈钢制餐具，家用厨房用具及其他不锈钢制器皿等，不包括工业建筑的通用金属器皿（统计在“金属材料类”）；

日用搪瓷制品，包括单瓷、双瓷的面盆、口杯及其他搪瓷制品等，不包括工业建筑的通用搪瓷制品（统计在“建筑及装潢材料类”）；

日用百货，包括如缝纫机、保温瓶、雨衣、理发用具、剃须刀具、火柴、打火机、电池、腰带、刀、剪、锁、钳、卫生纸、卫生巾等；

日用化工产品，包括洗涤用品、杀虫剂、花肥等；

燃气灶具，包括燃气热水器、各种灶具等；

照明器具，包括各种灯具、灯泡、灯管、手电筒等；

日用杂品，包括铁锅、笼屉、瓷碗、碟等餐具和炊事用具，竹、木、藤、柳编制品，炉子、烟筒和取暖设备等；

钟包括各种机械、石英电子的闹钟、挂钟、座钟等，表包括各种机械、石英电子手表、怀表、秒表、其他表、钟表零配件等，眼镜包括成品眼镜、眼镜架、眼镜片、眼镜毛坯、眼镜零配件等；

各种工艺品，包括雕塑工艺品、人造花卉工艺品、天然植物工艺品、纤维编织工艺品、刺绣工艺品、抽纱工艺品等。其中，雕塑工艺品包括玉雕、牙雕、金属工艺品、漆器工艺品、画类工艺品等，天然植物工艺品、纤维编织工艺品包括竹编工艺品、藤编工艺品、草编工艺品等；

人力或助动车类及配件，包括自行车、助动自行车、三轮车、残疾人座车（无论是否装有发动机）、婴儿推车和手推车等及配件。

（1）洗涤用品类：包括洗衣粉、肥皂、香皂、浴皂、药皂、牙膏及各种清洁洗涤剂（膏、液、粉）等日用洗涤用品。

（2）儿童玩具类：包括各种材质制作的玩具。

6. 五金、电料类：指五金工具、电工工具、工具配件、水暖器材、各种专用工具、五金杂品等，以及木瓦工具、电工电讯器材及配件等各类商品，如各种榔头、钳子、扳手、锉刀、泥刀、自来水管、各种水龙头、暖气片、阀门、螺丝、螺母、水表、电表、插座、插头、开关、电线、铁丝、镇流器、灯架、灯罩等。

7. 体育、娱乐用品类：指体育用品、健身器材、游艺器材、棋牌、戏装道具、乐器、照相器材及用品等。

其中，体育用品，包括球类、球类器材、体操运动器材、举重运动器材、田径运动器材、水上运动器材、冰雪运动器材、射击、射箭、击剑器材、场地器材、航空、航海模型材料、运动保护用具、钓鱼用具等；

健身器材，指各种用于达到锻炼身体、提高身体素质目的的器材，包括侧重于肌肉训练的，如扩胸机、举重床、自重式健力器、哑铃组合架、坐式后拉器、卧式后屈腿训练器等；包括侧重于身体素质训练的，如跑步机、健步器、骑马机、滑雪器、健骑机等以及集消除疲劳、减肥健身为一体的各种按摩机（非电动）、健腹器等；

游艺器材，包括游戏机、插卡式电脑学习机、儿童运动游艺器材等；

棋牌，包括象棋、国际象棋、围棋、克郎棋、军棋、跳棋、扑克牌、麻将牌等；

乐器，包括中西乐器、电子乐器、乐器辅助用品及配件，如钢琴、提琴、手风琴、吉他等；

照相器材，包括摄影用品、暗房用品、修相用品和其他照相器材，如摄影用品，包括照相机、座机、外拍机、胶卷胶片、相纸、放大机、照相镜头、摄像灯具照相零配件及其他摄影用品，上光机、反拍机、翻版机、冲片机等，修相油、上光用品、修底版用具等，洗相药品，如显影液、定影液等，不包括X光胶片和工业胶片（统计在“化工材料及制品类”）。

8. 书报杂志类：指各种以纸介质形态出版发行的中外文的书籍、工具书、课本、教材、图片、报纸和杂志等。

9. 电子出版物及音像制品类：指电子出版物和音像制品。

其中，电子出版物，指以数字方式将图文音像等信息编辑加工后存储在磁、光、电介质上，通过计算机或者具有类似功能的设备读取使用，用以表达思想、普及知识和积累文化，并可复制发行的大众传播媒介，其媒体形态包括软磁盘（FD）、只读光盘（CD-ROM）、交互式光盘（CD-Ⅰ）、照片光盘（PHOTO-ROM）、高密度只读光盘（DVD-ROM）、集成电路卡（IC CARD）等，及其他媒体形态；

音像制品，指各种磁、光、电介质的录音、录像的磁带、光盘（CD、LD、VCD、DVD）等，包括各种空白的录音带、录像带、光盘。

10. 家用电器和音像器材类：指洗涤电器、制冷电器、清洁电器、小家电、家用厨房电器具、家用保健电器和各类音像器材等。

其中，洗涤电器，包括洗衣机、甩干机等；

制冷电器，包括电冰箱、电冰柜、房间空调器等；

清洁电器，包括吸尘器、加湿器、空气净化器等；

小家电，包括电熨斗、电风扇、电淋浴器（包括浴霸）、节能热水器等；

家用厨房电器具，包括食品加工机、抽排油烟机、微波炉、电饭煲、电烤箱、洗碗机、消毒柜等；

家用保健电器，包括电取暖器、电动按摩器等；

音像器材，包括电视机、录音机、录像机、摄像机、收音机、幻灯机、组合音响、影碟机（LD、CD、VCD、DVD等）、专业音响器材、专业声像器材以及配件等，不包括照相器材及用具（统计在“体育、娱乐用品类”）。

11. 中西药品类：指人用各种中西药品、中药材以及各种小型医疗用品、敷料，不包括医疗用的各种大型设备，如CT机，核磁共振器等和兽用的各种药品、医疗器材（统计在“其他类”）。

（1）西药类：指以化学物质为原料根据药典或处方生产的用于预防、治疗、诊断人体的疾病，有目的地调节人体的生理机能并规定有适应症、用法和用量的物质，包括化学药品制剂、放射性药品、血清疫苗、血液制品和诊断药品等，但不包括化学试剂（统计在“化工材料及制品类”）。

（2）中草药及中成药类：指以天然的活性物质群为原料，根据中医药典或处方生产或配置，用于预防、治疗人体的疾病，有目的地调节人体的生理机能并规定有适应症、用法和用量的物质。包括中药材、中药饮片、中成药。

其中，中药材，指在自然界中天然生长或人工种植、养殖、采掘的可用于加工中药饮片和中成药的物质，包括各种植物、动物、矿物等；

中药饮片，指以中药材（包括各种药用植物、动物、矿物）为原料用于预防、治疗人体的疾病，有目的地调节人体的生理机能并规定有适应症、用法和用量的物质；

中成药，指以中药材（包括各种药用植物、动物、矿物）为原料根据药典或处方生产的用于预防、治疗人体的疾病，有目的地调节人体的生理机能并规定有适应症、用法和用量的制剂，包括各种剂型（丸、散、膏、丹、胶、药酒、露、冲剂及改良剂型）的中成药。

12. 文化办公用品类：指学习用品、办公用品和计算机及其配套产品。

其中，学习和办公用品，包括学习和办公用的纸张、本册、打字机、油印机、速印机、复印机、计算器、快译通、电子笔记本、算盘、文具、普通测绘仪器、印刷材料以及教学用的设备、器材、标本、模型等；

计算机及其配套产品，包括CPU在80186以上的大、中、小、微型、便携式电子计算机（包括多媒体计算机）和计算机的辅助设备，如服务器、打印机、扫描仪、不间断电源、多媒体配件、专用设备和零配件，计算机用键盘、鼠标、网卡、U 盘、内存条、软盘、磁带、打印机用纸、色带、墨盒、硒鼓等，不包括单板机、插卡式电脑学习机（统计在“体育、娱乐用品类”），也不包括各种电子计算机软件（统计在“电子出版物及音像制品类”，随机附赠品除外）。

13. 家具类：指用木材、金属、塑料、藤、竹等为主要原料制成的供人们生活、学习、工作、休息用的各种普通家具和具有特定用途的专用家具，包括家用就寝、就餐、起居、书房使用的床、柜、箱、架、沙发、桌、椅、凳、茶几、屏风，以及成套或组合家具，也包括医院、学校、图书馆、旅游、办公等专用的办公桌椅、文件柜、书柜等家具。

14. 通讯器材类：指有线、无线通讯使用的各种器材和设备，包括电话机（普通电话机、无绳电话机、移动电话、小灵通等）、对讲机、寻呼机、传真机等以及配套产品。

15. 煤炭及制品类：包括原煤、煤炭和煤制品，如洗煤、筛选块煤、筛选混煤及混末煤、焦炭、石油焦、半焦、煤饼（块）、煤球等。

16. 木材及制品类：指木、竹采伐产品和木材、竹非生活制品等。此类商品销售一律按批发计算。

其中，木、竹采伐产品，包括原木、小规模木材、薪炭木材、毛竹、篙竹等；

木材、竹非生活制品，包括锯材、板材、人造板、木材防腐制品，木、竹工业、建筑业用品，藤、棕、柳条工业制品等。

17. 石油及制品类：包括原油、炼厂气体、汽油、煤油、柴油、燃料油、工业燃料、溶剂油、润滑油、石蜡、地腊、专用腊、凡士林、洗涤剂原料、石油腊类、石油沥青、标准油、白色油、软麻油、原料油、润滑脂、石油酸、石油皂、液化石油气等。

18. 化工材料及制品类：指化学矿采选品、化工产品、橡胶制品、塑料制品等。此类商品销售一律按批发计算。

其中，化学矿采选品，包括硫铁矿、磷矿、硼矿、钾矿、天然硫磺、钙芒硝矿、芒硝矿、蛇纹矿、天然矿、重晶石、督重石、天青石、雄黄石、明矾石等；

化工产品，不包括日用化工产品（统计在“日用品类”或“化妆品类”），包括无机化学品、化学肥料、化学农药、有机化学品、颜料、染料、催化剂、助剂、添加剂、粘合剂、高分子聚合物、信息用化学品、化学试剂、X 光胶片、工业用胶片等；

橡胶制品，不包括日用橡胶制品（统计在“日用品类”），包括如橡胶运输带、橡胶类传输带、橡胶三角带、橡胶风扇带、橡胶胶管、再生胶、橡胶导风管、橡胶浮筒、橡胶杂品、乳胶制品、橡胶密封制品、特种橡胶制品、软胶壳、微孔橡胶隔板、胶绳、胶筋、胶液、密封腻子等；

塑料制品，不包括日用塑料制品（统计在“日用品类”），包括塑料薄膜、塑料板材、塑料管、塑料棒、塑料异型材、塑料丝、塑料人造革、塑料合成革、泡沫塑料、塑料工业配件、塑料包装箱及容器等塑料原料。

—— **化肥类：**指氮肥、磷肥、钾肥、复合肥，不包括家庭使用的花肥（统计在“日用品类”）。此类商品销售一律按批发计算。

其中，氮肥，包括液氮、尿素、硝酸铵、氯化铵、硫酸铵、氨水等；

磷肥，包括重过磷酸钙、普通过磷酸钙等；

钾肥，包括氯化钾、硫酸钾、窑灰钾、钾镁肥等；

复合肥，包括氮磷肥、氮钾肥、磷钾肥、氮磷钾肥、硝酸磷、氮钾混合肥、铵磷钾、磷酸铵等。不包括磷矿粉肥和“土法”生产的各种化学肥料，如硫磺脚渣提炼的硫磺铵、硝酸钾、土制过磷酸钙和磷酸钾，也不包括微量元素的化学肥料（如钾酸铵）。

19. 金属材料类：指黑色金属矿采选品和黑色金属冶炼及其压延产品、有色金属矿采选产品和有色金属冶炼及其压延产品。此类商品销售一律按批发计算。

其中，黑色金属矿采选品，包括铁矿石原矿、铁矿石成品矿、人造富铁矿、锰矿石原矿、锰矿石成品矿、人造富锰矿、铬矿石原矿、铬矿石成品矿等；

黑色金属冶炼及其压延产品，包括钢、生铁、铁合金、钢材、钢坯、钎子钢、轧制钢球、重熔钢、炼铁副产品、球墨铸铁、金属化球团、海棉铁、钒渣和粗末冶金原料、钢板网等；

有色金属矿采选产品，包括重有色金属矿采选产品、轻有色金属矿采选产品、贵金属矿采选产品、稀有金属矿采选产品等；

有色金属矿冶炼及其压延产品，包括有色金属矿冶炼产品、轻有色金属矿冶炼产品、稀土金属冶炼产品。稀散金属及半金属冶炼产品、高纯及超纯有色金属、重有色金属合金、硬质合金、稀有稀土金属合金、稀有放射性金属冶炼产品、重有色金属加工材、双金属材、轻有色金属加工材、贵金属加工材、稀有金属加工材、有色金属加工材、半导体材料等。

20. 建筑及装潢材料类：指非金属矿采选成品、建筑材料及其他非金属矿物制品和各种办公或家庭用的室内装饰材料等。

其中，非金属矿采选成品，包括土砂石矿品、耐火土石开采及其初加工品、工艺美术品用非金属矿、石棉、工业原料用云母、石墨、石膏、工业原料滑石、滑石粉、金刚石、水晶、冰洲石、次土、膨润土及其初加工品、长石、叶腊石、蛭石、硅线石、凹凸奉石、海泡石、浮石、沸石、珍珠岩、霞石正方岩、刚玉、硅藻石、硅石灰石等；

建筑材料及其他非金属矿物制品，包括水泥、无熟料水泥、水泥熟料、水泥混凝土制品、水泥预制构件、纤维增强水泥制品、砖、瓦、建筑砌砖、石灰、轻质建筑材料、建筑用石材加工品、建筑防水材料、建筑保温材料、建筑用玻璃制品、平板玻璃、压延玻璃、磨砂玻璃、喷花玻璃、中空玻璃、热反射玻璃、吸热玻璃、玻璃砖、泡沫玻璃、工业技术玻璃、特种玻璃、玻璃纤维及其制品，石英玻璃及其制品、光学玻璃、玻璃仪器、绝缘玻璃、玻璃保温容器（不包括日用玻璃保温容器，统计在“日用百货类”）、普通陶瓷制品（不包括陶瓷餐具，统计在“日用品类”）、工业陶瓷、高压绝缘子、低压绝缘子耐火材料制品、玻璃窑专用耐火材料、石墨及碳素制品、碳化纤维、石墨热交换器。石棉制品、云母制品、磨料和磨具、铸石、化学石膏、人造水晶、合成云母、人造金刚石、晶体材料、晶体镀膜材料等；

办公和家庭用的室内装饰材料，包括地板、地板革、墙纸、墙布、涂料、乳胶漆及各种装饰用具等，但不包括家具（统计在“家具类”）、清洁电器和家用厨房电器具（统计在“家用电器和音响器材类”）。

21. 机电产品及设备类：指普通机械、交通运输机械、电器机械及器材、电子产品及通讯设备、各种农林牧渔业机械等。

其中，普通机械，包括锅炉及原动机、金属加工机械、通用机械、铸锻件及通用零部件、工业专用设备、建筑工程机械、钻探机械等；

交通运输机械，包括铁路运输设备、飞行器、工矿设备、船舶及其辅机、摩托车，不包括汽车、汽车底盘及汽车配件（统计在“汽车类”）；

电器机械及器材，包括电机、输变电设备、电工器材等；

电子产品及通讯设备，包括雷达和无线电导航设备、通讯设备、广播电视设备、电子原件、电子器件、仪器仪表、计量标准仪具及量具、衡器，不包括家用电脑机及其各种配套产品（统计在“文化办公用品类”）、电话机、移动电话、BP 机等（统计在“通讯器材类”），也不包括家用电视机、录音机、录像机、摄像机等（统计在“家用电器和音像器材类”）。

—— **农机类**：指各种农林牧渔业机械。包括农机具、农药具、农用车、农用动力机械等，如拖拉机、收割机、机引犁、机引耙、机引播种机、机动三轮车、拖车、机动植保机械、机动畜牧机械、机动脱粒机、内燃发动机组、水泵、喷灌机；以及各种零配件，如电动机、柴油机、手推车车轮等。此类商品销售一律按批发计算。

22. 汽车类：指由动力装置驱动，具有四个或以上车轮的非轨道无架线的车辆及其零配件，包括汽车、汽车底盘和汽车配件等。

其中，汽车包括载货汽车、越野汽车、自卸汽车、牵引汽车、专用汽车、客车、轿车等。

23. 种子饲料类：指各种农业或公共园艺使用的种子、种苗和饲养牲畜的草料、杂粮、杂豆等，不包括家庭使用的花种、种苗等，以及人们以娱乐、休闲为目的而饲养各种动物的从专门商店购买的宠物食品（统计在“其他类”）。此类商品销售一律按批发计算。

24. 棉麻类：指棉麻产品、蚕茧等。

其中，棉，包括籽棉、细绒棉、长绒棉、絮棉、棉短绒；

麻，包括黄麻、红麻、芒麻、大麻、亚麻、剑麻；

蚕茧，包括桑蚕茧、柞蚕茧、蓖蚕茧和其他蚕茧等。

25. 其他类：指以上未包括的商品类别，如大型医疗器材，文物、古董、邮票、硬币、现代绘画作品，土特产品和畜产品、禽畜或宠物用的药品、宠物食品、花鸟鱼虫，消防器材及设施，废旧物资等。

其中，畜产品包括各种牛皮、羊皮、猪皮及其他动物皮革，以及种畜、幼畜、幼禽绒毛、羽毛、鬃毛、肠衣等。